Tina Rothkamm
FLUCHT IN DIE HOFFNUNG

Tina Rothkamm
Mit Shirley Michaela Seul

FLUCHT IN DIE HOFFNUNG

Wie ich meine Tochter aus Tunesien befreite

Mit 13 Abbildungen auf Tafeln

Pendo München Zürich

Mehr über unsere Autoren und Bücher:
www.pendo.de

MIX
Papier aus verantwor-
tungsvollen Quellen
FSC® C014889

ISBN 978-3-86612-314-4
© Pendo Verlag in der Piper Verlag GmbH, München 2012
Satz: Fotosatz Amann, Aichstetten
Druck und Bindung: Pustet, Regensburg
Printed in Germany

INHALT

Prolog 7

Pauschalreise ins Glück 12

Wanderin zwischen den Welten 21

Couscous auf dem Wasser 31

Gute Mädchen, Himmel und Fegefeuer 37

Die Salatfalle 46

Der 11. September 2001 54

Die Hochzeit 59

Unsere kleine Prinzessin 64

Der Terrorist in meinem Bett 73

Der tunesische Pass 85

Viele Häuser, viele Messer 89

Heimkehr in die Hölle 96

Fremd im eigenen Land 115

Auf den Hund gekommen 126

Alte Liebe rostet 141

Der Anfang vom Ende 150

Couscous in der Wüste 159

Der Gerichtstermin 163

Wohnen in Höhlen 172

In der Wüste 182

Die Scheidung   191

Der gestohlene Pass   197

Vor Gericht   208

Mandeln und Honig   214

Brüderchen und Schwesterchen   226

Deckname Sabrina   235

Der Überfall   244

Familienzusammenführung   255

Mit 120 Männern in einem Boot   279

PROLOG

Wir sitzen in einem Boot.

Wie oft schon hatte ich diese Redewendung gehört und auch selbst so dahingesagt – und keine Ahnung gehabt, was das bedeuten konnte: in einem Boot zu sitzen.

Dieses Boot, in dem ich mehr kauerte als saß, kam mir vor wie eine Nussschale, so schutzlos fühlte ich mich angesichts seines Zustands. Es handelte sich um einen ausrangierten Fischkutter, der in seinen besten Tagen dicht an der tunesischen Küste geschippert war. Ob er überhaupt noch seetauglich war? Die Bordwände waren nicht einmal mannshoch, eine schützende Reling gab es nicht. Bis nach Italien sollte er uns bringen – uns, das waren rund einhundertzwanzig verzweifelte Tunesier, die vor den Unruhen und der Arbeitslosigkeit flohen, und mittendrin meine Tochter und ich.

Wie tief muss die Verzweiflung sein, dass ein Mensch sich irgendwelchen Schleppern anvertraut und eine Überfahrt nach Europa erkauft? Dass er all die Schicksale derer ignoriert, die auf einer ebensolchen Fahrt erstickt oder ertrunken sind? Dass er sich in ein Boot zwängt, das den Namen kaum verdient? Warum wagt es jemand, alles hinter sich zu lassen und sein Leben aufs Spiel zu setzen, um zu fliehen?

Weil die Alternative noch schrecklicher wäre. Weil Armut oder Gewalt einen zerstören können. Weil hinter allem diese innere Stimme nicht erloschen ist, die einem sagt, dass der Kampf um Freiheit und ein menschenwürdiges Dasein niemals aussichtslos ist. Dass es gut gehen kann, gut gehen wird …

Genau das sagte auch ich mir, seit ich an Bord geklettert war.

Dicht an dicht hockten wir, sodass kaum eine Zigarette dazwischengepasst hätte. Wenn einer auch nur das Bein bewegen, in eine andere Stellung wechseln wollte, hatte das Auswirkungen auf alle; wir waren miteinander verbunden in einer wabernden Welle. Ein eingeschlafener Fuß, ein eingeschlafener Arm, jedes Husten pflanzte sich fort und wurde ausbalanciert von allen.

Als das Boot schon längst überfüllt war, kam einer der Schlepper und pferchte uns noch enger zusammen. Mindestens zwanzig weitere Männer kletterten an Bord, alle ohne Gepäck. Was sie besaßen, trugen sie am Leib. Für manche war ihr Leib alles, was sie hatten. Ihr Leib und die Hoffnung, die wir teilten. Dass unsere Nussschale es schaffen möge. Dass wir nicht kenterten, dass kein Marineschiff uns rammte, dass wir aus dem Wasser gezogen wurden, wenn ein Sturm aufkäme. Dass wir von den unsäglichen Flüchtlingsdramen verschont bleiben würden, die man in den Medien nur bruchstückhaft mitbekam. Jeder von uns wusste, dass diese Überfahrt sein Leben kosten konnte. Für mich war es doppelt arg, denn ich hatte für zwei Menschen entschieden. Für mich und für meine Tochter Emira.

Aber dies war unsere einzige Aussicht auf ein gemeinsames Leben daheim in Deutschland. All meine Versuche, zusammen mit meiner Tochter auf legalem Weg auszureisen, waren in den vergangenen Jahren gescheitert.

Eines war klar: Ewig konnten wir uns nicht verstecken. Irgendwann in diesen Tagen, zwischen dem unbändigen Wunsch, meiner Tochter ein freies Leben ohne Gewalt zu ermöglichen, und der Angst, entdeckt zu werden mit allen Konsequenzen, gab es plötzlich nur noch den Weg nach vorn. Das Schlepperboot nach Lampedusa war unsere letzte Chance.

»Mama, wann sind wir da?«, fragte Emira mit einer Stimme, als sei sie ein Kleinkind und nicht das große achtjährige Mädchen.

»Bald«, behauptete ich, ohne es zu wissen. Ich bemühte mich, mir meine Angst nicht anmerken zu lassen. Emira sollte sich sicher fühlen an meiner Seite, endlich sicher. Dabei wusste ich nicht einmal, ob wir überhaupt ankommen würden.

»Dort«, ich wies Richtung Sonne, obwohl das wahrscheinlich falsch war, aber für mich war es in diesem Augenblick wahr. »Dort liegt Europa.«

»Und da, kuck mal, Mama ...« Emira zeigte auf die Küste. »Das ist Djerba!«

»Ja, tatsächlich! Du hast recht.«

Emira winkte Richtung Land, winkte ihrem Vater, der keinesfalls freudig am Strand stand und zurückwinkte, sondern uns wahrscheinlich noch immer verbissen suchte. Wie viele Schergen hatte er diesmal auf uns angesetzt?

»Bislema, Baba!«, sandte Emira ihm einen Gruß. Auf Wiedersehen, Papa!

Ob sie ihn jemals wiedersehen würde? Ob sie ihn überhaupt wiedersehen wollte, nach allem, was geschehen war? Ich würde ihn ihr nicht wegnehmen, so wie er es umgekehrt versucht hatte.

»Bye-bye, Farid«, sagte ich mit tonloser Stimme, denn in mir war nichts als Leere. Da gab es kein Gefühl mehr für diesen Mann. Ich hatte ihn geliebt, wie ich nie zuvor geliebt hatte, und gehasst, wie ich es nicht für möglich gehalten hatte. Seine Machenschaften hatten mich dazu getrieben, den Wahnsinn dieser Überfahrt zu wagen. Es war das Schrecklichste, was er mir hatte antun können: mir meine Tochter zu nehmen.

Ich wusste, wie sich so etwas anfühlte. Mir waren bereits zwei Kinder entglitten. Um dieses würde ich kämpfen, diese Tochter würde mir niemand nehmen, das hatte ich mir geschworen. Niemand – und auch nicht das Meer.

Unser Boot kehrte Djerba den Rücken. Ich drehte mich nicht um. Ich wollte nichts mehr mit dem Ort zu tun haben, der einmal das Symbol für meine größte Sehnsucht gewesen war. Ich war neununddreißig Jahre alt und würde mich nie mehr blenden lassen wie vor elf Jahren, als ich glaubte, den Mann meines Lebens kennengelernt zu haben. Wie oft hatte ich mir gewünscht, ihm nie begegnet zu sein … und doch hatte ich ihm begegnen müssen, damit unsere Tochter geboren werden konnte.

Mein Traum war gescheitert. Jetzt ging es nur noch darum, Emira zu retten.

Ich drückte sie fest an mich.

»Bald sind wir da«, machte ich uns beiden Mut. Ein ganzer Tag und eine Nacht in der Nussschale lagen vor uns.

»Und dann kriege ich Würstchen mit Senf«, freute Emira sich.

»Ja«, versprach ich und wusste in diesem Moment ganz genau, wie Glück schmeckte: nach deutschen Würstchen mit Senf.

PAUSCHALREISE INS GLÜCK

Das neue Jahrtausend war erst wenige Wochen alt, da entdeckte ich bei einem Spaziergang am Rhein ein kleines Reisebüro mit einem großen Glücksversprechen: Sonne, Meer und Palmen – sieben Tage und Nächte für 149 Mark. Ich blieb stehen. Im Schaufenster sah ich mein Spiegelbild von mir. Übermüdet sah ich aus, erschöpft. Urlaubsreif, dachte ich und musste unwillkürlich lächeln.

Eine Pauschalreise hatte ich noch nie gebucht. Mit meinen Eltern war ich in einem VW-Bus in den Ferien durch Frankreich und Spanien gefahren. So sah Urlaub bei uns aus: improvisiert, abwechslungsreich und spontan. Wie sehnte ich mich zurück nach dieser Leichtigkeit. Doch die war unwiederbringlich verloren, seit meine Mutter so plötzlich gestorben war.

Ich atmete durch, um mich von den Schatten der Vergangenheit zu befreien. Sonne, Palmen, das weite Meer … wie verlockend das klang. In den vergangenen Wochen war ich sehr fleißig gewesen und hatte neben meiner Ausbildung zur Eurythmielehrerin noch eine Weiterbildung als Coach für Burn-out-gefährdete Manager absolviert. Ein paar Tage ausspannen würden mir guttun. Und warum nicht? Warum nicht mal was völlig Verrücktes wagen und eine Pauschalreise buchen!

Ich betrat das Reisebüro, das ausschließlich Schnäppchenreisen vertrieb, und als ich es verließ, hatte ich gebucht. *Dreisternehotel, Halbpension.* Über Tunesien wusste ich kaum etwas, doch es klang faszinierend: nach orientalischer Musik, köstlichem Essen, nach Wüste, rassigen Pferden und klassischem Bauchtanz. Den und seine Musik liebte ich schon lange. Bauchtanz schien mir eine perfekte Ergänzung zu den fließenden Bewegungen, die bei der Eurythmie zum Ausdruck gebracht werden. Eurythmie ist eine durchgeistigte Bewegungskunst, während der Bauchtanz ein Erdentanz ist, der seine Wurzeln in Afrika hat.

Dass ich Eurythmie studierte, lag wohl mit an meiner damaligen Eurythmistin an der Waldorfschule. Frau Dinkel, wie sie passenderweise hieß, war eine besondere Persönlichkeit, die mich schon damals mit ihrer Herangehensweise an das Leben sehr beeindruckte.

Bei vielen meiner männlichen Schulkameraden war die Eurythmie nicht sonderlich beliebt. Besonders Schüler in der Pubertät machen sich gene über die »komischen« Bewegungen lustig. Gerade den Skeptikern versuchte ich dann nahezubringen, welch tieferen Sinn diese Bewegungen haben und dass sie besondere Möglichkeiten bieten, den Willen zu stärken, soziale und empathische Fähigkeiten zu üben und das Leben besser zu meistern.

Das eigene Leben meistern … doch, das würde ich nun auch endlich schaffen, selbst wenn meine beiden Söhne beim Vater lebten und ohne mich aufwuchsen. Ich wunderte mich, dass ich überhaupt noch Tränenflüssigkeit hatte, so viel hatte ich in den vergangenen Monaten geweint. Wie hatte alles so weit kommen können, wie nur hatten sie mir entgleiten können ... Und dabei hatte ich mir so sehr eine Familie gewünscht, hatte versucht, einem hochgesteckten Ideal zu entsprechen, und war daran fast zerbrochen. Bis ich eines Tages begriffen hatte, dass ich nach vorne schauen musste, um weiterexistieren zu können. Irgendwie musste ich versuchen, das Beste aus meinem Leben zu machen. Ich war ja noch nicht mal dreißig, da konnte viel geschehen, und es mochte sich alles noch zum Besten wenden.

Im Augenblick jedenfalls war nur eines sicher: Ich würde mich so schnell nicht wieder verlieben. Und wenn, dann müsste das ein Mann sein, der genau wusste, was er im Leben wollte. Einer, der weiterkommen wollte, der mit beiden Beinen fest im Leben stand und mit mir zusammen eine solide Existenz aufbauen würde. Und wer weiß, dachte ich, vielleicht wäre diese Existenz ja eines Tages tragfähig genug, um meine beiden Jungen zu mir zu holen. Das hoffte ich insgeheim, daran hielt ich mich fest. Gut, dass ich nicht wusste, was noch alles auf mich zukam.

Ende Februar 2000 war es so weit: Ich flog nach Tunesien. Unvergessen ist mir bis heute der erste Anblick des Landes vom Flugzeug aus. Ich sah die trockenen Steppen unter mir, die staubigen Städte mit ihren nackten, kargen Steinhäusern und war überwältigt. Alles erschien mir atemberaubend – auch das Dreisternehotel in Sousse. Ich war ja noch nie in einem arabischen Land gewesen und auch nicht in einem Dreisternehotel. Heute weiß ich, dass es gar kein besonderes Hotel war. Alles war, wie es eben so ist, wie jeder Pauschalurlauber es kennt. Doch ich machte so etwas zum ersten Mal und war rundum begeistert. Wie liebevoll der Zimmerservice jeden Tag die Handtücher faltete. Dann die Auswahl am Büfett, die bequemen Liegestühle auf der Sonnenterrasse, der kleine Springbrunnen im Pool. Und erst das große, weite Meer. Zwei Stunden spazierte ich am ersten Tag am Strand entlang und konnte mich nicht satthören am Schwappen der Wellen. Hier würde ich wieder zu Kräften kommen, das spürte ich.

Am nächsten Morgen wachte ich auf von einem eigenartigen Geräusch. Ich hatte zuerst keine Ahnung, was das sein mochte. *I-aaah!* Vielleicht ein Esel? Ich sprang aus dem Bett und schaute aus dem Fenster. Tatsächlich, ein Esel! Er war vor einen Pflug gespannt, und ein alter Mann mit O-Beinen pflügte mit ihm die trockene Erde unter den Palmen. Hin und wieder schnalzte er mit der Zunge, um den Esel anzutreiben, dem das herzlich egal war. Der alte Mann machte trotzdem weiter, so als wolle er klarstellen, dass er das Sagen hatte. Ich schaute den beiden zu, bis sie aus meinem Blickfeld verschwanden. Offensichtlich hatte ich nicht nur eine Urlaubsreise, sondern auch eine Zeitreise gebucht.

Wie es sich für ein Hotel dieser Kategorie gehörte, gab es ein abwechslungsreiches Animationsprogramm. Am dritten Nachmittag trieben mich die Neugier und wohl auch die Sehnsucht in die Kinderdisco. Ich schaute den Kindern zu, die im Takt der Hip-Hop-Musik herumhüpften, und stellte mir meine beiden Jungs dabei vor. Traurigkeit stieg in mir auf, doch bevor die Verlorenheit nach mir greifen und mich verschlucken konnte, stand wie aus dem Nichts ein großer, stattlicher Mann in Anzug und Krawatte vor mir.

»Hast du Lust, ein Bier mit mir zu trinken?«, fragte er ohne Umschweife in einwandfreiem Englisch.

Ich nickte, und wir setzten uns an die Bar. Der gut aussehende Mann stellte sich als Farid vor. Drei Stunden später waren wir noch immer ins Gespräch vertieft. Wir redeten über Allah und die Welt, gerade so, als kannten wir uns schon lange und hätten uns Ewigkeiten nicht gesehen. Was es da alles nachzuholen gab! Irgendwann bekamen wir Hunger, und Farid lud mich zu Couscous ein, und danach zogen wir weiter in eine Disco. Im Stroboskoplicht – dies allein hätte mich misstrauisch machen sollen – las er mir aus der Hand, wie er es angeblich von seiner Großmutter gelernt hatte. Ich lachte und glaubte seinen Prophezeiungen nur zu gern, denn er pries meine Zukunft so glücklich, wie ich sie mir insgeheim erträumte. Langes Leben, eine glückliche Ehe, gesunde Kinder, viel Geld. Seine braunen Augen funkelten mich an, als könnte er all das herbeizaubern. Auf der Tanzfläche erwies er sich als würdiger Partner, wir rockten und fetzten und lachten und tanzten ganz engen Blues. Und da wusste ich es: So fühlte sich Glück an. Das hatte ich in den vergangenen Jahren vergessen.

Am nächsten Morgen um fünf Uhr brüllte jemand in mein Ohr.

»Allah u Akbar.«

Ich fiel fast aus dem Bett. Dann fragte ich mich, was für ein Bett das war und wo Allah plötzlich herkam. Letzteres begriff ich als Erstes: von einem Lautsprecher, der an der Moschee angebracht war, und die stand direkt neben dem Haus. Farid lachte mich an, und in seinen Augen las ich ... Liebe.

So schnell? Ja, so schnell. Es war die sprichwörtliche Liebe auf den ersten Blick, dieses Gefühl, das wie aus dem Nichts zu kommen scheint, plötzlich und unerwartet. Ich stand in hell lodernden Flammen, und Farid erging es nicht anders.

Nach dem Frühstück, bestehend aus *B'ziza*, einer Mischung aus verschiedenen Getreidearten, die mit Fenchelsamen, Rosenblättern und Gewürzen gemahlen und mit Wasser und Zucker zu einem Brei verarbeitet werden, zeigte Farid mir die Stadt. Besser gesagt, er trieb mich durch die engen Gassen der Soukhs. Seine Hand war groß, warm und trocken und wies mir den Weg. Er wusste genau, wohin er wollte. Und nur das zählte. Wenn ich irgendwo stehen blieb, zog er mich weiter. Ich ließ es geschehen. Ich fühlte mich beschützt, mit diesem Mann an meiner Seite konnte mir nichts passieren. Dieses Gefühl hatte ich vermisst – und nicht nur das. Ich sog es ganz in mich auf und fühlte mich mit einem Mal sicher und geborgen in dieser Welt.

Farid war Arzt. In der Disco hatte er mir ein Foto von sich gezeigt mit Mundschutz. Das fand ich ein bisschen übertrieben, wenn ich ehrlich war. Aber irgendwie gefiel es mir auch. Menschen, die den Mut haben, ihre eigenen Leistungen zu benennen oder vielleicht sogar zu preisen, haben mich schon immer fasziniert. Da fiel es nicht weiter ins Gewicht, dass Farid sein Studium noch nicht abgeschlossen hatte. Immerhin war er Arzt im Praktikum und schrieb an seiner Doktorarbeit. Er war kein Traumtänzer, sondern hatte einen Plan für sein Leben, wollte weiterkommen. Hatte ich mir nicht genau so einen Mann heimlich gewünscht?

Der Markt war voll von exotischen Gerüchen und fremdartigen Kleinigkeiten. Neugierig blickte ich mich um. Doch sobald ich innehielt, um etwas genauer zu betrachten, zog Farid mich weiter, als hätten wir keine Zeit dafür, als würde irgendwo etwas Großartiges auf uns warten. Was und wo das war, wusste nur er ... In Wirklichkeit wartete nichts, da lief er nur davon. Denn wenn ich stehen geblieben wäre und womöglich etwas in die Hand genommen hätte, wäre es Farids Pflicht gewesen, mir das zu schenken. Ich war eine Frau, er war mein Begleiter, und weil er kein Geld hatte und nicht in Verlegenheit geraten wollte, durften wir nicht anhalten. In der arabischen Öffentlichkeit ist es nicht üblich, dass eine Frau etwas bezahlt. Dafür ist der Mann zuständig.

Das alles wusste ich damals noch nicht. Ich wusste überhaupt sehr wenig über dieses Land und seine Menschen. Woher auch? Ich hatte einfach nur abschalten und ein wenig Sonne tanken wollen inmitten der Hotelkulisse. Niemals hätte ich damit gerechnet, dass mein Leben eine solche Wendung nehmen könnte. Vielleicht rannte ich deshalb in diesem Höllentempo in mein Unglück – das sich als der gut aussehende, gepflegte Farid verkleidet hatte und mich mit seiner fremdartigen Intensität blendete.

Wir waren Hals über Kopf ineinander verliebt, und die Zeit lief gegen uns. Viel zu schnell näherte sich mein Urlaub dem Ende, und es hieß Abschied nehmen. War es da nicht richtig, dass er mich durch die Soukhs zog und wir jede Minute auskosteten, die uns blieb?

Zurück in Düsseldorf rief ich Farid jeden Tag an, was zu der teuersten Telefonrechnung meines Lebens führte. Das Schicksal hatte mir eine neue Richtung gewiesen und meine Planung wie ein Erdbeben durcheinandergebracht. Meine Sehnsucht nach Farid war kostspielig – und machte mich ungeduldig. Nach vier Wochen stieg ich erneut in den Flieger nach Tunesien, und so ging es noch einige Male hin und her.

Auf einmal hatte ich zwei Leben. Ich pendelte zwischen dem Glücksrausch mit Farid in Tunesien und meiner Ausbildung zum Coach in Düsseldorf. Und es war tatsächlich ein Glücksrausch, den wir erlebten. Ich spürte so eine innige Liebe zu diesem Mann, und in seinen Augen las ich, dass es ihm genauso erging. Ich war nicht irgendeine blonde Touristin, mit der er sich vergnügte. Nein, da war mehr zwischen uns, und neben aller Anziehung war es diese Stärke, die von ihm ausging, dieses Versprechen, mich anlehnen, mich fallen lassen zu können, was mich so fesselte. Obwohl alle Zeichen dagegen sprachen, glaubte ich nach wie vor an meine Zukunft als Entspannungstrainerin für gestresste Manager – besser gesagt, ich wollte daran glauben. Wenn in meinem Innern die Frage auftauchte, wie ich diesen Job mit meiner Liebesgeschichte vereinbaren sollte, schob ich sie schnell beiseite. Denn darauf wusste ich keine Antwort. Ich wollte meinen Beruf nicht aufgeben, er sollte für mich der Auftakt zu einem neuen Leben sein.

Doch je öfter ich mit Farid zusammen war, desto mehr Raum nahm er ein, während meine berufliche Zukunft schrumpfte. Auch Tunesien wurde immer größer – und Deutschland kleiner.

WANDERIN ZWISCHEN
DEN WELTEN

Bald schon fühlte ich mich zerrissen zwischen den zwei Welten, in denen ich lebte. Was konnte ich tun, um sie zu vereinen? Vielleicht sollte ich einmal für längere Zeit in Tunesien bleiben, vielleicht musste ich so tun, als würde ich dort leben. Vielleicht wäre das der richtige Weg, um zu einer Entscheidung zu gelangen.

Gesagt, getan. Ich fuhr mit dem Auto nach Genua und von dort mit der Fähre nach Tunis. Was für ein Abenteuer!

Farid hatte für die Dauer meines Aufenthalts eine Wohnung für uns gemietet. War dies ein Vorgeschmack auf unsere Zukunft? Wie glücklich ich plötzlich war. Mit einem Mal war mein Alltag das Paradies.

Wann begann er, der Fall aus dem Paradies? Damals schon?

Eines Tages, ich bereitete gerade das Mittagessen vor, klopfte es heftig an unserer Wohnungstür. Farid öffnete, und sogleich begann ein lautes Wortgefecht. Zu dieser Zeit verstand ich noch kein Tunesisch, doch es war klar, dass hier keine Komplimente ausgetauscht wurden. Auf einmal knallte die Tür ins Schloss. Stille. Ich hielt meine Hände unter das Wasser, rieb den Couscous ab und rief nach Farid. Nichts. Offenbar hatte er die Wohnung mit den Fremden verlassen. Nach zehn Minuten wurde ich unruhig. Was war los? Ich wartete weitere zehn Minuten und lief dann auf die Straße. In einem parkenden Wagen vor unserem Haus entdeckte ich Farid und zwei Männer. Alle drei gestikulierten wild. Ich beobachtete sie eine Weile und überlegte, was ich tun sollte. Farid schien in Bedrängnis zu sein. Also ging ich zu dem Auto und klopfte an die Fensterscheibe. Als keiner reagierte, öffnete ich die Tür.

»Alles okay?«, fragte ich Farid.

»Ja«, antwortete er, aber ich glaubte ihm nicht.

»Was sind das für Männer?«, fragte ich ihn.

Er antwortete nicht. Da setzte ich mich einfach in das Auto. Vielleicht brauchte er meine Hilfe. Farid wies auf den Mann am Steuer. »Das ist mein ältester Bruder. Und das«, er zeigte auf den anderen Mann, neben dem ich nun saß, »das ist mein Onkel.« Beide Männer waren gut gekleidet in schwarze Stoffhosen und weiße Hemden.

Ich reichte ihnen die Hand, erst dem Onkel, er erschien mir älter, dann dem Bruder, und sie ergriffen sie schnell und sacht, so wie man es in arabischen Ländern tut, wo der deutsche Händedruck, der über den Charakter eines Menschen Auskunft geben soll, als unhöflich gilt. Bei strenggläubigen Moslems ist es nicht üblich, dass ein Mann einer Frau überhaupt die Hand reicht, und wenn, dann ohne Blickkontakt.

Irritiert wandte ich mich an Farid.

»Ich wusste gar nicht, dass du … Wie viele Brüder hast du überhaupt? Ich dachte, deine Familie lebt in der Nähe von Tunis, in Karthago, hieß der Ort nicht so? Ich dachte, du würdest hier nur studieren und …«

Farid schnitt mir das Wort ab. »Es ist jemand gestorben.«

Ich schlug mir die Hand auf den Mund. »Oh! Das tut mir leid. Entschuldige.« Ich schaute seine Verwandten an und kondolierte auch ihnen.

Die Männer ignorierten mich und setzten ihr Gespräch fort, von dem ich nichts verstand, doch ich reimte mir zusammen, dass sie Farid fragten, warum er nicht bei der Beerdigung gewesen sei.

Und so war es auch, wie er mir später erklärte. Ich hätte gern mehr über Farids Familie und besonders seinen Bruder und Onkel gewusst, doch er war nicht in Stimmung, über sie zu sprechen.

»Lass uns heute Nachmittag einen Ausflug machen«, wechselte er das Thema.

Mich beschäftigte dieser Vorfall noch lange, zumal die beiden Männer auf mich den Eindruck gemacht hatten, dass sie nicht wussten, wer ich war. Verschwieg Farid mich vor seiner Familie? Versteckte er mich gar vor ihnen? Aber weshalb? Was zwischen uns geschah, das war doch keine beliebige Affäre, das war Liebe!

Natürlich machte ich mir Gedanken, wie sich Farids Kultur mit unserem Zusammenleben vereinbaren ließ. Doch er hatte sich mir gegenüber nie wirklich zu seinem Glauben bekannt, ich sah ihn nicht beten, und schließlich war er auf mich zugegangen und hatte sich so offen und frei wie ein europäischer Mann gezeigt. Ich wäre nicht auf die Idee gekommen, dass seine Familie seinen

Lebensstil ablehnte oder gar kontrollierte. Liebe macht blind, sagt man. Doch Liebe ist ein so essenzielles Gefühl, dass man Angst hat, sie könnte zerbrechen. Dass man alles tut, um sie zu bewahren. Auch die Augen verschließen.

In den folgenden Tagen versuchte ich mehrfach, das Gespräch auf seine Familie zu bringen, aber stets blockte Farid in der ihm eigenen, eleganten Art ab. Wenn ihm ein Thema unangenehm war, sprach er einfach von etwas anderem oder sagte gar nichts. Wenn er nicht reden wollte, redete er auch nicht, und niemals fühlte er sich verpflichtet, eine Frage zu beantworten. Ich drängte ihn nicht weiter, zu kostbar waren mir die wenigen Tage und Wochen, die wir gemeinsam verbrachten. Ich dachte nicht voraus, und ich wusste ja nicht, wie sehr ich in Zukunft darunter leiden sollte.

Eine Woche später entdeckte ich auf der Heimfahrt von einem langen Ausflug ein Richtungsschild.

»Kuck mal!«, rief ich. »Das ist doch der Ort, wo deine Eltern wohnen! Wir könnten sie besuchen.«

»Nicht direkt«, erwiderte Farid.

»Was meinst du mit ›nicht direkt‹?«

»Sie wohnen in der Nähe von Sousse.«

»Aber ... da wohnen wir doch auch!«

»Hm.«

»Warum hast du mir das denn nicht gesagt? Da hätten wir sie schon oft besuchen können! Ich dachte, sie wohnen in Karthago! Du kannst mir doch sagen, wo deine Eltern wohnen! Warum hast du mich belogen?«

Farid kitzelte mich.

»Nicht!«, rief ich ihn lachend zur Ordnung. »Ich muss mich auf den Verkehr konzentrieren!«

Schon waren wir weitergefahren. Als mir das Ganze am Abend wieder einfiel, kam ich zu dem Schluss, dass er mich mit Karthago als dem Wohnort seiner Eltern hatte beeindrucken wollen. Es hieß, in Karthago würden viele reiche Leute leben. War er nicht süß? Ich wusste ja, wie sehr er auf sein Ansehen bedacht war. Ganz offenbar war es ihm wichtig, was ich von ihm hielt. Sicher war das auch der Grund dafür, dass er mir immer so lange Listen schrieb und am Telefon diktierte, was ich ihm alles aus Deutschland mitbringen sollte. Markenjeans, Markenschuhe, Markenhemden. Es gefiel mir, dass er genau wusste, was er wollte, und mehr noch: dass er wusste, wie er sich mir gegenüber verhalten musste, um genau das zu bekommen, was er haben wollte.

Im Nachhinein ist man immer klüger, heißt es. Und während ich über diesen Zeilen sitze, weiß ich nur zu gut, dass ich hätte aufhorchen sollen, nachhaken, ihn mit Distanz betrachten. Doch ich war jung, und ich war verliebt. In mir war kein Argwohn, kein Misstrauen. Ich glaubte noch immer an das Gute im Menschen.

Außerdem: Seine männliche Entschiedenheit machte mich einfach schwach. So etwas war ich nicht gewöhnt, und statt mich dagegen zur Wehr zu setzen – wie und warum auch? –, schmolz ich einfach dahin. So einen Mann hatte ich noch nie kennengelernt. Einen, der wusste, was er wollte, und sich nicht scheute, es zu verlangen. Es tat gut, sich anlehnen zu dürfen, das Ruder ein wenig aus der Hand zu geben. Zu lange hatte ich stark, immer stark sein müssen.

Mein Vater, mein Vorbild für die Männerrolle, ist ein sehr fürsorglicher, liebevoller und weicher Mann, ganz anders als Farid. Ich war neu in dieser Liga und genoss die erotische Ausstrahlung unbedingter Durchsetzungskraft. Zudem hatte ich einen unglaublichen Lebenshunger, den ich mit Farid teilte. Wir gingen jede Nacht aus. Tanzten manchmal bis zum Morgengrauen und genossen es, in den Augen anderer zu lesen, was für ein schönes Paar wir waren. Der hochattraktive, charmante Arzt und die hübsche blonde Deutsche. Nicht, dass ich mich selbst so bezeichnet hätte. Es wurde uns schlichtweg so oft gesagt, dass wohl irgendetwas dran sein mochte.

Über unsere Zukunft sprachen wir nicht, denn das hätte nur wehgetan, da sie eine Trennung beinhaltete. Viel zu schnell würde auch dieser Urlaub zu Ende sein, und viel zu lange würde es bis zum nächsten dauern. Dabei wollte ich gar keinen Urlaub mehr in Tunesien machen. Ich wollte wissen, wie es wäre, wenn ich dort leben würde. Deshalb spielte ich im Urlaub Alltag. Ich besorgte den Haushalt in der kleinen Wohnung und kochte jeden Tag. Farid schrieb an seiner Doktorarbeit, nachmittags gingen wir ans Meer. Wie unkompliziert das alles war! Niemand lehnte mich ab, weil ich Deutsche war, ganz im Gegenteil, oft wurden wir abends eingeladen, alle interessierten sich für mich, und ich wurde überall herzlich aufgenommen.

Als ich schließlich wieder in Düsseldorf war, hatte ich schon nach wenigen Stunden ... Fernweh? Nein, ich hatte Heimweh nach Tunesien. Ich konnte mir nicht länger vorstellen, meine beruflichen Pläne als Coach tatsächlich zu verwirklichen. Was sollte ich im kalten Deutschland? Ich wollte zurück in die Sonne zu den dunkelhäutigen Menschen, die so herzlich lachten.

»Meine Pläne in Deutschland passen nicht zu meiner neuen Liebe in Tunesien«, sagte ich zu meiner Oma.

»Man muss der Stimme seines Herzens folgen«, antwortete sie und zwinkerte mir zu. »Besonders, wenn sie zu einem Arzt führt.«

Meine Oma fand es klasse, dass ihre Enkelin einen Arzt zum Freund hatte. Ein Arzt im Haus erspart das Krankenhaus oder so ähnlich.

Wenn meine Mutter noch gelebt hätte, wäre es mir vielleicht schwerer gefallen, Deutschland zu verlassen. Doch sie war nur siebenundvierzig Jahre alt geworden. Mutter starb auf dem Heimweg von ihrem Arbeitsplatz in einer Werbeagentur in Düsseldorf. Meine Eltern hatten sich in der Nähe der Großstadt ihren Lebenstraum in Gestalt eines alten Bauernhauses erfüllt, das sie zehn Jahre lang in jeder freien Minute renovierten. Seit zwei Jahren war das Haus fertig. Meine Mutter wollte beruflich noch einmal richtig durchstarten. Sie war eine Macherin: tatkräftig, kontaktfreudig, lebensbejahend, fröhlich, mutig. Ein polnischer Geisterfahrer, übermüdet und betrunken, raste auf der Autobahn frontal in ihren Wagen. Sie hatte keine Chance gehabt.

In der ersten Reihe an ihrem Grab standen meine elfjährige Schwester und mein Vater, der ohne sie völlig hilflos war. Meine Eltern waren beide Grafiker gewesen, später wandte sich mein Vater ganz der Kunst zu. Da war kein Raum für das normale Alltagsleben, Bankgeschäfte, Behördengänge, Bürokratie, das organisierte alles meine Mutter.

Ich hatte meine Mutter zum letzten Mal am Flughafen gesehen. Zwanzig Jahre war ich damals alt und studierte in England. Nach einem Besuch zu Hause sollte mich eigentlich mein Vater zum Flughafen bringen, so war es abgemacht.

»Ich möchte lieber von Mama gebracht werden.«

»Das ist doch Unsinn«, widersprach mein Vater. »Ich fahre ohnehin in die Stadt und …«

Ich setzte meinen Willen durch. Wenig später wusste ich, warum.

Meine Mutter begleitete mich bis zur letzten Sicherheitskontrolle. Dort umarmten wir uns lange. Wahrscheinlich sagte ich so etwas wie »Bis bald!« oder »Bis zum nächsten Mal!«.

Der plötzliche Tod meiner Mutter riss ein schwarzes Loch in mein Leben. Nicht Abschied nehmen dürfen, sich nicht vorbereiten können darauf, dass jemand geht, das ist hart.

Ich hatte ein wunderbares Verhältnis zu meiner Mutter, sie war meine engste Vertraute und beste Freundin. Sie erlaubte mir eigentlich alles. Mit zwölf in die Disco, mit vierzehn war ich übers Wochenende allein zu Hause in Düsseldorf, weil meine Eltern ihr Bauernhaus renovierten. Sie vertrauten mir, und ich nutzte ihr Vertrauen nicht aus. Heute denke ich, dass mir mit einer strengeren Erziehung vieles, was in meinem Leben später geschah, erspart geblieben wäre.

Aber vielleicht war es auch nicht die fehlende Strenge, sondern vielmehr dieses hohe Maß an Vertrauen, das meine Eltern in mich und andere setzten. Manche Menschen hüten Liebe und Vertrauen ängstlich, andere verschenken beides großzügig und ohne Bedingung. So war ich, und neben allem Schmerz, den Farid mir zufügen sollte, tat es doppelt weh, dass er mir dieses Urvertrauen nahm.

Farid wollte nicht nach Europa, was mir nur recht war, da ich die Sonne und das Meer so mochte.

»Wenn du in Tunesien leben willst, könntest du als Reiseleiterin arbeiten«, schlug er mir am Telefon vor. »Was willst du denn sonst machen? Du musst das Geld für uns zwei verdienen, denn ich studiere ja noch.«

»Kein Problem!«, rief ich und war überglücklich. Schließlich hatte er mich in seiner unnachahmlichen Art gerade eingeladen, das Leben mit ihm zu verbringen. Plötzlich tat sich eine Zukunft für mich auf. Ein Leben, das auf Liebe gründete.

Also bewarb ich mich bei einem großen deutschen Reiseveranstalter als Reiseleiterin, wurde angenommen und zu einer Schulung auf Mallorca eingeladen. Als ich die Zusage schwarz auf weiß in den Händen hielt, beendete ich meine Hospitanz bei dem Coach, von dem ich in der Vergangenheit so viel gelernt hatte. Er zeigte großes Verständnis für meine Entscheidung.

»Was für eine schöne Perspektive! Das freut mich für dich, und ich beneide dich. Ich würde nur zu gern im Süden leben! Und wer weiß – vielleicht machst du dich ja eines Tages in Tunesien als Coach selbstständig. Dort gibt es auch Manager mit Burn-out!«

»Ja, vielleicht«, rief ich überschwänglich. Alles schien auf einmal möglich.

Es gab so viel zu planen, dass ich mich kurzfristig entschied, für fünf Tage nach Tunesien zu fliegen, um mich mit Farid zu besprechen. Doch er schloss mich in die Arme und sagte nur: »Das machst du schon, Tina.« Und dann wollte er mit mir feiern und ausgehen. Zuerst irritierte mich das, dann schrieb ich meine Besorgnis in den Wind. Was sollten wir lange überlegen, wie es vielleicht werden würde. Wir würden es einfach tun.

COUSCOUS AUF DEM WASSER

Im März 2001 begann meine Ausbildung zur Reiseleiterin auf Mallorca. Ich genoss diese Zeit, umgeben von netten und interessanten Menschen, die ein gemeinsames Ziel hatten, und bereute meine Entscheidung nicht im Geringsten. Nach bestandenen Kursen lud ich meinen blauen Kangoo in Düsseldorf bis unters Dach voll und machte mich auf in das große Abenteuer Tunesien, in dem mein neues Leben beginnen würde. Wann immer ich anhielt, wurde ich angesprochen.

»Sie haben das Auto aber vollgeladen. Ziehen Sie um?«

»Das kann man wohl sagen.«

»Und wohin, wenn man fragen darf?«

»Nach Tunesien«, antwortete ich stolz und konnte es gar nicht oft genug sagen.

»Tunesien! So weit weg!«

»Ja«, lachte ich. »In Genua nehme ich die Fähre.«

»Da haben Sie noch eine ziemliche Strecke vor sich.«

»Ach, das geht schon. Die Überfahrt dauert vierundzwanzig Stunden, und dann muss ich noch weiter bis nach Sousse.«

»Ist da nicht der Flughafen in der Nähe?«

»Richtig.«

»Da wären Sie mit dem Flieger aber schneller.«

»Das stimmt. Aber meinen Hausstand könnte ich nicht mitnehmen.«

»Also dann gute Fahrt, junge Frau.«

»Danke. Für Sie auch!«

Irgendwann bei einem dieser Gespräche an den Autobahnraststätten begriff ich auf einmal, dass ich nun nicht mehr davon redete, sondern mittendrin war in diesem Abenteuer. Ich, Tina Rothkamm, hatte alle Zelte in Deutschland abgebrochen. Wo würde ich sie als Nächstes aufschlagen, wie würde es weitergehen? Es kam mir so vor, als würde ich ein geradezu unerträglich spannendes Buch lesen, das Buch meines eigenen Lebens ... und das Umblättern dauerte mir viel zu lang. Hätte ich damals gewusst, was auf mich zukommen würde, hätte ich dann zurückgeblättert, es zugeschlagen und die Handlung neu geschrieben? Wahrscheinlich – oder vielleicht auch nicht. Manche Menschen müssen ihre Erfahrungen bitter und schmerzhaft sammeln, und offenbar gehörte ich dazu.

»Und was machen Sie in Tunesien, wenn man fragen darf? Sind Sie vielleicht Deutschlehrerin?«

»Nein!«, wehrte ich lachend ab. »Ich will einfach da leben.«

»Allein?«

»Mit meinem Freund.«

»Und er ist Tunesier? Das ist ja interessant.«

»Das finde ich auch. Fremde Kulturen haben mich schon immer fasziniert.«

»Haben Sie keine Angst? Als blonde Frau in einem arabischen Land?«

»Ich habe bisher kein einziges negatives Erlebnis gehabt. Alle waren immer sehr nett zu mir.«

»Obwohl Sie nicht verschleiert sind? Oder ziehen Sie so ein Tuch über, wenn Sie das Land erreichen?«

Ich musste lachen. Verschleiert würde ich Farid bestimmt ziemlich exotisch vorkommen.

»Aber nein!«, antwortete ich. »In Tunesien laufen viele Frauen unverschleiert herum. Es ist ihre Entscheidung. Und es wird nicht gern gesehen, wenn Frauen an der Universität ein Kopftuch tragen.«

»Ach, tatsächlich? Dann sind die ja strenger als wir! Was es nicht alles gibt!«

»Ja. Und wie wenig man weiß«, vollendete ich.

»Dann wünsche ich Ihnen eine gute Fahrt. Und viel Glück!«

»Danke! Ihnen auch!«

Viel Glück, viel Glück, viel Glück! Das bekam ich an allen Ecken und Enden zu hören, und mein Auto fuhr immer schneller mit einer Leichtigkeit, die mir Flügel verlieh.

In der Schlange vor der Fähre wurde ich plötzlich nervös. Wieso dauerte das so lange? Ich konnte es kaum erwarten, bis das Riesenschiff mit dem Bauch voller Autos endlich ablegte.

Überall vibrierte frühlingshafte Vorfreude. Die Touristen scharrten förmlich mit den Hufen, und auch die Biker mit ihren wüstentauglichen Motorrädern und die Wüstenfahrer in ihren Jeeps konnten es kaum erwarten, dass das Abenteuer begann. Es roch geradezu nach Aufbruch.

In der Nacht saß ich lange an Deck und schaute in den gigantischen Sternenhimmel. Gern hätte ich das Wasser schwappen gehört, doch die Bootsmaschine brüllte. Sterne in südlichen Ländern erscheinen viel näher als bei uns, zum Greifen nah. Im Grunde genommen brauchte ich nur meine Hand auszustrecken und sie mir zu pflücken, einen nach dem anderen, so viele ich wollte. Dafür musste ich mich nicht mal anstrengen. Sternschnuppen fielen vom Himmel, doch ich zählte sie nicht. Mein Glück war ja schon da, fuhr mit mir über das Meer. Ich war 28 Jahre alt und frei, frei, frei!

Der Chefkoch, den ich zufällig kennenlernte, sorgte dafür, dass ich eine Luxuskabine mit Meerblick bekam, ohne dafür bezahlen zu müssen, und ließ mir den leckersten Couscous meines Lebens bringen. Niemals zuvor hatte ich so etwas Köstliches gegessen.

Ich genoss den Blick durch das Bullauge auf das Meer und hätte gleichzeitig lachen und weinen und schreien können vor Freude, bis zum Platzen voller Energie und Tatendrang.

Am Hafen von Tunis empfing mich ein völlig durchgefrorener Farid. Er wartete seit Stunden und machte ganz den Eindruck, als müsste ich ihn erst mal aufpäppeln.

Dabei war ich es doch, die eine lange Reise hinter sich hatte. Wir gingen etwas essen und uns aufwärmen, dann fuhren wir... nach Hause! Farid hatte in Sousse einen Bungalow für uns gemietet, und ich konnte es kaum erwarten, mein neues Zuhause endlich zu sehen. Was er mir erzählt hatte, klang wunderbar, eine gute Wohngegend, nah am Meer.

Endlich waren wir da. Doch in dieser guten Wohngegend sahen alle Bungalows gleich aus. Wie sollte ich mich hier jemals zurechtfinden?

Auch Farid hatte Probleme. Ich neckte ihn, weil er unseren Bungalow nicht fand.

Seine Lippen wurden schmal. »Ich weiß genau, wo er ist. Ich will dir nur die Gegend zeigen«, behauptete er und verlangte: »Jetzt links!« Und kurz darauf: »Rechts!« So fuhren wir im Kreis, und seine Stimme klang immer nervöser.

Das machte mich auch nervös. Farid hatte keinen Führerschein, also war ich schuld, dass wir den falschen Weg eingeschlagen hatten. Verdrehte Welt mit diesem Mann!

Ich hatte das Steuer in der Hand, und er sagte, wo es langging, und wenn ich abbog und sich die Richtung als falsch erwies, war das mein Fehler. Ich hatte die finanziellen Mittel, er sagte, was damit geschehen würde. Ich brachte die Möbel und den Fernseher und bezahlte die Miete für den Bungalow, und er gab mir das Gefühl, sein Gast zu sein. Weil er so bestimmt auftrat. Tunesisches Feuer...

Als wir endlich vor dem richtigen Bungalow parkten,

lehnte er sich selbstzufrieden zurück. »Jetzt hast du gleich einen Eindruck von dem Viertel hier.«

»Danke«, sagte ich artig.

Und dann hatten wir es beide sehr eilig, denn wir hatten uns lange nicht mehr gesehen.

GUTE MÄDCHEN, HIMMEL
UND FEGEFEUER

Zwei Tage später begann meine Tätigkeit als Reiseleiterin, und zu meiner Freude traf ich einige der Kollegen aus meiner Schulung auf Mallorca im Tunesien-Team wieder. Wir sahen nun alle gleich aus in unseren Reiseleiteruniformen. Ich fühlte mich unwohl, wie eine Politesse. Uniformen wurden in meiner Familie abgelehnt. Mein Opa väterlicherseits hatte zu den Nazis gehört, worunter mein Vater sehr hatte leiden müssen, als sein Vater aus der Kriegsgefangenschaft zurückkehrte und weiterhin das Idol des Hitlerstaates aufrechterhielt mit seiner gewalttätigen, erbarmungslosen Erziehung.

Manche meiner Kolleginnen erblühten jedoch regelrecht in der Uniform. Und Farid fand mich sehr sexy in meiner Arbeitskleidung, er liebte Prestige- und Statussymbole.

Zu Beginn war mein neuer Job spannend und aufregend für mich. Ich genoss es, hinter die Kulissen der großen Hotels zu blicken und den Tourismusbetrieb von seiner professionellen Seite kennenzulernen. Von der herrschenden Korruption hatte ich allerdings nichts geahnt.

Natürlich wollte ich alles richtig machen. Ich sprühte

vor Verständnis, Mitgefühl und Charme, wenn mir Gäste berichteten, dass eine Kakerlake durch das Bad gelaufen sei. »Oh, wie schrecklich«, sagte ich und schüttelte den Kopf, während ich insgeheim dachte, dass die Leute mal zu mir nach Hause kommen sollten. Da hätten sie nicht nur eine Kakerlake gesehen, sondern eine ganze Armee. Kakerlaken gehören in Tunesien zum Leben wie in Deutschland Stubenfliegen.

»Wir haben einen riesengroßen Wasserfleck im Flur«, beschwerte sich ein Pärchen.

»Tatsächlich!«, stimmte ich zu und hielt meinen Finger an die Wand, als fühlte ich dem Mauerwerk den Puls. »Sie haben recht!«

»Wie soll man denn bei dem Baulärm hier schlafen?«, fragte mich ein aufgebrachter Mann.

»Wir tun alles dafür, dass unsere Gäste zufrieden sind. Ich werde sofort dafür sorgen, dass Sie ein anderes Zimmer bekommen. Darf ich Sie inzwischen zu einem Glas Prosecco an die Bar einladen? Und wenn wir Ihnen einen Obstkorb auf Ihr neues Zimmer stellen: Gibt es Früchte, die Sie besonders gerne mögen?«

Ich übertraf mich selbst, wenn es darum ging, unzufriedene Gäste in zufriedene zu verwandeln, und das machte mir einen Riesenspaß.

Mit meinem Auto klapperte ich die Hotels ab, in denen ich Gäste zu betreuen hatte. Die meisten meiner Kolleginnen und Kollegen hatten kein Auto zur Verfügung und fuhren mit dem Bus. In den verschiedenen Hotels hielt ich die üblichen Begrüßungsreden und hatte Anwesenheitspflicht zu festen Sprechzeiten, in denen ich mir die Sorgen, Nöte, Verbesserungsvorschläge, Änderungswünsche und Beschwerden der Gäste anhörte und wenn möglich alle Probleme löste. Durch meine Liebe zu Farid fühlte ich mich mit den Einheimischen stark verbunden. Meist gelang es mir, Konflikte und Missverständnisse allein deshalb zu klären, weil ich das tunesische Servicepersonal nicht wie minderbemittelte Hilfsarbeiter behandelte. Manchmal fiel es mir schwerer, meine deutschen Gäste zu verstehen, als die Einheimischen. Viele Gäste wollten alles exakt haben wie im Katalog. So hatte das Foto ausgesehen, so hatte es im Text gestanden, und genau so musste es sein – schließlich hatten sie dafür bezahlt. Doch das Land bestand ja nicht allein aus Hotels, die wie Theaterkulissen für wohlhabende Gäste aufgestellt worden waren.

Obwohl ich manche der Gäste unsympathisch fand, hatte ich Skrupel, sie zu belügen. Das gehörte jedoch auch zu meinem Beruf, etwa wenn ich sie davor warnen sollte, im Basar Goldschmuck zu kaufen, weil sie dort betrogen würden. Das stimmte nicht, ganz im Gegenteil. Die Namens-Goldkettchen, seinerzeit ein beliebtes Souvenir, die ich als Reiseleiterin »zufällig« aus meiner Jackentasche ziehen und zum Verkauf anbieten sollte, waren es, die überteuert waren. Doch die deutschen Gäste zahlten gern für ein Gefühl von Sicherheit, und was sie als sicher einschätzten, war nichts als Einbildung.

Nach Arbeitstagen voller Lächeln und Smalltalk kam ich abends nach Hause, und wir gingen aus. Mit meinem Reiseleiterausweis konnten wir in noblen Hotels günstig essen, und das nutzten wir täglich. Häufig waren wir in El

Kantaoui am Yachthafen, der beliebten Touristenmeile, wo wir mit Meerblick gepflegt und vom Feinsten speisten, manchmal mittags und abends.

Ich fand mein neues Leben wunderbar. Genauso hatte ich es mir vorgestellt. Ich vermisste Deutschland kein bisschen. Doch Farid vermisste ich hin und wieder, wenn er an der Uni war. Meistens aber war er zu Hause und schrieb weiter an seiner Doktorarbeit.

Und so ließ ich mich fallen. Farid war mein fester Punkt, mit dem ich die Welt aus den Angeln heben konnte. Ich fasste wieder Vertrauen in die Liebe, glaubte an das Glück.

Eines Abends saßen wir in einem Restaurant. Über der Stuhllehne hing meine Riemenhandtasche. Bei der Suche nach einem Taschentuch fiel mir auf, dass das Geld fehlte, das ich zuvor von der Bank geholt hatte. Meine Oma hatte mir etwas geschickt. Die Tasche war voller Geldscheine gewesen, jetzt war sie leer.

»Das kann doch nicht wahr sein«, stammelte ich.

Fragend schaute ich Farid an, starrte in die Tasche, blickte wieder zu Farid.

Abrupt stand er auf, die Serviette in der Hand. »Wenn du meinst, dass ich das Geld genommen habe, dann hast du dich getäuscht. Ich lasse mich von dir nicht verdächtigen!« Kalt sah er mich an, warf die Serviette auf den Tisch und stürmte nach draußen.

Ich unterschrieb unsere Rechnung und rannte ihm nach.

»Farid! Warte! Bitte!«

Ohne sich umzudrehen, lief er am Hafen entlang, wo

eine Luxusyacht neben der anderen träge auf dem Wasser schwappte. Aus den umliegenden Cafés drang dröhnend der Klang der *Taballas* und schlug Löcher in die milde Luft, die von Jasminduft schwer durchtränkt war. Jasminsträuße werden in Tunesien überall verkauft, von kleinen Jungen aus handgeflochtenen Körbchen, die damit ein bisschen Geld für ihre Familien dazuverdienen.

Die Männer, die diese Jasminsträußchen kaufen, stecken sie sich hinter die Ohren, um sich am Duft der Blüten zu erfreuen, bevor sie sie an ihre Angebetete verschenken. An diesem Abend würde ich keinen Jasminstrauß bekommen.

»Farid! Ich habe dich nicht verdächtigt! Das würde ich nie tun! Bitte! Ich habe doch nur laut gedacht und mich gewundert, dass das Geld weg ist. Farid, bitte! Bleib stehen!«

Wie eine Bettlerin lief ich hinter ihm her. Er drehte sich nicht einmal um. Irgendwann gab ich auf und ging zurück zu meinem Auto. Ich war fassungslos.

An der Pier standen zwei Anhalter. Die kamen mir gerade recht, denn allein wollte ich jetzt bestimmt nicht sein. Die beiden deutschen Jungs nahmen auf der Rückbank Platz. Ich fuhr an.

Da sagte einer der Anhalter: »Du scheinst ja in Geld zu schwimmen.«

»Bitte?«

Grinsend reichte er mir ein Bündel Geldscheine nach vorne. »Wenn du den Zaster schon auf der Fußmatte im Auto liegen hast, wie muss es dann erst bei dir zu Hause aussehen?«, feixte sein Kumpel.

Die Scheine waren mir aus der Tasche gefallen! Ich be-

41

dankte mich bei den ehrlichen Findern, fuhr sie zu ihrem Hotel und wendete dann, um Farid zu suchen. Er war wie vom Erdboden verschluckt.

Ich suchte ihn die ganze Nacht, klapperte alle Cafés, Bars, Diskotheken und Restaurants ab. Weit nach Mitternacht entdeckte ich ihn mit einem Bekannten in einem Café. Ich setzte mich an einen Tisch in seiner Nähe und suchte Blickkontakt, damit ich ihm von dem gefundenen Geld erzählen konnte. Er starrte durch mich hindurch. Ich existierte nicht für ihn.

Irgendwann fuhr ich nach Hause. Ich war todunglücklich. Streit und Missverständnisse, das ertrug ich nicht, nicht mit ihm. Ich spürte, wie Verlassenheit in mir hochkroch. Ich fror.

Er kam erst im Morgengrauen. Beim Frühstück fand ich die zerrissenen Eintrittskarten für das Cheb-Mami-Konzert, das an diesem Abend stattfinden würde. Wir hatten uns beide so sehr darauf gefreut.

Es dauerte Tage, in denen ich mit Engelszungen auf ihn einredete, bis er mir endlich verzieh. Bei all den Entschuldigungstiraden vergaß ich völlig, dass es gar nichts gab, wofür ich mich hätte entschuldigen müssen, denn das, was er mir vorwarf, war nicht geschehen. Ich hatte ihn nicht verdächtigt, sondern nur fragen wollen. Doch es war zwecklos, ihn darauf anzusprechen, zu groß war sein Stolz.

Ich wollte nicht mehr an dieses Missverständnis zurückdenken. Ich hielt es nicht aus, wenn zwischen uns schlechte Stimmung herrschte, und war dankbar, als wir wieder zu unserem Alltag zurückkehrten, ausgingen und feierten und tanzten. Meine Sehnsucht nach Harmonie war meine Archillesferse, und ich ahnte nicht, wie sehr ich noch straucheln würde. Anfangs hatte ich Konflikte gemieden, weil die Tage, die wir gemeinsam verbringen konnten, so rar waren. Immer wartete schon der Abschied, was sollte ich mir da die Zeit mit Streitgesprächen vergällen. Jetzt legten wir das Fundament für eine gemeinsame Zukunft, und ich hätte wachsamer sein sollen, statt unsere Diskrepanzen zuzudecken. Doch ich fürchtete mich vor Diskussionen mit Farid. Fürchtete, etwas könne unsere Liebe zerstören. Sie war doch alles, was ich hatte, seit ich mit meinem Auto meiner Zukunft in Deutschland davongefahren war. Vielleicht ist es falsch, den Menschen, den man liebt, zum Angelpunkt seiner selbst zu machen. Ich müsste diese Stärke in mir selbst finden, überlegte ich. Doch es war nur ein vager Gedanke, und ich mied ihn, denn er zog weitere Gedanken nach sich von Liebe und Verlust, und das konnte ich nicht ertragen.

Bald darauf schenkte mir eine Kollegin ein Buch, das sie begeistert verschlungen hatte. *Gute Mädchen kommen in den Himmel, böse überall hin.* In Deutschland stand es auf der Bestsellerliste. Mit großem Vergnügen und zunehmender Nachdenklichkeit las ich die Theorien der Autorin. Sie verblüffte mich oft, und ich wollte meine Gedanken mit Farid teilen. Ich erzählte ihm von dem Buch und auch von einem anderen, das ich zur selben Zeit las: eine Übersetzung des Koran.

Ich suchte Gemeinsamkeiten und Unterschiede zwischen Koran und Bibel, ich suchte nach den Rechten der Frauen. Hin und wieder stellte ich Farid eine Frage zum

Koran. Ich wollte verstehen. Doch Farid war nicht koranfest. Er betete ja nicht, und er hielt nicht einmal den Ramadan ein, was er vor seiner Familie verheimlichte, die nicht wissen durfte, dass ihr Sohn das Fasten nicht so ernst nahm.

Farid nahm mir die Koranübersetzung weg und beschimpfte mich. »Das Buch ist von einer Jüdin übersetzt.«

»Woher willst du das wissen?«

»Das erkennt man doch am Namen! Ich dulde nicht, dass du so was liest.«

Bei dieser Gelegenheit beschlagnahmte er auch das Buch von den bösen Mädchen, die in den Himmel kommen, und bewies mir, dass die Autorin irrte. Im Garten zündete er einen Scheiterhaufen an und verbrannte zwei Hexen: eine Emanze und eine Jüdin. Das schlimmste Feuer aber loderte in seinem feindseligen Blick. Ich erkannte ihn kaum wieder.

Etwas in mir erstarrte. Das durfte nicht sein, wir durften nicht scheitern, nicht er und ich! Ich beschloss, in Zukunft etwas vorsichtiger zu sein in der Auswahl meiner Lektüre beziehungsweise in meinen Erzählungen darüber, denn Farid verstand ja kein Deutsch. Wenn ich nicht so dumm gewesen wäre, ihm von den bösen Mädchen zu erzählen, wäre er gar nicht auf die Idee gekommen, das Buch könnte mich in irgendeiner Form aufstacheln. Das hatte es ja auch nicht getan, ich hatte nur darüber sprechen wollen. Aber ich hatte es vermutlich denkbar ungeschickt angestellt. Wo waren meine Empathie und mein diplomatisches Geschick geblieben, die mich im Job so auszeichneten? Ich musste einfühlsamer vorgehen und durfte bei aller Liberalität seinerseits nicht vergessen, dass Farid in einer völlig anderen Kultur aufgewachsen war als ich. Ich musste ihm Zeit geben und rücksichtsvoller auf seine Ansprüche eingehen. Schließlich war ich Gast in diesem Land. Ich durfte ihn nicht mehr in eine solche Situation bringen, wollte nicht, dass er sich so sehr über mein Benehmen aufregte. Die Geschiche mit dem Feuer tat ihm im Nachhinein bestimmt leid, auch wenn er es sich nicht anmerken ließ. Das war einfach nur ein Ausrutscher, eine einmalige Entgleisung. Farid hatte es schließlich nicht leicht; er musste von meinem Geld leben, und das war für einen tunesischen Mann eine Zumutung. Am besten, ich sah mich vor und mied die Erinnerung an das, was geschehen war.

DIE SALATFALLE

Wir waren über ein Jahr zusammen, als Farid mich seiner Familie vorstellte. Ich war wahnsinnig aufgeregt und hatte auch Angst vor dem Treffen, denn sicher wurde etwas Bestimmtes von mir erwartet, was ich aber nicht einschätzen konnte, sonst hätte Farid mich doch schon längst einmal mitgenommen. Wo wir doch nur eine halbe Stunde entfernt voneinander lebten!

Ich schminkte mich nicht und wählte meine Garderobe mit Bedacht: Arme und Beine bedeckt, eine Art Tunika darüber.

Tunesier sind ein stolzes Volk, und wer es sich nur irgendwie leisten kann, achtet auf seine Kleidung. Immer wieder staunte ich, woher die Männer in den blütenweißen Hemden kamen, die einem mitten in der Wüste begegneten. Aus dem Nichts tauchten sie auf wie in einem Werbefilm. Kilometerweit nur Wüste und plötzlich ein Mann in strahlend weißem Hemd. War der mit einem Ufo gelandet? Nein, das war ein stolzer Tunesier, und er steckte in blitzblanken Schuhen. Egal, wie schmutzig der Sand auch sein mochte. Wie machten die das? Es ist mir bis heute ein Rätsel.

46

Farids Familie wohnte in einem einfachen Haus mit Innenhof. Küche und Toilette waren sehr klein, und Letztere lud dazu ein, sich den Kopf anzustoßen, was mir häufig passierte. Farids Vater hatte es weit gebracht als Vorarbeiter auf dem Bau, und darauf war er stolz. Acht Kinder hatte er ernährt, alle waren gesund und hatten eine gute Ausbildung genossen. Auf Farid, dem angehenden Arzt, ruhten viele Hoffnungen und Träume. Seine Familie war stolz auf ihn – ein Arzt steht hoch in der tunesischen Hierarchie. Die Frau, die eines solchen Mannes würdig ist, muss eine ganz besondere sein. Ich gab mein Bestes, um zu signalisieren, dass ich mich in die Familie einfügen würde, lächelte und schwieg und schlug die Augen nieder, wenn ich glaubte, dass es angebracht wäre.

Farids Mutter beobachtete mich nicht nur mit Argusaugen, sie durchbohrte mich förmlich mit ihren Blicken, als wollte sie in mich hineinkriechen: Wer bist du, blonde Frau mit den grünen Augen, dass du meinen Sohn verdient hättest? Hast du dich geprüft? Glaubst du wirklich, du bist ihn wert?

Ich wollte mich nützlich machen und half bei den Vorbereitungen zum Mittagessen in der kleinen Küche. Niemand sagte mir, was ich tun sollte, also wusch ich den Salat und bereitete ihn zu. Keiner rührte ihn an. Wie ein Fremdkörper stand er auf dem Tisch. Nur ich nahm davon. Glaubten sie, ich würde sie anstecken, und wenn ja, womit? Oder gar vergiften?

Später tadelte Farid mich, weil ich die Salatblätter gezupft statt geschnitten hatte. In Tunesien wird Salat in winzige Vierecke geschnitten. In Deutschland hätte Farid mir das sagen können. In Deutschland hätte er am Tisch neben mir gesessen. In arabischen Ländern aber essen Frauen und Männer meistens getrennt. Ich saß bei den Frauen. In arabischen Ländern ist es üblich, dass der Mann bei einem Besuch zu Hause seine Frau ignoriert. Sie bleibt sich selbst überlassen im Kreis der anderen Frauen. Schwestern, Cousinen, Kinder – auch alte Männer haben Zutritt zu dem Kreis der Frauen. Aber das wusste ich nicht, Farid hatte es mir nicht gesagt. Es verwirrte und verunsicherte mich, dass er kein Wort mit mir wechselte, mich kaum beachtete, und wenn ich ihn ansprach, reagierte er unwirsch, sodass ich es schließlich eingeschüchtert unterließ. Hatte ich einen Fehler gemacht? Welchen? Hunderte von Fragen fuhren Karussell in meinem Kopf, keine einzige wagte ich zu stellen.

Eine Schwester von Farid sprach sehr gut Englisch und übersetzte für die Mutter, die nicht abließ, mich mit ihren Blicken zu durchbohren. Die wenigen tunesischen Wörter, die ich mittlerweile kannte, reichten nicht aus, um eine Unterhaltung zu führen. Niedergeschlagen fuhr ich am Abend mit Farid nach Hause.

»Was meinst du, wie finden sie mich?«, fragte ich ihn.

»Wohin gehen wir heute Abend?«, erwiderte er.

Ich rechnete es ihm hoch an, dass er mein Fehlverhalten nicht weiter thematisierte.

Bei den folgenden Besuchen strengte ich mich immer mehr an, um die Erwartungen, von denen ich glaubte, dass sie in mich gesetzt wurden, zu erfüllen. Ich nahm meinen Platz bei den Frauen ein, ignorierte Farid und half im Haushalt, erkundigte mich nach Rezepten und ließ mich in der traditionellen tunesischen Küche unterweisen. Einmal saß ich mit seiner Mutter auf dem Boden und wusch die schmutzige Wäsche. Nur sie und ich unter freiem Himmel – es war fast wie ein Ritual, und ich fühlte mich ein kleines bisschen akzeptiert.

Farids Schwestern und Cousinen fragten mir Löcher in den Bauch nach dem Leben in Deutschland. Einige von ihnen standen kurz vor dem Abitur und wollten gern in Europa studieren. Ich ermutigte sie. »Wenn ihr das Abitur in der Tasche habt, steht euch die Welt offen.«

Ich erzählte ihnen, wie toll es sei, andere Kulturen kennenzulernen. Mit großen Augen schauten sie mich an. Da fiel mir ein, dass es für sie nicht so leicht war, ihr Land zu verlassen, um zu reisen, und ich verstummte. Ich wollte keine weiteren Fehler machen. Ich wollte ganz eintauchen in meine neue Heimat, denn ich fühlte mich geborgen in dieser lauten, bunten Sippe und wünschte mir, ein Teil von ihr zu werden. Wie anders war diese Familie als die, in der ich aufgewachsen war. Ich sehnte mich so sehr nach dieser ganz speziellen familiären Geborgenheit, die einem Freunde nicht schenken können. Sehnte mich danach, dazuzugehören, ein Teil zu sein von dieser Sippe. Als könnte sie alle Verlorenheitsgefühle in meinem Innern auf immer bannen.

Farid lobte meine Haltung und bestätigte mich nach jedem Besuch bei seiner Familie darin, auf dem richtigen Weg zu sein. Damit machte er mich glücklich.

Hin und wieder passierten mir aber doch Fehler. Die wurden nicht gern gesehen, und ich spürte es sofort an den bohrenden Blicken der Mutter. Einmal weinte ich und blamierte Farid damit sehr, obwohl mich alle trösteten.

»Entschuldigung«, stammelte ich. »Bitte habt Nachsicht! Ich bin doch eine Deutsche. Ich bin das noch nicht gewöhnt.«

War ich das wirklich, eine Deutsche? Wer war ich? Es gab Tage, an denen wusste ich das nicht mehr. Da ging ich auf in dem neuen Leben, das ich gewählt hatte. Es gab aber auch Tage, an denen ich mich selbst nicht mehr spürte, nur noch den Druck, alles richtig zu machen, um Farid nicht zu enttäuschen.

Als Farid seine Doktorarbeit erfolgreich abgeschlossen hatte, strebte er eine Facharztausbildung in Europa an. Einer seiner Studienkollegen ergatterte eine Art Stipendium in Belgien. Um sich hierfür bewerben zu können, musste man den Nachweis erbringen, dem belgischen Staat nicht zur Last zu fallen. Man durfte weder arbeiten noch Sozialleistungen beantragen und musste deshalb Papiere vorlegen, die bewiesen, dass man seinen Lebensunterhalt in Belgien aus eigenen Mitteln bestritt. Es war sehr einfach, diese Papiere zu fälschen.

Farid war es egal, in welchem europäischen Land er die Facharztausbildung machen würde. Es war ihm auch egal, um welchen Facharzt es sich handelte. Hauptsache Facharzt. Da er Französisch sprach, bot sich Belgien an. Deutsch sprach er nicht, sonst hätten wir es auch in meiner Heimat versuchen können.

Gemeinsam kehrten wir Tunesien den Rücken und

klapperten unzählige Kliniken in Belgien ab. Meistens übernahm ich die Kommunikation, stellte ihn vor und pries ihn an. In Brüssel klappte es endlich. Farid erhielt einen Ausbildungsplatz für den Facharzt Arbeitsmedizin. Eine Farce, wie sich schnell herausstellen sollte, denn der Unterricht beschränkte sich auf zwei Stunden wöchentlich.

Es war schwierig, in Brüssel eine günstige Wohnung zu finden. Das war meine Aufgabe. Schließlich mietete ich eine kleine Zweizimmerwohnung für uns. Schön war sie nicht, um uns herum bloß Häuser, nirgends Grün, doch ich war guter Dinge, denn Brüssel bedeutete für uns ja nur einen Zwischenstopp. Hier würden wir bestimmt keine Wurzeln schlagen. Es ging jetzt einzig und allein um Farids Facharztausbildung.

In Belgien konnte ich nicht als Reiseleiterin arbeiten und musste mir etwas Neues suchen. Auch das gestaltete sich schwierig. Farid unterstützte mich nach Kräften. Er wollte unbedingt, dass ich arbeitete. Vielleicht wollte er es mir ersparen, herumzuhängen wie er. Das tat ihm nicht gut. Manchmal hatte ich den Eindruck, er litt an Depressionen. Das Land war ihm fremd, seine Familie und seine Freunde fehlten ihm, und er hatte bloß zwei Stunden Unterricht pro Woche. Was tun in der restlichen Zeit, wenn man kein Geld zur Verfügung hatte und deshalb in der engen Wohnung hockte?

Wenigstens ich fand einen Job bei einem großen deutschen Chemieunternehmen, wo ich den flämischen Mitarbeitern in Teilzeit Deutsch beibrachte. Ohne meinen Vater und meine Oma, die uns finanziell unterstützten, wären wir in Brüssel verhungert.

Im September 2001 besuchten wir meine Oma in Velbert. Ob sie Farid als Mensch mochte, konnte ich nicht einschätzen, als Arzt aber war sie sehr angetan von ihm. Sie nutzte jede Gelegenheit, ihm von ihren Krankheiten und denen ihrer Nachbarinnen zu erzählen, und störte sich nicht daran, dass sie keine gemeinsame Sprache teilten. Wofür hat der liebe Gott den Menschen Hände und Füße gegeben ... und eine Enkelin, die übersetzte, wenn es mal ans Eingemachte ging. Farid hörte zu und nickte und zeigte sich von seiner Zuckerseite. Hin und wieder warf er ein paar Sorgenfalten auf sein Gesicht und fühlte meiner Oma den Puls. Das mochte sie besonders gern.

»Nach jeder Konsultation bei ihm«, vertraute sie mir an, »fühle ich mich um Jahre verjüngt!«

»Schön«, freute ich mich.

Ich selbst hielt allerdings wenig von Farids medizinischen Fähigkeiten. Er behandelte seine Patienten nach Glaubenssätzen, die mir veraltet erschienen. Bei einem harmlosen Schnupfen riet er zu Antibiotika; er empfahl für alles Antibiotika, sie waren seine Wunderwaffe. Hinzu kam, dass er zwei linke Hände hatte, an denen hilflos zehn linke Daumen hingen. Handwerklich war er völlig unbegabt, ungeschickt, ja geradezu tölpelhaft. Weder konnte er sich ein Spiegelei braten noch eine Wunde nähen. Mir taten seine zukünftigen Patienten von Herzen leid, aber solange er es bei meiner Oma beim Pulsfühlen beließ, sah ich keine Veranlassung einzuschreiten.

Obwohl ich mich selbst intensiv mit Heilkunde beschäftigt und sogar mit dem Gedanken gespielt hatte, eine Ausbildung zur Heilpraktikerin zu beginnen, behandelte

Farid mich wie einen ahnungslosen Laien. Ich hatte einen anderen Ansatz als er. Als Anthroposophin sah ich den Menschen ganzheitlich und wollte auch so behandelt werden. Farid hingegen wäre in einem Pharmakonzern ideal aufgehoben gewesen. Das Thema Medizin jedenfalls war ein ständiger Streitpunkt zwischen uns beiden.

In Tunesien, so stellte ich fest, waren wir glücklicher gewesen.

DER 11. SEPTEMBER 2001

Am 11. September 2001 fuhr ich mit Farid nach Düsseldorf. In einem Elektrogeschäft in der Innenstadt lief auf mehreren großen Bildschirmen offenbar ein und derselbe Action-Film, der Ton war abgestellt: Hochhäuser und Rauchwolken. Kurz darauf sah ich den Film noch einmal. Als ich mich später mit Farid am Hauptbahnhof traf, wurde uns klar, dass es gar kein Film war. Vor dem Riesenbildschirm in der Bahnhofshalle drängten sich die Menschen mit in den Nacken geneigten Köpfen. So still war es an einem Bahnhof noch nie gewesen. Jeder versuchte für sich zu begreifen, was geschehen war. Nach und nach kreiste die Berichterstattung, die wir abends bei meiner Oma vor dem Fernseher verfolgten, die Täter ein.

Mir schwante, dass dieser 11. September für unser Leben Konsequenzen haben würde. Zu meiner Verstörung trug bei, dass Farid keine Spur Mitgefühl für die Menschen anzumerken war, die aus den Hochhäusern gesprungen waren; wie Puppen in der Luft sahen sie aus. Es schien ihn beinahe mit Genugtuung zu erfüllen, dass so etwas Unvorstellbares in Amerika passiert war. Oder irrte ich mich da?

Sein Verhalten verunsicherte mich. Er begriff die Tragweite des Geschehens nicht, vermutete ich. Oder aber er begriff sie viel besser als ich und wollte mir das nicht zeigen, um mich nicht zu beunruhigen. Um mich zu schützen. Ich legte meine Hand auf seinen Unterarm und tröstete ihn: »Das schaffen wir schon.« Vielleicht tröstete ich auch mich selbst.

»Können wir einen Film kucken?«, entgegnete Farid nur.

Zwei Tage später nahm mich meine Oma beiseite.

»Was willst du jetzt denn machen, Tina?«

»Ich kann mir vorstellen«, sagte ich bekümmert, »dass die Lage für die arabische Bevölkerung und all ihre Belange schwierig wird. Ich vermute, weltweit wird das Zusammenleben mit Muslimen auf den Prüfstand gestellt.«

Tief seufzte meine Oma. Sie war schon 85 und hatte in ihrem langen Leben schwere Zeiten voller Entbehrungen gemeistert. »So was hätte ich mir nicht träumen lassen!« Immer wieder schüttelte sie den Kopf und ließ scheinbar zusammenhanglos Wörter fallen wie: »Die Flugzeuge! Die Menschen! Die Türme!« Meine Oma dachte ständig an die Opfer. Farid schien das zu nerven. Wenn ich über Konsequenzen des Anschlags für unsere Situation spekulierte, verspottete er mich. Ich würde Gespenster sehen.

Meine Oma hörte sich alle meine Bedenken an, hin und wieder streichelte sie mir über das Gesicht.

»Ich rechne damit, dass unser Privatleben leiden wird. Vor allem in Deutschland wird unser Stand schwieriger werden«, fasste ich meine Sorgen zusammen.

Meine Oma wäre jedoch nicht meine Oma, wenn sie

mir keinen Mut zugesprochen hätte. 1916 geboren, hatte sie zwei Kriege erlebt und wusste, dass schlechte Zeiten ebenso wie die guten immer nur eine vorübergehende Phase sind. Mit beiden muss man umzugehen lernen. Sich in den guten Zeiten ein Polster zulegen und in den schlechten Zeiten davon zehren, statt zu verzweifeln.

»Mach dir keinen Kopp, Tina. Wahrscheinlich wird das alles lang nicht so schlimm, wie es aussieht. So ist es doch oft. Ihr geht jetzt erst mal nach Belgien zurück, dort lebt doch auch ein kunterbuntes Völkergemisch, da sind die Leute dran gewöhnt. Das wird schon. Vergiss nie: Keine Suppe wird so heiß gegessen, wie sie gekocht wird.«

Nachdenklich nickte ich, vielleicht hatte sie ja recht. »In Belgien leben viele Muslime.«

»Na siehst du! Da freut sich der Farid doch. Da ist er nicht allein, und wenn er mal Heimweh hat, findet er schnell einen, mit dem er sich austauschen kann.«

Im November 2001 hatte ich plötzlich ein seltsames Gefühl. Ich liebte Farid über alles und wollte gern eine Familie mit ihm gründen. Aber nicht in Belgien. Der Zeitpunkt war der falsche für eine Schwangerschaft. Wir standen doch gerade erst am Anfang. Unsere Existenz war noch nicht gesichert, und in Brüssel gefiel es uns nicht. Zu viel Stadt. Zu wenig Grün für ein Kind.

Als ich Farid von meinem Verdacht erzählte, wollte er sofort Gewissheit.

»Lass uns das abklären.« Seiner Miene konnte ich nicht entnehmen, ob er sich freute. Farid war Arzt. Er wollte Fakten, sprich: einen Ultraschallbeweis.

Drei Stunden später hielt ich eines der typischen Fotos in der Hand. Auf dem Ausdruck des Ultraschallgeräts war fast alles schwarz, es gab eine Art Dreieck und ein paar weiße Stellen, und eine davon hatte den Arzt zu einem »Herzlichen Glückwunsch!« veranlasst.

Ob er das zu allen sagte oder nur zu solchen, bei denen er sicher war, sie freuten sich? Farid prüfte das Foto mit einem Röntgenblick. Er musste mir zeigen, dass er hier den Durchblick hatte.

»Welche Augenfarbe hat es denn?«, lachte ich.

Farid sah mich verschmitzt an. Alles wird gut, dachte ich.

Wir strapazierten unseren Etat unverantwortlich und feierten beim Italiener, wo wir uns nicht nur eine doppelt dicke Pizza gönnten, sondern zusätzlich einen Nachtisch.

Obwohl ich mich so sehr freute und auch Farid sich offenbar mit dem Gedanken anfreundete, Vater zu werden, war der Beginn meiner Schwangerschaft keine unbeschwerte Zeit für mich, denn oft dachte ich an meine beiden Söhne, die Geschwisterchen des Kindes, das in mir wuchs. Warum nur hatte ich nicht die Kraft, mehr um sie zu kämpfen, überlegte ich traurig und hielt fest an dem Funken Hoffnung, dass wir eines Tages alle zusammen eine große Familie bilden würden, Farid, meine drei Kinder und ich.

Ich versprach diesem kleinen Wesen in meinem Bauch, dass ich es nie, nie, nie, niemals alleine lassen würde. Nichts und niemand würde uns trennen. Ich legte die Hände auf meinen Bauch und schwor dem winzigen Wesen da drinnen, dass ich es diesmal besser machen würde.

Ich versprach ihm ein glückliches Leben und Geborgenheit und eine Mama, die »immer für dich da ist«.

Mit zunehmendem Bauchumfang wuchsen meine Freude und Zuversicht. Ich konnte es kaum erwarten, bis ich das Baby endlich in den Armen halten würde, denn ein Leben ohne Kinder ist kein Leben.

DIE HOCHZEIT

Wir hatten uns den 2.2.2002 als Hochzeitsdatum ausgesucht. Was ich für ein Glücksdatum hielt, sollte sich schon
bald als der schlimmste Tag meines Lebens herausstellen,
an dem ich durch die Pforte der Hölle trat. Kürzlich
erzählte mir ein Standesbeamter, dass Ehen, die an solch
einem besonderen Datum geschlossen werden, häufiger
geschieden werden als andere.

Farid und ich heirateten in Belgien. Von meiner Familie kamen mein Vater und meine Schwester mit ihrem
Freund sowie meine beiden Omas. Von Farids Familie
war nur jener Bruchteil anwesend, der in Paris lebte – und
ein Studienkollege. Farid litt darunter, dass es keine traditionelle tunesische Hochzeit gab. Das tat mir auch sehr
leid, denn ein solches Fest stellte ich mir unvergleichlich
vor. Da hätte ich auch Hilfe gehabt aus dem Kreis der
Frauen.

So blieb die ganze Arbeit an mir hängen, und sie fiel
mir schwer, da ich in dieser Schwangerschaft häufig unter
Übelkeit litt. Farid krümmte keinen Finger. Ich kaufte
ein, bereitete unsere kleine Wohnung vor, dekorierte und
kochte, richtete an, schleppte die Getränke und küm-

merte mich um die gesamte Organisation. Nach der standesamtlichen Trauung bei der kleinen Feier in unserer Wohnung betrachtete er es ebenfalls als unter seiner Würde, sich um die Gäste zu kümmern. Das war mein Job. Ich servierte Häppchen und brachte Getränke. Farid hatte sich blitzartig in einen Göttergatten verwandelt, der sich bedienen ließ.

Meine Hochzeit hatte ich mir ehrlich gesagt anders vorgestellt, ganz anders. Hin und wieder warf mir meine Schwester einen sorgenvollen Blick zu. Wenigstens sie und ihr Freund unterstützten mich, trugen benutztes Geschirr in die Küche, spülten zwischendurch ein paar Gläser. Nein, das war alles andere als der schönste Tag meines Lebens. Es hatte auch keinen romantischen Heiratsantrag gegeben. Der Beschluss zur Heirat war en passant gefallen. Weil es besser war. Weil ich schwanger war. Weil wir nach Deutschland wollten. Wir?

Farid bestand darauf, dass ein uneheliches Kind für ihn nicht infrage käme. Es war schon schwierig genug für ihn, dass ich vor der Hochzeit schwanger geworden war. Wenn unser Kind geboren wurde, mussten wir verheiratet sein. Das fand ich irgendwie süß. Denn zeigte er damit nicht seinen aufrechten Charakter? Bewies er mir damit nicht, dass er zu mir stehen, mir Halt geben würde?

Wie naiv ich doch war, wie vertrauensselig.

In Tunesien bereitet sich eine Frau ihr Leben lang auf ihre Hochzeit vor. Sie ist der Höhepunkt ihres Lebens, das sich davor ständig um die Frage dreht, wen sie wohl heiraten wird. Manchmal ist das schon lange abgesprochen. Ein Mädchen sammelt seine Aussteuer. Ein gutes, sparsames Mädchen hat eine komplette Aussteuer beisammen, wenn es heiratet. Bettwäsche und Handtücher, Geschirr und allerlei Gebrauchsgegenstände. Die Frau ist die Herrin des Hauses. Und in diesem Haus sollte sie nach Möglichkeit auch bleiben. Um ihre Wohnung zu verlassen, benötigt die verheiratete Frau die Einwilligung ihres Gatten, denn mit der Hochzeit geht sie in den Besitz des Mannes über. Sie ist praktisch ihre eigene Aussteuer.

Meine Aussteuer sah mager aus. Ein bisschen Ikea, das Auto, und ich bezahlte die Miete und unseren Lebensunterhalt. Ich war kein gutes Mädchen, da konnte ich ruhig bedienen bei meiner Hochzeit, so lautete die Botschaft in Farids Augen. Nein, ich war keine gute Frau. Und er hatte mich trotzdem genommen. Glücklich sollte ich mich preisen und ihm das Leben versüßen, wo immer ich konnte. Eine Freude sollte mir das sein – und das war es mir ja auch, denn ich liebte ihn abgöttisch und war bereit, alles zu tun, um unser Leben harmonisch zu gestalten. Und doch machte ich ständig alles falsch. Seine Hochzeit hatte sich auch Farid anders vorgestellt, und für ihn war dieses Fest viel wichtiger als für mich. Ja, auch eine deutsche Frau heiratet gern, doch sie ist kein Mädchen, das sich jahrelang nur auf diesen einen Tag vorbereitet. Aber Farid, der Mann, brauchte ein Fest und seine Familie, seine große Familie. Das konnte ich ihm nicht bieten. Ganz im Gegenteil: Ich vertrieb die Verwandtschaft, seine Familie rief nicht einmal an, um uns zu gratulieren.

In all dem Trubel erkannte ich nicht, wie schlimm das

für ihn war. Doch als die Gäste gegangen waren, sah ich ihn das erste Mal in meinem Leben weinen, und er sagte mir sogar, warum.

»Vielleicht sind die Telefonleitungen gestört«, versuchte ich ihn zu trösten.

Farid warf mir einen bitterbösen Blick zu.

Ich war schuld. Weil ich keine Tunesierin bin. Zudem war ich schuld daran, dass wir in diesem scheußlichen Land Belgien lebten, denn wer hatte ihm denn diesen seltsamen Studienplatz besorgt, bei dem er sich zu Tode langweilte, weil er nur zwei Stunden am Samstagvormittag zur Uni gehen konnte. Daneben durfte er nicht arbeiten, sondern war zum Nichtstun verdammt. Wer wollte ihm denn da seine Würde nehmen?

Ich schlug die Augen nieder. Farid hatte kein Wort gesprochen. Doch ich hatte seine lautlosen Vorwürfe nur zu deutlich gespürt. Auf einmal sprang er auf, packte mich am Arm und zog und zerrte, schleifte und stieß mich ins Schlafzimmer, wo er mich brutal auf das Bett schleuderte. Laut tunesisch fluchend stürzte er in die Küche, riss die vollgestopfte extragroße Mülltüte, die meine Schwester und ihr Freund gefüllt hatten, an sich: Fleischreste, Saucen, Dips, Servietten, vollgerotzte Taschentücher, Zigarettenkippen, Kaffeesatz. Er leerte die Tüte über mir aus. Ich krümmte mich wie ein Embryo und schluchzte meine Verzweiflung in das frisch bezogene Bett, in dem sich der Gestank des Mülls schnell ausbreitete. Farid rannte hinaus, knallte die Tür zu und drehte den Schlüssel im Schloss herum.

Ich legte die Hände schützend auf meinen Bauch.

Ich weiß nicht, wie lange ich bewegungslos auf dem Bett lag, bis ich den Unrat vorsichtig zur Seite schob. Ich zog mir die Decke über den Kopf und atmete mit Bedacht. Das alles konnte nur ein Albtraum sein.

Irgendwann hörte ich das Telefon klingeln. Farid nahm im Wohnzimmer ab, und seine Stimme klang fröhlich zu mir durch. Kurz darauf drehte sich der Schlüssel im Schloss herum.

»Räum diese Sauerei auf und mach das Zimmer sauber«, befahl Farid mir. Ich schlug die Bettdecke zurück und erfüllte ihm seinen Wunsch.

UNSERE KLEINE PRINZESSIN

Am nächsten Tag hatte ich mich selbst davon überzeugt, dass unser schlechter Start an Brüssel lag. Diese Stadt tat uns nicht gut, wir mussten weg von hier. Alles würde besser werden, wenn wir Belgien verließen. Farid brauchte eine Beschäftigung, die ihn forderte und ausfüllte, keinen halbseidenen Studienplatz. Er war intelligent und ehrgeizig, musste gefördert werden. Er brauchte eine Chance.

Und ich?

Ich musste durchhalten, bis sich unsere Lebensumstände besserten. Musste aufpassen, dass ich ihn nicht provozierte. Deutlich erinnerte ich mich an unsere glückliche Zeit in Tunesien, an all die Liebe ... und die Hoffnung. Nein, davonlaufen kam nicht infrage, schon gar nicht in meinem Zustand. Mein Kind sollte in einer intakten, glücklichen Familie aufwachsen. Und wir würden woanders wieder glücklich sein, sagte ich mir und hielt mich daran aufrecht.

Im Frühling 2002 zogen wir nach Deutschland in die Nähe meines Vaters und meiner Schwester an den Niederrhein. Ich freute mich so, endlich wieder mit meiner

Familie vereint zu sein. Doch Farids gute Laune hielt sich in Grenzen. Er sprach noch immer kein Deutsch und fand deswegen auch keine Stelle als Arzt.

Ich schlug ihm einen Kurs an der Volkshochschule vor. Das war dem gnädigen Herrn nicht gut genug.

Meine Oma teilte seine Meinung, dass ein Arzt über den Normalsterblichen steht, denn bändigt er nicht den Tod? Kurzerhand bezahlte sie ihm einen Deutschintensivkurs am Goethe-Institut. Farid war hoch motiviert, lernte rund um die Uhr und machte schnell Fortschritte. Tunesier sind daran gewöhnt, mit Sprachen förmlich zu jonglieren. Sie wachsen auf mit der tunesischen Sprache, in der Schule lernen sie von der ersten Klasse an Hocharabisch, ab der dritten Klasse gehört Französisch zum Unterricht, und später wird meistens noch Englisch gelernt. Ich war sicher, dass es Farid und somit auch uns besser gehen würde, wenn er Deutsch verstand. Man fühlt sich nicht wohl, wenn man von fremden Lauten umgeben ist, deren Sinn sich einem nicht erschließt; ich hatte das selbst erlebt. Deswegen war Farid auch oft so schlecht gelaunt. Und er sah nicht gut aus. Bestimmt fehlte ihm die Sonne.

Südliches Klima konnte ich ihm nicht bieten an der deutsch-niederländischen Grenze. Doch ich bemühte mich, alles zu tun, um ihm eine Freude zu machen. Wo er doch so weit weg war von zu Hause. Er sah wirklich schlecht aus. Seine Haut schimmerte gelblich wie seine trüben Augen, als wäre er leberkrank. So sah man doch nicht aus, wenn man glücklich war? Ich machte mir Sorgen um ihn, und eines Tages rückte er mit der Wahrheit heraus. Der Verdacht, den er seit Längerem hegte, hatte sich bestätigt: Er litt an Hepatitis C. Wahrscheinlich hatte er sich während des Studiums in Tunesien angesteckt, so lautete seine Erklärung.

Gegen Hepatitis C kann man nicht geimpft werden. Übertragen wird diese Krankheit über Blut. Menschen, die im medizinischen Bereich arbeiten, stecken sich häufiger an, auch Drogenabhängige, die dieselbe Nadel benutzen. Zudem wird die Krankheit über Blutkonserven übertragen. Ein garantiertes Heilmittel dagegen gibt es nicht, allerdings können mit einer langwierigen medikamentösen Therapie die Viren, die die Leber befallen haben, eliminiert werden.

Das weiß ich heute. Damals wusste ich gar nichts, auch nicht, dass die teure Therapie mit starken Nebenwirkungen wie Depressionen einhergeht, doch ich bekam es zu spüren. Farid bei Laune zu halten glich mehr und mehr einer Gratwanderung. Ein falsches Wort, und schon fühlte er sich angegriffen. Ich litt unter seiner aggressiven Stimmung, Disharmonie und Streit vertrug ich so schlecht. Sie schürten in mir die Angst, dass unsere Beziehung zerbrechen könnte. Gedanken dieser Art blendete ich aus, sie lagen zu dicht an dieser tiefen Verlustangst, die mich seit dem plötzlichen Tod meiner Mutter wie ein Schatten begleitete. Und wir hatten doch auch schöne, innige Momente. Vielleicht war ich ja einfach zu dünnhäutig, hochschwanger wie ich war.

Mein Kind sollte nicht im Krankenhaus, sondern in einem Geburtshaus zur Welt kommen, weil ich eine selbst bestimmte Geburt erleben wollte. Nachdem ich einige Vorgespräche mit den warmherzigen und kompetenten Hebammen in der alten Villa geführt hatte, die zu einem Geburtshaus umgebaut worden war, fühlte ich mich in den allerbesten Händen – wie bei Farid, der mit mir einen Geburtsvorbereitungskurs besuchte und mir während der Geburt den Rücken massierte. Ich war glücklich, dass Farid einer natürlichen Geburt zugestimmt hatte und mich nicht zwang, in einem x-beliebigen Krankenhaus niederzukommen.

Dann hielt ich mein Mädchen im Arm. Eine kleine Prinzessin, und so sollte sie auch heißen: Emira. Ich war erschöpft, doch überglücklich, und alles war wieder gut.

Nicht alles ... Wie durch einen Nebel drang Farids Stimme zu mir, wurde scharf wie eine Rasierklinge und zerschnitt meine wabernde Wohligkeit. Farid stritt mit zwei Hebammen. Er wollte, dass Emira von einem Kinderarzt gründlich untersucht wurde.

»Das ist hier nicht üblich.«

»Ich bin Arzt. Ich weiß, was erforderlich ist.«

Geduldig versuchten die Hebammen Farid zu erklären, dass sie nach dem Gesetz dazu befugt waren, die Erstuntersuchung vorzunehmen. Ein Kinderarzt werde nur dann hinzugezogen, so erklärten sie ihm, wenn etwas nicht in Ordnung sei. Doch dafür gebe es keinen Grund.

»Sie wissen doch nichts von Medizin!«, ereiferte sich Farid.

Die Hebammen baten ihn nach draußen.

Der Riss in meiner Wohligkeit schloss sich gnädig, und ich döste ein, mein Baby nah bei mir.

Emira war um vier Uhr morgens zur Welt gekommen. Um sechs Uhr morgens rüttelte Farid mich wach.

»Wir gehen!«

Benommen rieb ich mir die Augen.

»Los! Steh auf!«

»Aber …«, begann ich und wusste nicht weiter. Schluchzend schaute ich mich in diesem wunderschönen Zimmer um. Wo konnte ich mich festbinden? Ich hatte mich so darauf gefreut, noch einen oder zwei Tage mit dem Baby in dieser geborgenen Atmosphäre zu verbringen. So war es im Vorfeld besprochen, wir wollten in Ruhe zueinanderfinden, das Baby, Farid und ich, im Bett liegen und schmusen, wollten abseits von Alltag und Hektik unserer neugeborenen Tochter von Anfang an ein Gefühl der Sicherheit und Geborgenheit in die Wiege legen.

»Ruf deinen Vater an, er soll uns abholen!«

»Farid, bitte! Ich habe vor zwei Stunden ein Kind bekommen, vielleicht erinnerst du dich daran. Ich bin müde, ich bin wund, ich …«

»Ruf deinen Vater an. Jetzt.«

»Bitte, Farid, bitte, ich …«

»Ich bleibe hier keine Stunde mehr mit diesen dummen Puten. Das ist untragbar! Von einer medizinischen Einrichtung verlange ich Kompetenz! Die haben null Ahnung. Das ist doch alles nur kindisch hier!«

Sein Gesicht verzerrte sich zu einer hässlichen Grimasse. Emira wachte auf, wurde unruhig. Ihr winziges Gesicht verzog sich zum Weinen.

Hastig griff ich nach dem Telefon und bat meinen Vater, uns abzuholen.

Eine halbe Stunde später war er da. Zärtlich betrachtete er Emira, sein Enkelkind, dann warf er mir einen schnellen Blick zu. Doch er fragte nicht und fuhr uns schweigend nach Hause.

Am Nachmittag klingelte die Hebamme zur Nachsorge. Es war verabredet, dass sie in den ersten Tagen nach meiner Heimkehr täglich nach mir sehen sollte.

Farid schickte sie weg.

»Ich möchte zu Ihrer Frau«, widersprach die Hebamme.

»Es geht ihr gut.«

»Davon möchte ich mich selbst überzeugen.«

»Ich muss Sie nicht in die Wohnung lassen.«

»Ich würde jetzt gern Ihre Frau sehen.«

»Ich bin Arzt. Ich weiß, was zu tun ist.«

Ja, das wusste Farid. Er warf mir das Telefon und ein Telefonbuch auf das Bett und verlangte: »Finde einen Kinderarzt, der Emira heute noch gründlich untersucht. Erkundige dich auch nach den Impfungen.«

»Aber sie ist doch noch viel zu klein, um geimpft zu werden«, rutschte es mir heraus.

»Du sollst dich erkundigen, habe ich gesagt«, erwiderte Farid mit einer Kälte in der Stimme, die er stets erklirren ließ, wenn ich es wagte, ihm zu widersprechen.

In meinem Zustand hatte ich keine Kraft, mich zu wehren. Ich war einfach nur müde nach der Geburt. Wieso freute er sich nicht, dass wir ein gesundes Kind hatten? Wieso ließ er mich nicht gewähren?

Er muss sich erst in seine Vaterrolle hineinfinden, sagte

ich mir. Das ist ganz normal. Das sind die Aufregung und die Sorge um die Kleine und um mich. Wenn Emira von einem Arzt untersucht worden ist, beruhigt er sich. Er tut das doch nur aus Liebe.

Wie so oft begann ihn vor mir selbst zu entschuldigen … hatte ich denn eine andere Wahl mit dem Säugling auf dem Arm?

Zwei Stunden später war ich verzweifelt, denn ich hatte keinen Arzt ausfindig gemacht, der noch am selben Tag einen Termin für uns hatte. Schließlich war es ja kein Notfall.

Als ich stillen wollte, trieb Farid mich zur Eile an. Ich sollte jetzt gefälligst endlich einen Arzt finden, wieso ich mich so ungeschickt benähme, dass niemand kooperieren wollte.

Bald war mir klar, dass die ärztliche Untersuchung so etwas wie meine Eintrittskarte in ein normales Familienleben war. Ich musste sie kriegen, koste es, was es wolle.

Schließlich ließ ich mir einen Notfalltermin bei einem Kinderarzt geben, der meine Familie gut kannte, weil er meine Schwester jahrelang behandelt hatte. Wir wurden freundlich begrüßt, und der Arzt redete einige Minuten lang mit mir über meine Mutter. »Es tut mir leid, dass Ihre Mutter so früh gestorben ist. Sie war so eine lebensbejahende Frau. Ich habe mich immer gefreut, sie zu sehen.«

Ich presste die Lippen aufeinander, um nicht zu weinen. »Danke«, sagte ich leise und war froh, als er das Thema wechselte. Wie sehr hätte ich jetzt die Nähe meiner Mutter gebraucht.

Nun hatte ich selbst ein Mädchen. Ich würde alles dafür tun, dass wir eine ebenso innige Beziehung hätten wie meine Mutter und ich. Ich drückte Emira an mich und versuchte, dieses Gefühl von Verzweiflung zu überwinden, das mich angesichts Farids Verhalten überkam. Ich musste da durch. Alles würde sich wieder einrenken. Ganz bestimmt ...

Der Arzt gratulierte Farid und mir zu unserem Wonneproppen. Farid fiel ihm ins Wort und verlangte, dass er mit der Untersuchung begann.

Der Kinderarzt, ein schon etwas älterer Mann mit einem gütigen Gesicht und reichlich Lebenserfahrung, ließ den Blick zwischen Farid und mir hin und her schweifen. Ich sagte kein Wort. Verkrampft und eingesunken saß ich vor dem Schreibtisch und morste dem Arzt mit meinen Augen: Bitte, tun Sie einfach, was er verlangt. Bitte!

Das Schweigen zog sich hin. Dann nickte der Arzt, langsam, bedächtig, und da wusste ich, dass er meine Botschaft empfangen hatte.

Emira war kerngesund, ganz so, wie es die Hebammen gesagt hatten. Wir verabredeten einen Termin für die nächste Untersuchung und fuhren nach Hause. Einem entspannten Familienleben stand nun nichts mehr im Weg.

Irrtum.

Farid stand dem entspannten Familienleben im Weg.

Ich fühlte mich nach der Geburt geschwächt. Farid sah keine Veranlassung, mir auch nur geringfügig zur Hand zu gehen. Der Haushalt war mein Bereich. Mein lieber

Vater brachte uns jeden Tag warmes Essen, denn Kochen war meine Aufgabe und fiel somit in die Verantwortung meiner Familie.

Mein Vater litt sehr unter der Situation, aber er schwieg und versuchte mir zu helfen, wo es nur ging.

Meine Schwester Johanna ließ sich nur selten blicken, sie hatte Angst vor Farid. Mehrmals hatte er sie rüde behandelt. Für Farid war meine Schwester eine Schlampe, denn sie trug kurze Röcke und hatte einen Freund. So hatte er in Tunesien niemals über meine Landsleute gesprochen.

Ich selbst erkannte ihn kaum wieder. Wo war der strahlende, selbstbewusste Charmeur geblieben?

DER TERRORIST IN
MEINEM BETT

In den folgenden Wochen pendelte sich so etwas wie Alltag in unserem Leben ein. Jeden Morgen brachte ich Farid zum Bahnhof. Von dort fuhr er mit dem Zug eineinhalb Stunden nach Düsseldorf ins Goethe-Institut. Abends holte ich ihn wieder ab. Er war oft müde und gereizt und erwartete zu Hause einen mustergültigen Säugling, der keinen Lärm machte. Wenn Emira schrie oder schlecht schlief, dann war ich schuld, was er mir auch deutlich zu verstehen gab.

»Warum schläft sie nicht? Was machst du mit ihr? Warum funktioniert das nicht? Ich weiß wirklich nicht, ob du dich zur Mutter eignest.«

Damit verletzte er mich zutiefst. Zu dicht rührte er damit an der traurigen Situation mit meinen beiden Söhnen. Ich war mit einem so hohen Ideal von einer intakten, lebendigen Familie aufgewachsen und kläglich gescheitert. Das tat weh. Bestimmt meinte er es nicht so, sagte ich mir selbst immer wieder vor. Er hatte viel Stress mit den täglichen langen Bahnfahrten und den vielen Vokabeln. Wenn er den Deutschintensivkurs abgeschlossen hatte, würde sich seine Anspannung hoffentlich lösen.

Längst war es zur Gewohnheit geworden, dieses ständige Entschuldigen.

In unserer Kleinstadt am Niederrhein kannte jeder jeden – und ich gehörte nicht dazu, was mir jeden Tag schmerzlich gespiegelt wurde. Ich wäre so gern wie die anderen Mütter mit ihren Kinderwägen gewesen. Doch mir fehlte die Zutrittsberechtigung zu ihrem Clan, denn ich war mit einem Araber verheiratet. Seit dem 11. September galt jeder arabisch aussehende Mann als potenzieller Terrorist. Das konnte ich deutlich in den misstrauischen Blicken der Menschen lesen, auch wenn sie es mir nicht ins Gesicht sagten. Ich mied die Wildwechsel der Kinderwagenfrauen, denn jede Begegnung versetzte mir einen Stich: Du bist nicht wie wir!

Auch in Tunesien war ich nicht so gewesen wie die Frauen dort, obwohl ich mich bis zum Gehtnichtmehr angestrengt hatte, um mich einzugliedern und ja nichts falsch zu machen. Wohin gehörte ich?

Einmal nahm ich all meinen Mut zusammen und besuchte eine Krabbelgruppe. Ein halbes Dutzend Mütter saß bei Kaffee und Kuchen an einem Tisch. Die Frauen nahmen mich freundlich auf, doch ich traute dem Schein nicht. Überall vermutete ich lauernde Blicke und abschätzige Urteile. Eine der Mütter fand ich ungemein interessant, was mir den Mut verlieh, über meinen Schatten zu springen und sie zu fragen, ob wir einmal etwas zusammen unternehmen wollten.

»Leider habe ich gerade wahnsinnig viel um die Ohren«, erwiderte sie.

Ich fragte nie wieder, obwohl ich später durch Zufall erfuhr, dass sie und ihr Mann ein Haus bauten. Da hat man naturgemäß wenig Zeit.

Dennoch fand ich nicht raus aus meinem Schneckenhaus. Vielleicht hatte ich einfach Angst vor dem Kontakt zu normalen Frauen, die mit normalen Ehemännern in normalen Beziehungen lebten, in denen der Mann keine Gegenstände nach ihnen warf, sie nicht beschimpfte und erniedrigte.

Wem sollte ich von all den schrecklichen Vorfällen erzählen? Im Grunde war es besser, niemanden zu kennen, dann musste ich auch nicht reden – oder lügen, was ja schon Sünde, *haram*, gewesen wäre. So weit sind Koran und Bibel nicht voneinder entfernt, »Du sollst nicht lügen« heißt es in beiden.

Mein Vater erkannte trotz meines Schweigens, was los war. Aber noch immer sprach er mich nicht darauf an. So etwas wäre ihm gänzlich fremd gewesen. Er ließ mich mein Leben leben und akzeptierte alles, was ich tat. So war das schon immer gewesen.

Früher hatte ich das großartig gefunden. Nun wünschte ich mir manchmal, er würde die Situation mit Farid zur Sprache bringen. Gleichzeitig war ich froh um seine Diskretion. Was hätte ich ihm denn auch antworten sollen? Was hätte es geändert an meiner Lage, die manchmal so bitter nach zerbrochenen Träumen schmeckte?

Ich bin davon überzeugt, dass jeder Mensch seine eigenen Erfahrungen machen muss. Erfahrungen können nicht vererbt werden. Als Eltern wollen wir es immer besser machen. Indem wir das Gegenteil von dem tun, was uns vorgelebt wurde, begehen wir oft die größten Irrtümer. Mein Vater wollte mir bewusst keine Grenzen setzen, da er selbst unter seinem extrem strengen Vater gelitten hatte. Und meine Mutter... mit ihr hätte ich reden können, von Frau zu Frau. Von Freundin zu Freundin.

Emira hat helle Haut und grüne Augen wie ich. Man sieht ihr die arabischen Wurzeln nicht an, und so beschloss ich, sie auch nicht zu thematisieren. In einer Großstadt wie Düsseldorf hätte ich in einem anderen Viertel noch einmal von vorn beginnen können. Dort gab es Tausende von Kinderwagenfrauen und viele Spielplätze. In dem kleinen Ort, in dem wir wohnten, hatte ich keine Wahl. Auch wenn ich das Leben mit Emira genoss, fühlte ich mich tagsüber oft allein und sehnte mich nach Farid. Wenn er nach Hause kam, war es so anders, als ich es mir erträumt hatte, und ich atmete auf, sobald ich ihn am nächsten Morgen am Bahnhof abgesetzt hatte. Doch bald schon sehnte ich mich wieder nach ihm.

Eines Tages sprach mich eine Nachbarin an. Als sich herausstellte, dass sie auch Tina hieß, ließ ich meine Zurückhaltung fallen. Was für eine sympathische Gemeinsamkeit! Tina war eine alleinerziehende Mutter und wohnte mit ihren drei Kindern im Erdgeschoss. Sie war eine Frohnatur, die aus allem immer das Beste machte und viele Leute kannte. Zu ihrem vierzigsten Geburtstag plante sie eine Riesenfete und lud mich ein – ausdrücklich mit Farid.

»Bitte lass uns dorthin gehen!«, flehte ich ihn an. »Mit dem Babyfon ist das überhaupt kein Problem!«

»Ich gehe nicht zu einer Frau, die ohne Mann lebt.«

»Aber dafür kann sie doch nichts! Er hat sie verlassen.«

»Er wird seine Gründe gehabt haben.«

»Dann gehe ich eben alleine!«, rief ich in der Hoffnung, er würde mich angesichts einer solchen Drohung begleiten. Doch Farid nickte bloß, er wirkte direkt erleichtert.

Ich wollte nicht ohne ihn ausgehen, aber dies war nun eine Frage der Ehre. Wenn er damit rechnete, dass ich zu Hause blieb, hatte er sich getäuscht!

Am Abend der Party zog ich mich hübsch an, legte auch etwas Make-up auf und ließ Farid noch einmal wissen, was für eine tolle Erfindung ein Babyfon sei. Er sagte nichts, doch an seinen Blicken konnte ich deutlich erkennen, dass er mein Benehmen verwerflich fand. Eine verheiratete Frau, die ohne ihren Mann zu einer Party ging! *Haram!*

Tinas Gäste fragten nach meinem Mann. Keiner äußerte Misstrauen wegen seiner Herkunft, im Gegenteil, sie wollten Farid in ihren bunten Kreis aufnehmen.

»Er hat so viel zu tun«, sagte ich anfangs, doch dann entschied ich mich für die Wahrheit. »Er will nicht.«

»Will nicht gilt nicht«, beschloss einer der Gäste und klingelte kurz entschlossen an unserer Tür, um Farid persönlich einzuladen. Wie sich herausstellte, kannte er ihn flüchtig, weil Farid schon mehrfach in seinem Computerladen eingekauft hatte.

»Er will tatsächlich nicht«, teilte mir der Mann mit, als er unverrichteter Dinge zurückkehrte, und an seinem verwirrten Gesicht konnte ich ablesen, dass Farid die

Freundlichkeit, mit der ihm begegnet worden war, mit Füßen getreten hatte. Ich schämte mich für meinen Mann und konnte die Party nicht mehr so genießen, wie ich es mir gewünscht hatte, zumal ich Farids Empörung durch die Stockwerke hindurch zu spüren glaubte.

Bedrückt verabschiedete ich mich kurz darauf und wurde so kalt und verächtlich empfangen wie erwartet. Farid wollte nichts mit Deutschen zu tun haben. Die teuren Medikamente für seine Hepatitis-Therapie durften sie ihm schon bezahlen, dachte ich wütend, aber Freundschaften wollte er keine schließen.

Meine einzige Freundin Tina war ein rotes Tuch für ihn. Sie war keine ehrwürdige Frau, und wenn ich so weitermachte, würde das auf mich abfärben. Womöglich merkte ich das selbst gar nicht! Gut, dass er auf mich aufpasste …

»Aber nein!«, verteidigte ich Tina. »Sie ist eine ganz toughe, mutige Person, allein mit ihren drei Kindern.«

Höhnisch lachte er mir ins Gesicht. »Was soll daran toll sein! Eine Schlampe ist sie. Ich dulde nicht, dass meine Frau in solchen Kreisen verkehrt.«

In arabischen Ländern gilt eine Frau schnell als Schlampe. Sie braucht dazu bloß die Haut an Armen oder Beinen zu zeigen, einen Rock zu tragen, der ihre Knie frei lässt, in der Öffentlichkeit zu rauchen, laut zu lachen – kurzum: sich frei zu bewegen, wie wir es im Westen gewohnt sind. Ehrenhafte Frauen verzichten demütig auf ihre Selbstverwirklichung, was im Übrigen kein Verzicht ist, sondern eine Bereicherung, wie sie es von Kindesbeinen an lernen.

Farid hatte sich in Tunesien liberal gegeben, doch hier, fern von seiner Heimat, schien er mir plötzlich so fremd. Manchmal fragte ich mich, was er denn von mir gedacht hatte, der Touristin, die er an jenem Nachmittag angesprochen und auf etwas zu trinken an die Bar eingeladen hatte. Ich konnte mir einfach nicht vorstellen, dass er mich weniger achtete, nur weil ich in einem anderen Kulturkreis als freie Frau aufgewachsen war.

Was einem selbst fremd ist, das erkennt man auch nicht, wenn andere es mit einem tun. Mich selbst hatten fremde Kulturen immer fasziniert, und ich wollte mir nicht anmaßen, über jemanden wegen seines Glaubens oder seiner Herkunft zu urteilen. Und ich wollte es auch nicht erkennen, wollte weiterhin meinem Traum anhängen, die Hoffnung nicht aufgeben, dass wir als Familie zusammenwachsen würden.

Einige Jahre später sollte ich selbst fürchterlich erschrecken, als ich Emira vom Teufel sprechen hörte und ich ihr das Kopftuch abnahm, das ihre Großmutter ihr eng an den Kopf getackert hatte, ja, getackert, so fest saßen die Nadeln. Doch das lag noch in weiter Ferne. In meinen ersten Jahren mit Farid war meine Hoffnung stets größer als meine Vernunft, und ich nutzte meinen Verstand nicht dazu, mir einzugestehen, dass ich gut daran täte, meinen Ehemann zu verlassen. Wir waren beide nicht glücklich miteinander, das weiß ich jetzt, aber damals? Da versperrte ich den Blick vor der Realität. Ich entschuldigte ihn weiterhin und setzte meine gesamte Phantasie ein, um mir selbst zu erklären, warum er sich mir gegenüber so ... abschätzend benahm. Farids forderndes Verhalten, das ich in den ersten Monaten so anziehend gefunden hatte, wirkte jetzt rüde auf mich, zumal es voll von Verachtung war. Der wohlige Kokon, der uns umgeben hatte, war zu einem Netz des Horrors geworden, das sich immer enger um mich zusammenzog. Bei all der Anstrengung, ihm gerecht zu werden, merkte ich nicht, dass ich mich vor ihm zu fürchten begann. Dass ich Angst vor meinem Ehemann hatte und auch deshalb immer seltener den Mut fand, aufzubegehren. Was für ein Wort: aufbegehren. In welchem Jahrhundert lebte ich, mitten in Deutschland? Das frage ich mich heute.

Damals dachte ich nicht voraus, ich versuchte, Tag um Tag zu bewältigen. Vor allem wollte ich verhindern, dass er wie so oft mit Gegenständen nach mir warf. Das volle Marmeladenglas verfehlte meinen Kopf nur knapp, und ich bekam die roten Flecke an der Wand nie mehr weg. Als ich die Wand strich, sah man sie noch immer durch, diesmal heller, was Farid zu vorwurfsvollen Blicken verleitete, da ich nicht mal die Wohnung sauber halten konnte.

Um keine weiteren Konflikte heraufzubeschwören, brach ich den Kontakt mit Tina ab. Wenn ich sie irgendwo sah, wich ich ihr aus. Ich befürchtete, sie könnte mich fragen, wie es mir ginge. Ich wollte sie nicht belügen. Ich wollte auch nicht schlecht über Farid sprechen. Er befand sich schließlich in einer schwierigen Situation, in dem fremden Land, wo er vielerorts als Terrorist verdächtigt wurde. Ich durfte ihm nicht noch zusätzlich Druck machen. Vielleicht musste ich lernen, mich noch tiefer in ihn hineinzuversetzen.

Ich merkte dabei nicht, dass ich ihm in die Hände spielte, indem ich nur zu bereitwillig die Verantwortung für alle möglichen Missstände auf mich nahm und mich selbst schuldig sprach. Meine Gedanken kreisten um dieses ständige Wenn-dann. Wenn ich ihn nicht durch mein Fehlverhalten provozierte, dann hätte er auch keine so schlechte Laune. Wenn ich ihm ein anständiges Essen wie daheim in Tunesien vorsetzte, würde er mich als vollwertige Ehefrau betrachten. Wenn Emira brav war und nicht schrie, dann war ich eine gute Mutter. Wenn ich mich tiefer in ihn hineinversetzte, dann würden wir wieder glücklich sein. Schließlich liebten wir uns doch, oder?

Liebe geht durch den Magen, dachte ich – und hatte eine Idee. Bald schon konzentrierte ich meine ganze Energie auf das Kochen. Bereitete jeden Tag frischen Couscous zu. Kaufte Lebensmittel nur in türkischen Läden, fuhr extra nach Venlo, rannte mir die Hacken ab, um wirklich frische Zutaten, Kräuter und spezielle Gewürze zu ergattern. Versuchte verzweifelt, so zu kochen, wie ich es bei den Frauen seiner Familie beobachtet hatte. Um ihn zu besänftigen. Um mich zu beschäftigen.

Ich gab mein Bestes, wusste ich doch, dass der Wert einer Ehefrau in Tunesien auch an ihrer Kochkunst gemessen wird. Doch ich scheiterte. Woher hätte ich die Originalzutaten nehmen sollen? Es war mir nicht möglich, rein tunesisches Essen zuzubereiten – und das demonstrierte Farid mir Abend für Abend, wenn er den Teller beiseiteschob, über den Rand des Tisches hinaus, sodass er am Boden zerschellte. Wenn er mit der Hand in das Essen griff und es wütend zurück auf den Teller schleuderte und alles hochspritzte, sein Hemd befleckte, manchmal sogar sein Gesicht. Aber das war ihm egal, das nahm er auf sich, um mir zu vermitteln, dass ich noch viel, sehr viel lernen musste.

Einmal fuhren wir von einem Besuch bei meiner Oma nach Hause. Farid hätte eigentlich guter Dinge sein können, denn meine Oma hatte ihm großzügig Geld zugesteckt. Aber er war übelst gelaunt, und auf einmal waren wir in ein Streitgespräch verwickelt. Wie immer entzündete es sich an einer Kleinigkeit, wir stritten ausschließlich um Banalitäten, ob ein Logo rot oder weiß sei, ob man irgendwo nach rechts oder links abbiegen musste, ob etwas 1,99 oder 1,98 kostete. Jedes unverfängliche Thema konnte in einer Rechthaberei eskalieren, und ich wollte nicht immer zu allem schweigen und klein beigeben. Es war schon spät, Emira hatte Hunger, ich fuhr zügig auf der linken Spur, da spuckte mir Farid bei Tempo 140 km/h voller Verachtung auf die rechte Backe.

»Du bist Dreck. Einfach nur Dreck«, schleuderte er auf Tunesisch hinterher.

Meine Hände zitterten, mein Herz raste. Ich blinkte, fädelte mich vor einem Lkw ein, kontrollierte im Rückspiegel, ob Emira schlief. An der nächsten Ausfahrt, wo wir die Autobahn ohnehin verlassen hätten, hielt ich an.

»Tut mir leid«, sagte ich. »Bitte steig aus. Du kannst zu Fuß nach Hause gehen, es ist nicht weit. Ich fahre zu meinem Vater.«

Wortlos öffnete Farid die Tür und knallte sie zu.

Diesmal konnte ich das Ungeheuerliche nicht für mich

behalten. Schluchzend erzählte ich meinem Vater von der Spuckattacke. Seine Gesichtsfarbe wechselte von blass zu rot und wieder zurück. So hatte ich ihn noch nie gesehen.

»Komm!« Mit großen Schritten stürmte er aus dem Haus. Er musste mir nicht sagen, wohin ich fahren sollte. Als wir zu unserer Wohnung abbogen, sahen wir Farid wenige Meter von unserem Haus entfernt locker schlendern.

»Stopp!«, rief mein Vater und sprang aus dem noch fahrenden Auto. Farid drehte sich um, erkannte ihn und nahm die Beine in die Hand. Er schaffte es ins Haus, ehe mein Vater ihn erreichte.

Wir brauchten beide lange, bis wir uns beruhigten. Für meinen Vater war dies ein einschneidendes Erlebnis, da er sich selbst als sanftmütigen, verständnisvollen Menschen einschätzte, der niemals die Hand gegen einen anderen erhob. Er hätte Farid hemmungslos verprügelt, wenn er ihn erwischt hätte.

Von diesem Tag an war das Verhältnis zwischen Schwiegervater und -sohn zerrüttet.

Mein Vater hatte Farid noch nie gemocht, den er »affig« fand mit seinen teuren Klamotten, meistens Anzug mit Krawatte, immer geschniegelt der Herr Doktor, affektiert in seinem Auftreten, ein arroganter Schnösel und Blender, der jede Gelegenheit nutzte, um nach Anerkennung zu heischen.

»Papa, dahinter steckt Unsicherheit. Er ist doch fremd hier«, hatte ich Farid immer verteidigt. Diese mildernden Umstände hatten bei meinem Vater nun unwiderruflich ausgedient.

Und ich war noch ein Stück einsamer. Mein Vater drängte mich nicht, Farid zu verlassen, doch ich spürte, dass er es quasi erwartete. Aber das kam für mich nicht infrage. Die Hoffnung stirbt bekanntlich zuletzt … und ja, ich hatte noch Hoffnung. Das konnte doch nicht schon alles gewesen sein. Dafür hatte ich doch nicht alles hinter mir gelassen, meine Ausbildung abgebrochen, sein Leben finanziert … Und nein, Emira sollte mit Mutter und Vater aufwachsen, das stand ihr doch zu.

So flüchtete ich in Gedanken in die Vergangenheit. Sah die Palmen und die Sonne, spürte unseren Lebenshunger, roch den Duft des Meeres und der Gewürze vom Basar, dachte an durchtanzte Nächte und das Versprechen von Glück und Geborgenheit in seinen Blicken. Das war wirklich gewesen, und noch immer hing ich daran, während das Leben an seiner Seite mich in ein blindes Wesen verwandelt hatte, das all der Aggression und Verachtung wie ferngesteuert auswich.

DER TUNESISCHE PASS

Zu Emira war Farid zuckersüß. Sie war seine Prinzessin, sein Augenstern, sein Ein und Alles, und er trug sie auf Händen. Ständig fotografierte er sie, klebte die Fotos gewissenhaft in Alben, schickte sie an seine Verwandten. Wenn er nach Hause kam, galten seine ersten Blicke und seine Fragen ihr. Emira stand weit über mir, ich war bloß das Anhängsel. Es machte mir nichts aus, denn zeigte es nicht, dass Farid ein liebender Vater war? Und war es nicht meine Aufgabe als gute Mutter, mich in meine Rolle zu fügen?

Ich fügte mich. Denn schließlich liebte auch ich meine Tochter abgöttisch.

Doch an einem Abend kurz vor Weihnachten, Emira schlief, geschah das, was ich immer befürchtet hatte. Das Pulverfass, auf dem ich lebte, drohte zu explodieren. Die Luft um Farid flirrte förmlich. Er bäumte sich vor mir auf wie ein böser Geist. Seine Augen starr und groß, das Gesicht verzerrt, bohrte sich sein Blick in meine Seele wie ein Messer. Angstschweiß brach mir aus, meine Kehle war wie zugeschnürt, meine Hände zitterten. Ich wollte wegrennen, doch ich konnte mich nicht bewegen. Mit langsamen Schritten, meine Panik auskostend, so kam es mir vor, näherte Farid sich mir.

»Ich rufe die Polizei!«, keuchte ich.

Er lachte.

Ich riss das Telefon an mich, stürzte in den Flur und wählte die 110. »Bitte kommen Sie schnell, ich habe furchtbare Angst vor meinem Mann!«

Höhnisch grinsend, die Arme vor der Brust verschränkt, beobachtete Farid mich, bannte mich mit seinem Blick und weidete sich an meiner Angst.

Eine Viertelstunde später trafen zwei Beamte ein. Farid, die Liebenswürdigkeit in Person, öffnete ihnen die Tür und bat sie herein. Wie leid es ihm tue, dass seine Frau sie hierher bemüht habe. Sie neige zur Hysterie. Das sei so seit der Geburt ihres Kindes. Dafür müsse man als Mann Verständnis aufbringen, oder etwa nicht? Ob die Polizisten auch Kinder hätten?

Er hätte gar nichts getan, hätte sich sogar bedankt, dass seine Frau sein Lieblingsessen gekocht habe. Sein einziger Fehler sei es gewesen, dass er freundlich angemerkt habe – er sei schließlich ein ehrlicher Mensch –, dass ihm dieses Gericht bei seiner Mutter besser schmecke, doch: »Ist das nicht normal?«, fragte er die Beamten.

Einer grinste, der andere ging abwartend einen Schritt zurück. Dann fragte er mich: »Stimmt das?«

»Ja«, flüsterte ich. Farids Gegenwart entzog mir alle Kraft. Und inhaltlich stimmte es ja auch, ungefähr. Bloß hatte er sich weder bedankt noch mich freundlich hingewiesen, sondern seine Macht über mich demonstriert.

»Frau Rothkamm«, fragte der Polizist mich, »ist alles in Ordnung mit Ihnen?«

Ich nickte.

»Brauchen Sie Hilfe?«

Ich schüttelte den Kopf.

Die Polizisten wechselten einen Blick.

»Ja, wie gesagt, es tut mir wirklich leid, dass wir Sie wegen solch einer Lappalie bemüht haben«, entschuldigte Farid sich weltmännisch, stellte sich neben mich und legte den Arm um meine Schulter. Mir wurde übel.

Vielleicht hatte ich mir alles ja nur eingebildet. Schließlich hatte Farid nicht die Hand gegen mich erhoben und hatte auch nichts nach mir geworfen. Ich zwang mich zu einem Lächeln. Die Polizisten sollten nicht glauben, dass wir so wären wie andere Paare. Ich wollte das Vorurteil nicht bestätigen, dass Ehen aus unterschiedlichen Kulturen zum Scheitern verurteilt wären. Bei uns war das anders. Unsere Schwierigkeiten kamen von den Umständen, nicht von der Kultur, denn ich liebte sein Heimatland.

Sobald die Polizei weggefahren war, was Farid seitlich am Fenster stehend beobachtete, flätze er sich auf das Sofa und schaltete mit einem selbstzufriedenen Gesichtsausdruck den Fernseher ein.

Als sein Deutschstudium am Goethe-Institut sich dem Ende zuneigte, bewarb er sich an Kliniken in ganz Deutschland als Assistenzarzt. Das Fachgebiet war ihm egal, ob Forensik oder Anästhesie, Hauptsache eine Anstellung. Doch er bekam nur Absagen. Das machte ihn noch unzufriedener und gereizter, und ich stand jeden

Tag länger in der Küche und gab mir Mühe, ihn zu besänftigen. Es gab dennoch immer einen Grund für ihn, mir meine Unzulänglichkeit vorzuwerfen, offenbar war ich für ihn die Unzulänglichkeit in Person. Die Kleine hatte Schnupfen, ich hatte nicht aufgepasst. Die Kleine schlief unruhig, ich hatte sie überreizt. Der Kinderwagen war kaputt, ich hatte ihn ungeschickt geschoben. Und natürlich schmeckte mein Essen nie.

Keinesfalls wäre ich auf die Idee gekommen, Farid zu widersprechen, als er einen tunesischen Pass für Emira beantragen wollte. Da sie von einer deutschen Mutter in Deutschland geboren war, besaß sie einen deutschen Pass. Ich war der Meinung, dass dieser genügte, aber offenbar war es wichtig für Farid. Emira war seine Tochter, und damit war Tunesien ihr zweites Heimatland – und wenn ihn diese bürokratische Angelegenheit glücklich machte, wollte ich ihm nicht im Weg stehen.

Ach, wie war ich dumm! Ich dachte nicht im Entferntesten daran, dass die Frage des Passes einmal zur wichtigsten überhaupt werden könnte, mit der Farid entsetzliche Macht über mich ausüben sollte. Ich betrachtete das Ganze als Ausflug auf die Botschaft nach Düsseldorf – und auf dem Heimweg würden wir die Omas besuchen.

Wie immer schaffte Farid es, ihnen Geld zu entlocken, denn er hatte doch so großes Heimweh. So lange hatte er seine Familie schon nicht mehr gesehen.

»Da solltet ihr euch mal einen Urlaub gönnen«, meinte meine Oma gutmütig und wendete sich an mich. »Wo er so brav Deutsch gelernt hat, der Farid.«

Dankbar fühlte er meiner Oma den Puls.

VIELE HÄUSER, VIELE MESSER

Emira war acht Monate alt, als sie das erste Mal tunesische Luft atmete. Seit ihrer Geburt nahm ich eine andere Stellung in Farids Familie ein. Einerseits wurde ich als Mutter mit offenen Armen empfangen – war dies nicht die Berechtigung meiner Existenz? Andererseits war ich nun völlig an die Frauen der Familie gekettet, da ich mit dem kleinen Kind nirgendwo allein spazieren gehen sollte. *Haram.* Eine Frau allein geht nicht irgendwohin. Wenn sie das Haus verlässt, hat sie ein Ziel: die Schule, ihren Arbeitsplatz. Ansonsten widmet sie ihr Leben dem Mann und den Kindern.

Ich akzeptierte all die Einschränkungen der tunesischen Kultur, mit der ich verschmelzen wollte, während ich mich in Farids Heimatland aufhielt. Ich sehnte mich so danach, angenommen zu werden. Fühlte mich schrecklich allein gelassen, hatte ich doch keine Freunde hier und vermisste meinen Vater, meine Schwester und unsere Omas. Es fiel mir schwer, meinen Ehemann während der Besuche bei seiner Familie wie einen Fremden zu behandeln. Ich durfte nicht neben Farid sitzen, sollte ihn ignorieren, und das schaffte ich nicht klaglos, wie es von mir erwartet wurde. Als wir noch glücklich miteinander gewesen waren, war es schon schwer genug gewesen. Jetzt aber zerrte dieses Gefühl von Distanz an meinen Nerven. Einmal konnte ich meine Tränen nicht zurückhalten und folgte ihm heimlich zur Toilette.

»Farid«, schluchzte ich, »wir sind doch ein Paar, ich fühle mich so allein …«

»Du bist hysterisch. Du weißt, dass das *haram* ist«, sagte Farid und ließ mich stehen.

Ich rannte ihm nach. Und dann geschah etwas. Geschah das wirklich, geschah es mir? Meine Nase blutete. Auch meine Seele blutete. Meine Augen waren blind vor Tränen. Da machte ich das *Haram* noch viel schlimmer und rannte mit Emira im Kinderwagen auf die Straße. Ich lief und lief und lief. Emira wurde kräftig durchgeschüttelt auf diesen schlechten Wegen, sie schrie gellend. Längst hatte ich die Orientierung verloren, als ich einen Polizisten entdeckte. Atemlos hetzte ich auf ihn zu. Endlich jemand, der mir helfen würde.

Er sah mich, verzog abschätzig das Gesicht und drehte sich weg. Ich lief um ihn herum. Wieder drehte er sich weg. Da rannte ich weiter, und nun fiel mir erst auf, dass alle, die mir begegneten, wegschauten; der Bürgersteig wurde immer holpriger, der Staub auf den Straßen schmutziger, keuchend blieb ich stehen.

Wo war ich? Wohin sollte ich?

Wie herbeigezaubert radelte Farid mir entgegen.

»Da bist du ja. Wir wollen essen. Kommst du?« Seine Stimme klang, als wäre nichts vorgefallen. Seelenruhig saß er auf dem Rad. Winkte einem vorbeifahrenden Auto entgegen, betrachtete seine Fingernägel.

»Was?« Entgeistert starrte ich ihn an.

»Du willst meine Familie doch nicht warten lassen?«, fragte er und verzog das Gesicht zu einer Miene des Kummers.

»Nein, selbstverständlich nicht.«

Als wir im Haus seiner Familie eintrafen, wusch ich mich zuerst einmal. Ich sah wirklich abschreckend aus mit dem Blut im Gesicht. Doch wenn ich einer Frau in meinem Zustand begegnet wäre, hätte ich ihr meine Hilfe angeboten, anstatt sie ihrem Schicksal zu überlassen, wie es mir widerfahren war.

Es gibt ein Sprichwort, das jeder Tunesier kennt: *Fi har M'Saken fi lile M'Seken. M'Saken* heißt viele Häuser, *Seken* sind Messer. Das Sprichwort lautet übersetzt: Tagsüber viele Häuser, nachts viele Messer. Ich vermute, es hat in jedem Land Gültigkeit.

Farid war sehr stolz auf seine Herkunft. Wer in M'Saken wohnte, galt als besonders aggressiv.

Ich schöpfte neue Hoffnung, als Farid nach unserer Rückkehr nach Deutschland eine Assistenzarztstelle im Krankenhaus in Essen erhielt. Er wollte sofort umziehen, da ihm ein langer Arbeitsweg unzumutbar erschien.

»Lass uns lieber warten, bis du die Probezeit bestanden hast«, bat ich ihn.

Davon wollte er nichts wissen und beauftragte mich, eine Wohnung in Essen zu suchen und den Umzug zu organisieren. Ich fand dann auch eine Wohnung, aber leider klappte meine Organisation nicht wie gewünscht. Der gemietete Wagen verursachte einen Unfall, und die

Polen, die ihn steuerten, waren nicht versichert, sodass ich den Schaden übernehmen musste. Ich protestierte nicht mal, ich war inzwischen daran gewöhnt, schuld zu sein. Finanziell wurde es nun eng. Unser Etat war schmal, und Farid bestellte viel zu gern Dinge im Internet und abonnierte Zeitschriften. Sein Lebensstil überstieg unsere Verhältnisse bei Weitem, und schließlich war ich gezwungen, einen Offenbarungseid zu leisten. Diesmal schämte ich mich zu sehr, meine Großmutter um Geld zu bitten.

Farid kümmerten meine kleinlichen Sorgen und Nöte nicht. Das alles lag weit unter seiner Würde, er arbeitete schließlich als Arzt im Krankenhaus. Deshalb konnte er mir auch nicht helfen mit dem Umzug, mit Emira, mit der nicht enden wollenden Bürokratie.

Es war auch praktisch, denn wenn irgendwo ein Fehler passierte, musste man nicht lange nach dem Schuldigen suchen. Es war ganz einfach: Ich war schuld.

In unserer neuen Wohnung auf der Margarethenhöhe in Essen, einer unter Denkmalschutz stehenden Siedlung, fühlte ich mich wohl. Unsere Nachbarn waren sympathisch und hatten nichts gegen Araber, und ich freundete mich ein wenig mit einer Deutschen an, die mit einem Türken verheiratet war.

Das Wichtigste war nun, dass Farid von der Klinik übernommen wurde. So lange hatte er schon darauf gewartet, zu arbeiten und beruflich gefordert zu werden. Wenn er die harte Anfangszeit erfolgreich überstanden hätte, würde alles wie von selbst laufen.

Leider wurde Farid gemobbt und bestand die Probezeit nicht.

»Wie denn – gemobbt?«, fragte ich schockiert.

»Sie haben mich bezichtigt, ich wäre schuld daran, dass das Labor voller Blut war. Aber ich war es nicht.«

Ratlos schaute ich ihn an.

»Sag, dass ich es nicht war«, forderte er in gefährlich ruhigem Ton.

»Aber das weiß ich doch nicht, Farid, ich war nicht dabei!«

»Eine Frau hat zu ihrem Mann zu stehen. Immer.«

Ein Blick in sein Gesicht riet mir, dass es am klügsten wäre zu schweigen. Ich versuchte ihn mit seinem Lieblingsessen zu besänftigen. Es landete auf dem Teppich.

Ich befürchtete, wir würden nun eine sehr schlimme Zeit durchmachen, doch Farid verfolgte eine Idee, und das hielt ihn beschäftigt. Jetzt hatte er Zeit, und bezahlt wurde es auch, wenn er eine gute Erklärung dafür vorbrachte.

Farid stand nämlich auf Kriegsfuß mit seiner Hakennase. Er erklärte einem Arzt, wie sehr er unter der verkrümmten Nasenscheidewand leide, er bekomme kaum Luft, und wenn man ohnehin operiere, könne man doch auch diesen unschönen Höcker abschleifen, oder?

Man konnte.

Der Höcker rührte von einem Autounfall in seiner Jugend. Ich war nicht traurig bei der Aussicht, dass er verschwinden würde, aber richtig gestört hatte er mich nie.

Die Operation verlief ohne Komplikationen, Farid wurde mit kleinen, verschwollenen Augen und einem beeindruckenden Verband, der Emira erschreckte und zum Weinen brachte, kurz darauf entlassen. Kaum zu Hause, begann die Nase zu bluten. Unstillbar. Als Arzt wusste er natürlich, was das bedeutete. Zuerst einmal war ich allerdings schuld, denn ich hatte den Hals-Nasen-Ohren-Arzt ausgewählt.

»Ein Stümper!«, behauptete er. Dann geriet er in Panik. Ich brachte Emira zu einer Nachbarin und ihn ins Krankenhaus.

Auch den Ärzten gelang es nicht, die Blutung zu stoppen. Zudem litt Farid unter entsetzlichen Schmerzen. Er tat mir sehr leid. So hatte ich ihn noch nie erlebt. Er war nie besonders gläubig gewesen, doch nun rief er Gott an. Ich hielt seine Hand und blieb bei ihm in der schrecklichen Sorge, er könnte verbluten. Ich flehte die Ärzte an, ihm stärkere Schmerzmittel zu geben und etwas zu tun. Schließlich wurde er notoperiert und musste danach noch eine Weile im Krankenhaus bleiben. Selbstverständlich besuchte ich ihn jeden Tag.

Als es ihm wieder besser ging, dachte ich, dass diese Nasengeschichte möglicherweise gar nicht so schlecht gewesen war. Vielleicht hatte er endlich gemerkt, dass ich zu ihm stand, in guten und in schlechten Zeiten, und wie sehr ich ihn liebte.

Doch auch die neue Nase brachte uns kein Glück: Nach der Operation litt Farid an Depressionen. Ich versuchte ihn aufzumuntern, obwohl mir das schwerfiel, denn wir lebten zwischenzeitlich von Hartz-IV. Aber das war nur eine Phase, die mussten wir durchstehen. Gemeinsam.

Kurz darauf brauchte ich mir keine Sorgen mehr um Farids Zukunft zu machen, denn sein Bruder rief an. In einem noblen Ferienclub wurde ein Arzt für den Thalassobereich gesucht. Die Stelle schien maßgeschneidert für Farid. Er könnte sich in Djerba als Arzt niederlassen und würde als sichere Einkunftsquelle die reichen Touristen des Hotels behandeln. Das klang großartig!

Noch einmal schien sich das Blatt für uns gewendet zu haben. Endlich!

HEIMKEHR IN DIE HÖLLE

Im Sommer 2004 brach Farid seine Zelte in Deutschland ab. Ich befürwortete diesen Entschluss. Europa hatte uns kein Glück gebracht. Wir würden noch einmal von vorne beginnen in Tunesien. Farid würde vor Ort alles regeln, ich würde die Wohnung in Essen auflösen und mit Emira nachkommen. Ich war sicher, dass es Farid in seiner Heimat besser gehen würde. Bestimmt würde sich seine Laune aufhellen, wenn er endlich wieder Sonnenlicht tankte, von Freunden und seiner Familie umgeben war und in seinem Beruf arbeiten konnte.

Bevor auch ich Deutschland den Rücken kehrte, verlebte ich einige Wochen mit Emira in Essen und stellte erstaunt fest, wie gut wir ohne Farid zurechtkamen, wie schön das Leben ohne ihn sein konnte. Der Herbst bescherte uns einen Altweibersommer wie aus dem Bilderbuch. Stundenlang war ich mit Emira am Nachmittag draußen. Vormittags gönnte ich mir nach Langem wieder einmal die Mitgliedschaft in einem Fitnessstudio, um meinen Körper in Form zu bringen. Endlich spürte ich mich wieder. Früher war mir mein Körpergefühl so wichtig gewesen. Wo war die Tina von früher?

Emira hätte am liebsten jeden Tag in der Kinderbetreuung des Fitnessstudios gespielt, wo sie nicht genug kriegen konnte von den vielen bunten Bällen. Wir beide waren fröhlich und genossen die stressfreie Zeit miteinander. Jetzt lernte ich auch andere Mütter kennen, verabredete mich für kleine Ausflüge in den Tierpark oder auf den Spielplatz. Es ging uns richtig gut, und das stellte auch meine ehemalige Nachbarin Tina fest.

»Du wirkst viel entspannter, jetzt, wo Farid weg ist«, sagte sie eines Tages zu mir, als wir uns zu einem Eis verabredet hatten.

Das stimmt, dachte ich insgeheim. Aber durfte das sein? Durfte ich mich als Frau besser fühlen, wenn mein Ehemann weg war?

»Das ist die Vorfreude auf Tunesien«, wiegelte ich ab.

»Du schaust auch viel besser aus«, ließ Tina nicht locker. »Nicht mehr so gehetzt und verhärmt.«

»Ja, die Sorgen werden weniger, denn endlich geht es beruflich bei Farid bergauf«, stimmte ich zu.

Tina streichelte mir über den Kopf. Das hatte sie noch nie gemacht. Es verwirrte mich. »Bist du wirklich sicher, dass du zurück nach Tunesien willst?«, fragte sie.

Was für eine Frage! Tunesien war mein Lebenstraum. Mein Mann wartete dort auf mich. Oder redete ich mir das alles nur ein?

Argwöhnisch erwiderte ich Tinas Blick, dann wandte ich mich rasch ab. Ihre Fragen drängten mich auf ein gefährliches Pflaster. Ich wollte nichts davon wissen. Wahrscheinlich war sie bloß neidisch, sagte ich mir. Sie würde hier nicht so leicht wegkommen mit ihren drei schulpflichtigen Kindern ohne Vater. Aber wieso sollte ich mich bei ihr für meine Entscheidung rechtfertigen? Ich war doch schon gar nicht mehr richtig da. Bald würde ich in Djerba leben. Djerba! Wie geheimnisvoll und vielversprechend das klang! Ein Märchen aus Tausendundeiner Nacht.

Alles würde wieder gut werden. Farid musste sich endlich nicht mehr abhängig fühlen von mir. Im Grunde genommen lagen unsere Schwierigkeiten vor allem daran, dass er mich noch nie hatte versorgen können. Ein Mann sollte für seine Familie aufkommen, so gehörte sich das in Tunesien. Und selbst wenn Farid sehr modern eingestellt war, hatte er bestimmt darunter gelitten, mir und meinen Omas auf der Tasche zu liegen. So etwas schmälert das Selbstbewusstsein. Und Farid war ein stolzer Mann.

Wenn er mich anrief, klang er euphorisch.

»Alles klappt bestens! Ich habe Räume für die Praxis gefunden, mit meinem Bruder organisiere ich die Einrichtung – ich bin glücklich, wie sehr Tarek mich unterstützt.«

»Hast du eine Wohnung für uns?«, fragte ich, denn das war es, was mich am meisten interessierte.

»Ja. Direkt bei der Praxis.«

»Mit Heizung und hell?«, fragte ich bang und fügte zur Sicherheit hinzu: »So wie wir es besprochen haben?« In tunesischen Häusern gibt es gewöhnlich keine Heizung, im Winter schart man sich fröstelnd um einen kleinen Kohlegrill. Das war nichts für Emira und mich.

Farid lachte mich aus. Wie konnte ich nur eine so dumme Frage stellen!

Während ich große Teile meines Hausstands und meiner Möbel verschenkte, kam mir der Gedanke, dass ich mich um die Früchte meiner Arbeit betrog, indem ich ständig umzog. Nie schlug ich Wurzeln. Ich kam neu an einen Ort, lernte einige Menschen kennen, begann, wenn auch zaghaft, Beziehungen zu knüpfen – und dann war ich schon wieder weg. Nur noch einmal, schwor ich mir. Ein Umzug noch – und dann richtig ankommen und Wurzeln schlagen – und ernten. Mit diesem Gedanken im Hinterkopf fühlte es sich richtig gut an, Ballast abzuwerfen und nur mit dem Nötigsten aufzubrechen in eine leuchtende Zukunft.

Das Nötigste füllte meinen Kangoo vom Bodenblech bis zum Dach. Da wäre kaum Platz für Emira gewesen. Sicher war es besser, ihr die anstrengende Fahrt im Auto und mit der Fähre zu ersparen. Meine Schwester Johanna würde eine Woche später mit ihr mit dem Flugzeug nach Djerba reisen. Emira liebte Johanna, und die kurze Trennung würde sie bestimmt gut verkraften.

Die Schildkröte, die wir in einer Zigarettenschachtel aus Tunesien herausgeschmuggelt hatten, gedachte ich nun wieder zurückzuschmuggeln. Heimkehr für alle! Weil zum Schluss die Zeit knapp wurde, lud ich die Schubladen der Schränke so ins Auto, wie ich sie herausgezogen hatte. Und los ging's!

In der Schweiz war der Gotthardtunnel gesperrt. Zu allem Übel fing es auch noch an zu schneien. Mein Wagen war so überladen, dass ich den Pass im ersten Gang hochkroch. Die Ladung sauste nach hinten. Bald würde das Auto umkippen. Ich klebte förmlich an der Windschutzscheibe und flehte mein Auto an: »Lass mich jetzt bitte nicht im Stich!« Als wir den Gipfel erreicht hatten, strich ich über das Lenkrad und bedankte mich. »Das hast du wunderbar gemacht.« Niemals zuvor hatte ich mit meinem Auto gesprochen! Dann fiel mir ein, dass oben noch nicht unten war. Doch auch das schafften wir.

Bis Genua ging alles gut, die Überfahrt war kein Problem, obwohl es zeitlich knapp geworden war durch die Herausforderungen am Berg und der Kangoo als Letzter an Bord rollte.

In Tunesien erwartete mich die übliche Prozedur beim Zoll.

»Öffnen Sie den Wagen.«

»Wenn ich den jetzt aufmache, dann fliegt alles raus, das sehen Sie doch selbst, wie mein Hausrat an der Scheibe klebt«, entgegnete ich.

Die Beamten beugten sich vor, als hätten sie es noch nicht bemerkt. Tütensuppen, Dosenöffner, Besteck, Spaghetti, das Wageninnere war ein einziges Durcheinander.

»Machen Sie auf!«

»Das da reinzukriegen war Millimeterarbeit!«

Im Nachhinein ist es mir schleierhaft, woher ich den Mut nahm, den Zollbeamten die Stirn zu bieten. Es lag wohl an meiner überschwänglichen Vorfreude. Frechheit siegt: Das Auto blieb zu. Ich hätte ganz wunderbar schmuggeln können – Schildkröten zum Beispiel.

Nach weiteren 500 km Fahrt auf einer einspurigen, gefährlichen Strecke voller Lkw kam ich auf Djerba an. Djerba ist eine Insel, die man mit dem Flugzeug, der

Fähre oder über eine Landbrücke erreicht. Auf dieser Brücke, fast genau in der Mitte, fuhren Farid und ich aneinander vorbei. Ich erkannte ihn nicht, er war in einem geliehenen Wagen unterwegs zu einem Patienten, doch er erkannte mich natürlich schon in meinem blauen Kangoo und rief mich auf dem Handy an. Ich parkte am Straßenrand, Farid wendete. Und dann trieben wir ganz schlimmes *Haram*: Wir umarmten uns in der Öffentlichkeit. So schön war ich lange nicht mehr willkommen geheißen worden. Mein Herz öffnete sich weit für ihn, und beim ersten Blick in seine Augen wusste ich, dass meine Entscheidung richtig gewesen war. Vor zwei Monaten hatte ich einen deprimierten, blassen Mann zum Flughafen gebracht, nun strahlte mich ein braun gebrannter, ganz in Weiß gekleideter Wüstensohn an. Vor Freude liefen mir die Tränen übers Gesicht. Warum waren wir nicht längst auf die Idee gekommen, zurück nach Tunesien zu gehen! Wie viel Unglück hätte ich mir erspart!

Kurz darauf musste ich feststellen, dass ich zwar das alte Unglück in Deutschland gelassen hatte, doch das neue wartete längst auf mich. Die Wohnung, die mir Farid so fabelhaft angepriesen hatte, lag im Souterrain und war feucht und dunkel.

»Das ist nur für den Anfang«, beschwichtigte er mich. »Die Wohnung ist vor allem praktisch, schau, dort drüben befindet sich meine Praxis«, wies er nach links.

Die Praxis war natürlich wichtiger als die Wohnung, denn in der Praxis gedachte Farid sich tagsüber aufzuhalten, und dort wollte er Geld verdienen. Also ging das schon in Ordnung, fürs Erste, hoffte ich, und bewunderte sein neues Wirkungsfeld gebührend.

Am nächsten Vormittag luden wir den Wagen aus. Die Schildkröte war gerettet, und auch alles andere war heil geblieben. Dass die Frau vom Arzt, die jeder gern in Augenschein nehmen wollte, eine Cargohose trug und unkonventionelle Methoden im Gepäck hatte, verbreitete sich wie ein Lauffeuer, und jeder, der es gerade einrichten konnte, schlenderte an uns vorbei, und dann noch mal und noch mal.

Farid trieb mich zur Eile an. Bestimmt hatte er einen Plan, wie wir den Tag verbringen würden, dachte ich voller Vorfreude. Vielleicht wollte er mir die Insel zeigen? Ich war sehr gespannt auf meine neue Heimat.

Ja, Farid hatte einen Plan. Er wollte mit dem Auto einige wichtige Sachen besorgen, und nein, ich könne nicht mit, da er im Anschluss Patiententermine habe, und nein, er wisse nicht, wann er zurückkomme. »Aber sicher wird dir nicht langweilig«, tröstete er mich und wies auf das Chaos rund um das Auto herum. »Räum doch mal vorne frei, damit ich los kann.«

Ich bemühte mich, mir meine Enttäuschung nicht anmerken zu lassen. Äußerlich gelang mir das, doch im Innern war ich verletzt. Zwei lange Monate waren wir getrennt gewesen, und unser Wiedersehen auf der Brücke von Zarzis nach Djerba war so innig gewesen, so heilsam nach all den schmerzlichen Monaten. Ich zwang mich zur Vernunft. Der Beruf ging vor, sagte ich mir, gerade am Anfang, wo der neue Herr Doktor seinen Ruf begründete. Ein Arzt im Thalassobereich brauchte außerdem ein Auto. Wie sähe denn das aus, wenn der Herr Doktor mit dem Bus einträfe? Es wusste ja niemand, dass er keinen Führerschein besaß, obwohl ihm meine liebe Oma in Deutschland etliche Fahrstunden finanziert hatte. Er war durch die Prüfung gerasselt. Mindestens einmal in Deutschland und seither mehrmals in Tunesien, was kein Mensch ahnen konnte. Überhaupt sah der Herr Doktor so intelligent und gebildet aus. Smart war er und stets wie aus dem Ei gepellt. Ein Ferrari hätte ihm gut zu Gesichte gestanden. Ich sollte mich schämen, ihm nur einen Kleinwagen anbieten zu können.

Während ich all das dachte, war ich mir nicht mal bewusst, welche Kluft sich zwischen uns aufgetan hatte. Wie kann das passieren ... wie kann Liebe vergiftet werden? Noch immer schwang Hoffnung in mir mit, baute Brücken, die mit jeder neuen Enttäuschung brüchiger wurden.

Auch am nächsten Tag brauchte Farid das Auto von morgens bis abends. Zum Glück trafen Emira, die ich schrecklich vermisst hatte, und meine Schwester Johanna ein, die von Deutschland aus – woher wusste sie, dass die Wohnung nicht zum Urlauben einlud? – ein Hotel in unserer Nähe gebucht hatte. Doch Urlaub hatte Johanna keinen: Sie half mir beim Einzug, schleppte Kisten, räumte sie aus. Viel zu schnell verging die Zeit, und sie flog zurück nach Deutschland. Jetzt war ich allein.

Bald würde der Winter beginnen, und er konnte auch auf Djerba empfindlich kalt werden. Ich durfte gar nicht daran denken, wie ungemütlich es in unserer düsteren

Bleibe werden würde. Warum hatte Farid meine Bitte nach einer sonnigen Wohnung mit Heizung missachtet?

»Mein Bruder hat sich um die Wohnung gekümmert«, rechtfertigte er sich ungehalten.

Es lag mir auf der Zunge, ihm vorzuhalten, was ich ihm alles auf seine Bestellung hin aus Deutschland mitgebracht hatte. Nur weil ich mit der Abarbeitung seiner Listen beschäftigt gewesen war, hatte mir die Zeit gefehlt, das Auto ordentlich zu beladen. Für manche seiner Wünsche war ich etliche Kilometer gefahren, nachdem ich tagelang recherchiert hatte, wo ich die Sachen gebraucht erwerben konnte. Eine Arztausstattung ist teuer. Vom Kittel über das Blutdruckmessgerät zu Verbandsmaterial, Spritzen, Kanülen, Stethoskop, Skalpell, Otoskop und so weiter hatte ich alles von meinem Geld bezahlt beziehungsweise Schulden gemacht. Und mein Ehemann konnte nicht mal eine einigermaßen akzeptable Wohnung für uns mieten!

Ich klagte Johanna mein Leid am Telefon.

»Du kennst ihn doch. Meinst du noch immer, dass er sich verändert hat?«, fragte sie.

»Ja und nein«, sagte ich. Ja, ich kannte ihn. Und noch mal ja, ich hatte gehofft, er würde sich in seiner Heimat verändern. Hier hatten wir so schöne Tage und Nächte verbracht am Anfang unserer Liebe. »Ich dachte, es würde ihm besser gehen, wenn er endlich als Arzt praktizieren kann. Das weiß doch jeder Mensch, wie wichtig Selbstachtung ist.«

»Oh, wie wahr.«

»Und deshalb bin ich eben ein bisschen enttäuscht ...«

Ich hätte Johanna gern mehr von meinen Problemen erzählt, doch sie war die falsche Ansprechpartnerin. Sie hatte längst genug von Farid hier, Farid da. »Tina, dazu sag ich nichts mehr.«

Und so hatte ich niemanden mehr, mit dem ich mich austauschen konnte. Mein Vater wollte seit der Spuckattacke nichts mehr von seinem Schwiegersohn wissen, und meine Omas wollte ich nicht beunruhigen.

Hier, in meiner neuen Umgebung, war Farid hoch angesehen. Ein Arzt! Es wäre undenkbar gewesen, in meinem damals noch holprigen Tunesisch mit irgendwelchen Bekannten ein Gespräch über meine Enttäuschung zu führen, weil mein Mann mich so oft allein ließ. Außerdem wäre das *haram* gewesen. Eine Frau beschwert sich nicht über ihren Mann. Wenn es Grund zur Klage gibt, versucht sie nicht, ihren Mann zu ändern, sondern ihr Verhalten ihm gegenüber.

Was hätte uns damals helfen können? Wir beide hatten die Chance zu einem Neuanfang; Liebe war da, und Unterstützung, zumindest meinerseits. Doch unsere Probleme renkten sich nicht von selbst ein, es half nichts, dass ich, wenn möglich, schwieg, um ihn nicht zu provozieren, mich in meiner Einsamkeit verbiss. Uns ging es wie unzähligen anderen Paaren; wir hatten Erwartungen, die dann doch nur enttäuscht wurden, und plötzlich fanden wir uns in einem Rosenkrieg wieder. Ich versuchte mich mit Liebe zu wappnen. Das Schlachtfeld, auf dem er ausgetragen wurde, durfte nicht Emiras Seele sein. Also startete ich jeden Tag einen Neuanfang und kreiste doch nur um die gleichen, immer wiederkehrenden Probleme, nicht ahnend, dass es längst zu spät war und Emira in hohem Maße unter all dem würde leiden müssen.

Als ich die Wohnung so gut wie nur möglich gemütlich eingerichtet hatte, nahm ich mir die Praxis vor. Nähte Vorhänge, gestaltete das Wartezimmer ansprechend, pflanzte auf der Terrasse davor ein Orangenbäumchen; aus Deutschland hatte ich extra Holzspielsachen, einen kleinen Tisch und drei Stühle für eine Kinderecke mitgebracht. So etwas kannten die Tunesier nicht. Mit solchen kleinen Extras hoffte ich, einen Beitrag zu Farids Erfolg zu leisten.

Wenigstens Emira freundete sich mit einigen Nachbarskindern an und spielte nun mit Gleichaltrigen. Doch ich? Wie sollte ich meine Tage verbringen? Wo konnte ich mich nützlich machen? Ich suchte nach einer Nische, in der ich mich entfalten konnte, ohne gegen die Regeln der Gesellschaft zu verstoßen, die jetzt die meine war. Viel blieb mir nicht. Ich beobachtete die Frauen um mich herum, die ebenso an das Haus und die Tradition gefesselt waren wie ich. Sie schienen zufrieden, aber sie waren es nicht anders gewohnt – und sie verband untereinander eine tiefe Gemeinschaft der Frauen, von der ich ausgeschlossen war. Nicht, dass man mich mied – aber das Leben einer arabischen Frau gestaltet sich so verschieden von allem, was ich gewohnt war. All diese unausgesprochenen Gesetze und Traditionen – wie hätte ich die, allein wie ich war, erlernen sollen? Ich bemühte mich, mich anzupassen, doch ich war völlig anders geprägt. Und mir fehlte eine Vertraute, so wie meine Mutter es gewesen war. Jemand, der mich voller Geduld einwies in das Leben hier, der mich willkommen hieß und mir meine Fehler nicht zum Vorwurf machte.

In den folgenden Wochen stürzte ich mich in die tunesische Küche. Wenn ich das Essen kochen würde, das Farid so schätzte, käme er dann vielleicht öfter nach Hause? Ich setzte meinen ganzen Ehrgeiz in die Kochtöpfe. Gleich gegenüber gab es einen kleinen Gemüseladen mit einem ausnehmend freundlichen Verkäufer. Hier bekam ich alle Kräuter und Zutaten, für die ich in Deutschland so weit gefahren war, und sie schmeckten, wie sie schmecken sollten. Endlich hatte ich einen Gesprächsstoff mit den anderen Frauen aus der Nachbarschaft. Tunesierinnen sind sehr stolz auf ihre Gerichte, und ich fragte nach Rezepten und ihrer Zubereitung. Es war nicht ungewöhnlich, dass ich drei, vier Stunden täglich in der Küche zubrachte. Für einen wohlschmeckenden Couscous kann man gut und gerne drei Stunden investieren. Es machte mir nichts aus, im Gegenteil, ich freute mich wie ein Kind, wenn mir ein neues Rezept geglückt war, und konnte es kaum erwarten, was Farid zu meinen Fortschritten sagte.

Leider honorierte er meine Bemühungen nicht. Das tat weh, und hatte ich ihn in Deutschland noch vor allen, besonders vor mir selbst entschuldigt, so zeitigte die Lieblosigkeit in seinem Verhalten jetzt Wirkung. Ich war es müde, missachtet und gedemütigt zu werden. Es braucht zwei für einen Neuanfang; vielleicht hätte es auch eine Frau gebraucht, die zu allem schweigt, doch ich konnte nicht stumm daneben stehen, wenn all meine Bemühungen mit Füßen getreten wurden.

Und Farid, was ging in ihm vor? Er war schlecht gelaunt, da er schon wieder durch eine Führerscheinprüfung gefallen war, was ihn keineswegs davon abhielt, mein Auto zu beschlagnahmen.

»Irgendwann halten Sie dich auf und wollen deine Papiere sehen«, prophezeite ich ihm.

»Wer hält einen Arzt schon auf«, tönte er großspurig. Damit jeder wusste, dass er zu den Göttern in Weiß zählte, prangte an der Windschutzscheibe ein kleines blaurotes Schild mit dem Äskulapstab, damit auch Analphabeten wussten, mit wem sie es zu tun hatten, und daneben stand *Tabib*, Arzt.

Es war Farid enorm wichtig, überall den besten Eindruck zu hinterlassen und dem Image zu entsprechen, das er anstrebte. In dieser Schmierenkomödie wirkten Emira und ich als Statistinnen. Ja, vor mir selbst nannte ich es eine Schmierenkomödie, denn innerlich begehrte ich dagegen auf, was mit uns, mit mir geschah. Und ich sah keine Möglichkeit, mit Farid zu reden ... wirklich zu reden, einander zuzuhören, auch den anderen zu begreifen – und begriffen zu werden. Der Schein sollte gewahrt werden – das war der Stern, unter dem unsere Beziehung damals stand. Wie es wirklich um uns bestellt war, hatte niemanden zu kümmern.

Gelegentlich gingen wir essen im Robinson Club. Viele Menschen lächelten uns freundlich an, und in ihren Augen las ich, dass sie uns für eine Vorzeigefamilie hielten. Der Herr Doktor mit seiner blonden Frau und dem entzückenden Kind. Schön, dass es so eine Harmonie noch gab. Farid tat alles, um den Eindruck der Bilderbuchfamilie glänzen zu lassen. Sobald wir uns in der

Öffentlichkeit bewegten, war er wie ausgewechselt, ein anderer als zu Hause, wo er seine schlechte Laune tagtäglich an mir ausließ. Offenbar streifte er sie über, sobald er unsere Wohnung betrat; für die Wohnung war ich zuständig, also war ich schuld.

Eines Tages konnte ich nicht mehr. Nach einem besonders schlimmen Auftritt stürzte ich mit Emira auf dem Arm aus dem Haus und fuhr mit dem Auto weg. Ich war keine zehn Minuten unterwegs, da rief er mich an.

»Wo willst du hin? Was soll das?«

»Ich brauche ein paar Tage Abstand.«

»Wovon?«

»Von allem. Ich ... es geht mir nicht gut. Ich muss nachdenken.«

»Das kannst du zu Hause auch. Dazu hast du den ganzen Tag Zeit. Wenn du jetzt nicht sofort zurückkommst, lasse ich dich nicht mehr in die Wohnung.«

Ich drückte den Knopf, um das Gespräch zu beenden. Fünf Sekunden später schleuderte er mir die nächste Drohung ins Ohr:

»Wenn du nicht sofort nach Hause kommst, mache ich dich fertig.«

Wieder drückte ich ihn weg.

»Wenn du nicht sofort nach Hause kommst, wirst du dir wünschen, nie geboren worden zu sein.«

Seine Stimme machte mir Angst. Wie weit würde er diesmal gehen? Was sollte ich tun, wohin sollte ich fahren? Ich beschloss umzukehren. Wenn ich ihm zeigte, dass ich bereit war, noch einmal ganz von vorne zu beginnen, würde er dann vielleicht auch wieder netter sein?

Als er die Tür öffnete und ich sein wutverzerrtes Gesicht sah, wusste ich, dass meine Annahme falsch war. Er riss sich zusammen, bis Emira schlief. Die war an dem Abend wie aufgedreht und verschaffte mir eine lange Gnadenfrist, ehe ich mitten in der Nacht schreiend aus der Wohnung stürzte und in heilloser Angst mit den Fäusten an die Tür unserer Vermieter schlug, die über uns wohnten. Erschrocken wurde ich eingelassen. Ich konnte Farid nicht mehr schützen, alles sprudelte aus mir heraus, und mit zunehmender Verwunderung hörten mir der Vermieter und seine Frau zu, die beide gut Englisch sprachen, sodass ich endlich einmal alles loswerden konnte.

Mein Vermieter führte ein Gespräch mit Farid. Das Resultat war, dass Farid mir daraufhin kein Geld mehr gab, obwohl er reichlich verdiente. Ich war vollkommen abhängig von ihm. Meine Omas konnte ich nicht um Geld bitten, ich hatte sie in den vergangenen Jahren schon genug strapaziert, und außerdem waren sie der Meinung, dass ein Mann für den Lebensunterhalt seiner Familie aufkommen musste. Diese Meinung teilte ich, doch es half mir nichts.

Farid erklärte mir, wenn ich wie eine richtige Tunesierin sein wollte, müsste ich lernen zu haushalten. Eine richtige Tunesierin, eine ehrenhafte Frau, keine Schlampe, würde nahezu alle Nahrungsmittel selbst herstellen, nichts fertig kaufen. Als ob ich ihm jemals Fertigprodukte serviert hätte!

»Das ist im Übrigen auch billiger«, schloss er.

»Aber wir haben doch jetzt Geld«, begehrte ich auf.

Farid zog ein dickes Geldbündel aus seiner Hosentasche und zählte davon drei Scheine ab, überlegte es sich, reichte mir zwei.

Fassungslos starrte ich auf die schmuddeligen Lappen.

»Das sollte für die nächste Woche genügen«, bestimmte Farid.

»Aber das ist nichts!«, rief ich. »Wie soll ich damit einkaufen!«

»Eine tunesische Frau kommt damit aus«, erwiderte er und entfernte sich zu einer Konsultation in einem Sternehotel, in dem das Bündel in seiner Hand wieder um einiges dicker werden würde, womit er weiterhin in den schicksten Boutiquen Desingnerklamotten für sich kaufen würde. Ich konnte ja nähen lernen. Stoffe waren in Tunesien günstig. Auch an Secondhandkleidung herrschte kein Mangel. Eine tunesische Frau kam mit sehr wenig Geld zurecht.

Ich bettelte nicht um mehr Geld. Stattdessen würde ich Farid beweisen, dass ich uns auch mit wenig Geld ernähren konnte, selbst wenn ich von morgens bis tief in die Nacht in der Küche stehen musste.

Wenn ich alle paar Wochen auf Kosten meiner Omas, die Emira sehen wollten, nach Deutschland flog, erholte ich mich von den Strapazen meines Lebens in Tunesien. Wie ich mich wirklich fühlte, behielt ich jedoch für mich und spielte dabei das gleiche Spiel wie Farid. Er legte Wert darauf, unser Bild in der Öffentlichkeit makellos erstrahlen zu lassen; ich war nicht anders und tröstete mich damit, dass ich meine Omas nicht beunruhigen wollte. Die Leute, auf deren Meinung Farid Wert legte, waren mir längst egal und ihm im Grunde genommen auch, so vermutete ich. Sie waren nur wichtig, weil er ihren Einfluss ausnutzen wollte.

Farid förderte meine Besuche in Deutschland, von ihm aus hätte ich noch öfter fliegen können, weil ich ihm die dringend benötigten Gegenstände für seine Praxis mitbringen konnte. Bis kurz vor meinem Abflug schrieb er lange Listen, die mich in Deutschland beschäftigt hielten. Gewissenhaft kümmerte ich mich um jede Kleinigkeit, setzte meinen ganzen Ehrgeiz ein, um Farid nicht zu enttäuschen.

Emira war von Deutschland begeistert. Staunend entdeckte sie die Unterschiede zu Tunesien, und gelegentlich lachte ich Tränen, wenn sie mich an ihren Beobachtungen teilhaben ließ.

Einmal saßen wir im Bus vom Flughafen zu meiner Oma; Emira war bald drei Jahre alt und konnte gut sprechen. Aufmerksam schaute sie sich die Leute im Bus an. Die meisten starrten vor sich hin oder schauten aus dem Fenster, wie es eben so üblich ist in Deutschland – völlig anders als in Tunesien, wo sich überall jeder mit jedem unterhält.

Emira fragte mich: »Mama, können die Menschen in Deutschland eigentlich auch sprechen?« Ja, sie konnten, wie sich herausstellte, und sie konnten sogar lachen, denn Emiras Vermutung sorgte für einen Heiterkeitsausbruch.

Nach zwei, drei Tagen Aufenthalt, diesmal saßen wir in der Straßenbahn, die wie immer multikulti besetzt durch die Stadt rumpelte, wollte Emira wissen: »Mama, gibt es in Deutschland auch Deutsche?«

Das wurde weniger lustig gefunden.

In der U-Bahn betrachtete meine Tochter interessiert die knallrot lackierten Fingernägel einer lesenden Frau. Als ein Mann mit Aktenkoffer neben ihr Platz nahm, fragte sie mich: »Mama, wieso hat der Mann keine lackierten Fingernägel?«

Emiras Blick bereicherte mich. Ja, so konnte man die Welt auch sehen, wenn man aus einer anderen kam … nach der ich bald große Sehnsucht hatte.

Sobald ich mich in Deutschland aufhielt, sehnte ich mich nach Tunesien. Wenn ich in Tunesien war, war es nicht das Tunesien, das ich mir erträumte, und das lag nie an dem Land, sondern an dem Mann an meiner Seite. So ging es hin und her und auf und ab in diesem Teufelskreis.

Als Emira dreieinhalb Jahre alt war, spürte ich, dass ich am Ende meiner Kraft angelangt war. Nach wie vor schloss Farid mich aus seinem Leben aus, ich war allein und ganz auf mich gestellt. Ich hatte alles versucht, und nichts hatte geklappt. Zudem wollte ich Emira in keinen tunesischen Kindergarten geben. Kindergärten, wie ich sie von Deutschland her kannte, gab es nicht auf Djerba, das waren in meinen Augen eher Kinderverwahranstalten, in denen die Kleinen militärische Lieder sangen und gedrillt wurden. Ich besichtigte zwei solcher Einrichtungen, und es brach mir das Herz, wenn ich mir vorstellte, wie Emira dort unterdrückt werden würde. Doch sie war das Kind zweier Welten, und so fragte ich sie trotzdem um ihre Meinung.

»Möchtest du hier in den Kindergarten?«

Fest klammerte sie sich an mich und schüttelte den Kopf.

Ich selbst hatte nur schöne Erinnerungen an meinen Waldorfkindergarten und die daran anschließende Zeit in der Schule. Bei meinem nächsten Aufenthalt in Deutschland besuchte ich einen Waldorfkindergarten in der Nähe meiner Oma, um herauszufinden, ob sich dort etwas verändert hatte im Erziehungsstil, aber nein: Noch immer wurden Kinder maximal in der Entfaltung ihrer Persönlichkeit gefördert. Emira war genauso begeistert wie ich.

»Mama, darf ich jetzt gleich dableiben?«

»Ja«, sagte ich spontan.

FREMD IM EIGENEN LAND

Nachdem ich mir alles genau überlegt hatte, rief ich Farid an. »Es geht mir nicht gut. Ich schaffe das alles nicht mehr. Bitte versteh mich, ich brauche Abstand und muss mich eine Weile erholen. Ich werde ein bisschen länger als geplant in Deutschland bleiben.«

»Okay«, sagte er zu meinem Erstaunen. Aber was sollte er auch dagegen unternehmen, wie wollte er mir drohen? Ich war weit weg, in Sicherheit.

Für mich bedeutete dieser Entschluss die Trennung von Farid, was ich ihm allerdings nicht zu sagen wagte. Ich wollte unsere Beziehung ausschleifen lassen, so ähnlich, wie man es bei einer Vergiftung versucht, denn so kam ich mir in diesem Moment vor: vergiftet. Das tat mir unendlich weh, denn letztendlich musste ich mir eingestehen, dass all meine Träume wie Seifenblasen geplatzt waren. Ich war auf ganzer Linie gescheitert. Ich hatte es nicht geschafft, mit der tunesischen Kultur zu verschmelzen, mich einzugliedern. Meine große Faszination für dieses Land mit seiner jahrtausendealten Kultur und seinen strengen Glaubensbekenntnissen war einer großen Enttäuschung gewichen. Ich hatte es nicht geschafft, eine glückliche Ehe zu führen. Ich hatte es nicht geschafft, Emira eine intakte Familie zu bieten. Ich hatte mich so angestrengt, doch es war alles vergebens gewesen. Das war niederschmetternd. Und es tat weh zu erkennen, dass ich mich selbst aufgegeben, mich verloren hatte, nur um es meinem Mann recht zu machen. Um ein bisschen Liebe zu bekommen. Ich war auch wütend, denn ich verließ Farid zu einem Zeitpunkt, wo wir zumindest den äußeren Umständen nach ein schönes gemeinsames Leben hätten beginnen können. Die ganze harte Zeit in Belgien, dann in Deutschland und schließlich in der kalten, klammen Wohnung auf Djerba hatte ich ausgeharrt. Mittlerweile waren wir umgezogen in ein großes, helles Haus mit Heizung und nagten längst nicht mehr am Hungertuch, beziehungsweise er nicht, ich schon. Farid verdiente viel Geld und würde, so wie es aussah, in absehbarer Zeit ein reicher Mann sein. All die Jahre hatte ich ihn finanziert, und jetzt, da er selbst über Geld verfügte, gab er mir nichts davon ab, im Gegenteil, er hielt mich so knapp, dass ich mir oft genug verzweifelt bei Nachbarinnen Geld hatte leihen müssen, um überhaupt eine Mahlzeit auf den Tisch zu bringen. Das hatte mich zermürbt und zermürbte mich weiterhin. Vergeblich versuchte ich herauszufinden, was im Kopf dieses Mannes vor sich ging. Warum quälte er mich so sehr? Wir hatten die besten Voraussetzungen, um glücklich zu sein. Stattdessen diskutierten wir über das Haushaltsgeld, und ich musste mich zurechtweisen lassen, weil ich seiner Meinung nach nicht sparsam wirtschaftete. Sparsam wovon? Wie sollte ich ihm ein warmes Essen servieren, wenn die Gasflasche leer war und ich kein Geld besaß, um eine neue zu kaufen? Wie hätte ich mir einen Job suchen sollen, solange Emira klein war und es niemanden in der Nähe gab, der sich während meiner Abwesenheit um sie gekümmert hätte – von meinem zerstörten Selbstbewusstsein ganz zu schweigen?

Ich war immer weniger geworden. Jetzt hatte ich die Notbremse gezogen. Endlich würde ich einmal nur an mich und mein Kind denken, dem es in Deutschland so gut gefiel, dass es nicht wieder wegwollte.

»Bitte Mama, jetzt bleiben wir da für immer«, sagte sie, viel zu klein, um zu wissen, was das bedeutete.

Doch zugleich war es seltsam, wieder zu Hause zu sein. Mein tunesisches Leben hatte mich Deutschland entfremdet. Zuerst dachte ich, das würde sich wieder geben. Doch Farid war wie ein Schatten, der über mich fiel und mich überallhin begleitete. All die Verbote seiner Kultur hatten sich in mein Denken gebohrt. Alkohol, das ist *haram*, dachte ich und machte einen Bogen um Kneipen, die oft schon um die Mittagszeit voll besetzt waren. Dabei hatte ich Alkohol seit Langem verabscheut, hatte doch meine Mutter wegen eines betrunkenen Fahrers sterben müssen. Bald sah ich nur noch Betrunkene um mich herum. Das war albern, und Alkoholkranke verdienten mein Mitgefühl, aber ich fühlte mich plötzlich so fremd gegenüber all den Sitten und Gebräuchen hier, über die keiner groß nachzudenken schien. Dass ich mich daran stieß, lag an der Distanz, die ich nach all den Jahren in Tunesien zu Deutschland hatte.

Distanz verschafft einem die Möglichkeit, Gewohntes zu erkennen und zu hinterfragen. Mit Farid war es so gewesen, erst die Distanz hatte es mir erlaubt, unsere Ehe in einem klareren Licht zu sehen. Ebenso kritisch wurde mein Blick nun, was meine Heimat betraf. Und ich spürte die Kehrseite der Distanz – die mangelnde Eingliederung, die Einsamkeit, die mich plötzlich auch zu Hause umgab. Die Situation wurde verschärft dadurch, dass ich Hartz-IV erhielt und mich deshalb in Grund und Boden schämte. Doch wie hätten wir überleben sollen? Was hätten wir essen sollen? Ich fühlte mich zu dünnhäutig, um zu arbeiten, und ich hätte auch gar nicht gewusst, wo ich mich bewerben sollte. Wenn Emira zur Schule kommt, werde ich uns ernähren, nahm ich mir vor. Einerseits sehnte ich mich danach, meinen Platz in der Gesellschaft zu finden, andererseits spürte ich, wie sehr die Menschen hier nach ihrer Arbeit beurteilt wurden. In Tunesien fragte man als Erstes, wie viele Kinder der andere hatte und wo die Familie herkam. Hier hieß es: *Und was arbeiten Sie?* War es in Deutschland schon immer so gewesen, oder fiel mir das erst jetzt auf, weil ich nicht mehr richtig dazugehörte?

Auch mit der Einstellung der Deutschen zum Essen kam ich nicht zurecht. In Tunesien dreht sich das ganze Leben ums Essen. Die Nahrung steht im Mittelpunkt, überall wird über Essen gesprochen. *Was kochst du heute, was kochst du morgen?* Als Frau wurde ich in Tunesien darüber definiert, was ich auf den Tisch brachte, und auch wenn Farid nie zufrieden mit meinen Kochkünsten war, wusste ich sehr wohl, dass ich mich in all den Jahren zu einer hervorragenden Köchin gemausert hatte. Ich stellte

alles selbst her, backte sogar die traditionellen Fladenbrote, obwohl mir der Steinofen dazu fehlte. Es war mir
enorm wichtig, die traditionelle Art des Kochens zu ze-
lebrieren. Meine Einstellung zum Kochen hatte etwas
Meditatives, ich versank völlig in dem, was ich tat. In
Tunesien hatte ich all meine Kreativität auf das Kochen
konzentriert und darauf, immer besser zu werden. Wenn
ich irgendwo ein Gericht gegessen hatte, das besser
schmeckte als zu Hause, setzte ich alles daran herauszufinden, woran das lag. Es handelte sich zwar meistens um
dieselben Gerichte − Maccaroni, Couscous, M´lochia,
Djebena −, die tunesische Küche ist nicht sehr abwechslungsreich, doch jedes dieser Gerichte kann auf tausend-
undeine Art anders schmecken.

In Deutschland, so fand ich, wurde selbst gekochtes Essen nicht in dem Maße wertgeschätzt. Wer kochte denn
überhaupt noch! Es wurde zwar über das Essen und gesunde Ernährung geredet, doch das hatte weniger mit der
Zubereitung zu tun − und mit Zubereitung meine ich
nicht nur das Kochen an sich. Wenn ich in Tunesien beschloss, Huhn zu servieren, suchte ich mir auf dem Markt
eines von den Hühnern aus, die der Händler in einem mit
Ästen und Zweigen zusammengebundenen Käfig mitgebracht hatte, und deutete darauf.

»Das da!«

Der Händler nahm es aus dem Stall, schlachtete und
rupfte es, und ich bekam es noch warm in die Hand gelegt. Ich brauchte kein Güte- oder Biosiegel, um zu wissen, woher das Huhn stammte und ob sein Fleisch frisch
war, vor fünf Minuten hatte ich es gackern gehört. Zu

Hause nahm ich das Huhn dann aus, das war alles meine Aufgabe, niemand erledigte es für mich: tatsächlich sind Innereien nicht von Natur aus in einem kleinen Plastiksäckchen untergebracht, wie viele deutsche Kinder glauben mögen.

Beim Metzger in Tunesien sah es auch nicht so aus, als wäre das Fleisch aseptisch in einer Kühlkammer gewachsen. Vor den Läden hingen Kuh- oder Schafsköpfe manchmal in der prallen Sonne. Natürlich war das für mich gewöhnungsbedürftig. Doch mit der Zeit lernte ich, meinen Ekel zu überwinden. Ich fragte mich, wovor ich mich eigentlich ekelte. Zu Hause in Deutschland hatte ich immer weggeschaut. In Tunesien käme man gar nicht auf die Idee, zu verbergen und zu beschönigen, dass Fleisch von Tieren stammt – das darf man ihm ansehen. Fleisch hat einen ganz anderen Stellenwert und wird hoch geschätzt, es kommt auch nicht jeden Tag auf den Tisch. Aber das, was serviert wird, schmeckt unvergleichlich besser als das Fleisch aus den Supermärkten, das ich mir leisten konnte.

Wenn ich in den Discountern nach Sonderangeboten stöberte, wurde mir bewusst, wie sehr ich die tunesischen Märkte vermisste, diese bunten, sinnlichen Genüsse. Überall frisches Gemüse und Kräuter und allein die Gerüche! Ich sehnte mich sogar nach dem Fischmarkt, auf dem es entsetzlich stank. Aber das alles gab es hier nicht. So wurde ich nachlässig und verlor die Lust am Kochen. Wie die meisten Kinder war Emira beim Essen zufrieden mit Fischstäbchen und Kartoffelbrei, Sauerkraut und Bratwürstchen, Nudeln mit Tomatensauce. Ich selbst aber verlor ein Stück Lebensqualität.

Meine Tochter war überglücklich im Kindergarten, schloss schnell Freundschaft und vermisste Tunesien nicht im Geringsten. Das entlastete mich ein wenig, doch nicht genug, denn ich litt nach wie vor darunter, dem Staat auf der Tasche zu liegen. Als alleinerziehende Mutter hatte ich keine Ahnung, wie ich das ändern sollte. Und mein geheimer Wunsch, nämlich meinen beiden Söhnen ein zweites Zuhause zu geben, rückte unter diesen Umständen noch weiter in die Ferne. Meine Gedanken waren immer bei ihnen, doch mir war klar, dass eine vage Begegnung sie nur aus der Bahn werfen würde – was konnte ich Ihnen schon bieten? Sie hatten es gut und ich musste erst wieder auf eigenen Beinen stehen. Dass dies noch Jahre dauern sollte, war mir damals zum Glück noch nicht klar.

Nachdem er mich eine Weile in Ruhe gelassen hatte, startete Farid seinen Telefonterror. Gefühlte zwanzig Mal am Tag rief er an. Zuerst verliefen die Gespräche wie üblich. »Wann kommst du wieder? Ich brauche dringend ein neues Stethoskop.«

Ich sagte Farid nicht direkt, dass ich überhaupt nicht mehr zurückwollte, denn darüber war ich mir mittlerweile nicht mehr so sicher. Ich war nicht glücklich in Deutschland, was ich ihn selbstverständlich nicht wissen ließ. Es tat mir gut, über diese Distanz mit ihm zu sprechen, endlich wagte ich es, ihm meine Meinung zu sagen. Ich war weit weg, in Sicherheit, und ich konnte jedes Gespräch nach Belieben beenden. Farid auch – und er machte häufig Gebrauch davon.

Obwohl er unbedingt wollte, dass ich zurückkehrte, warb er nicht um mich. Er sprach nicht einmal besonders freundlich mit mir. Er forderte, verlangte, drohte und wurde immer massiver. Eines Tages fand er meine Handynummer heraus und schickte mir ständig SMS. Ich schreckte zusammen, wenn ich den Klingelton hörte, und überlegte, ob ich mir eine Geheimnummer zulegen sollte, weil ich diese ständigen Kontrollen nicht mehr aushielt. Er terrorisierte mich nicht nur am Tag, sondern auch mitten in der Nacht, riss mich aus dem Schlaf und bombardierte mich mit Vorwürfen. Ich war schuld. Und außerdem wollte er seine Tochter wiederhaben.

»Gib sie mir!«, verlangte er am Telefon.

Fröhlich erzählte Emira ihrem Papa, wie gut es ihr in Deutschland gefalle und wie viele Freundinnen sie hier habe.

»Vermisst du mich denn nicht?«

»Ja«, sagte Emira artig und plapperte munter weiter, dass sie für immer in Deutschland bleiben wollte.

Da schrillten die Alarmglocken bei Farid, und er setzte Emira emotional unter Druck, erzählte ihr, wie traurig sie ihren Papa machen würde, und das wolle Emira doch bestimmt nicht.

»Dann komme ich wieder, Papa«, beeilte sie sich zu sagen.

Und Farid behauptete daraufhin mir gegenüber, dass Emira in Deutschland todunglücklich sei und zu ihm zurückwolle.

Als er spürte, dass ich seine Manipulationen durchschaute, schaltete er um auf das Weichspülprogamm. Er berichtete, wie gut seine Geschäfte liefen. Wie viel Geld er jetzt habe. Wie einfach wir es nun haben würden. Dass wir doch jetzt wüssten, worauf es ankomme. Dass wir aus den Fehlern der Vergangenheit gelernt hätten. Er sagte tatsächlich *wir*. Das musste ein Irrtum sein. Farid machte doch keine Fehler!

Tatsächlich war es dieses kleine Wörtchen »wir«, das mich aufmerken ließ. In den vergangenen Jahren hatte ich darunter gelitten, dass er meinte, über mich bestimmen zu können. Abwechselnd hatte ich es mir gefallen lassen, weil ich all den Streit nicht ertragen hatte, oder hatte aufbegehrt – doch das stand mir in seinen Augen nicht zu. Schließlich war ich in seinen Besitz übergegangen. Doch Farid war kein traditioneller Tunesier, und so hatte ich diesen Aspekt unserer Ehe niemals ernst genommen. Wie sollte ein Mensch einen anderen besitzen … Der Gedanke war mir so fremd, dass er mich gewissermaßen nicht erreichte. Doch ich hatte zu spüren bekommen, was es bedeutete, nicht als Mensch geachtet zu werden. Als er jetzt »wir« sagte, schöpfte ich Hoffnung. »Wir«, das klang nach wirklichen Gesprächen, nach Respekt für den anderen und seine Ansichten, seine Bedürfnisse. Das klang nach einer Partnerschaft, wie ich sie mir wünschte.

Ich kämpfte mit mir selbst. Wochenlang überlegte ich, was das Richtige wäre. Wie konnte ich es herausfinden? Sollte ich meine Zukunft als alleinerziehende Mutter in Deutschland verbringen oder als Frau von Monsieur Wunderbar in Tunesien? In Tunesien wäre ich auch allein, eingesperrt in einen goldenen Käfig. Doch in

Deutschland erlebte ich meine Einsamkeit stärker. Vielleicht wäre es anders gewesen, wenn ich eine Arbeit gefunden hätte, die mich erfüllte. Die Bekanntschaften, die ich schloss, hatten nur eine gemeinsame Basis – die Kinder. Ich selbst befand mich auf der Suche, musste lernen, mich neu zu definieren, doch das konnte ich hier nicht. Vielleicht war ich auch längst zu sehr daran gewohnt, das zu tun, was Farid von mir verlangte. Mein Selbstbewusstsein hatte ich noch nicht wiedergefunden, wie denn auch, so ganz ohne Perspektive. Und meinen Traum nach einer großen, intakten Familie – den hatte ich noch nicht aufgegeben.

Wenn ich Bekannten erzählte, dass ich in Tunesien gelebt hatte, stieß ich meistens auf Interesse und wurde gefragt, wie es in diesem Land so sei. Dann verlor ich mich in Erinnerungen, berichtete von dem Leben dort, den Soukhs, der Sonne und dem Meer, und dann kam die Frage: »Warum sind Sie denn wieder nach Deutschland gezogen?«

Diese Frage konnte ich immer weniger beantworten. Ich wusste es nicht. Deshalb sprach ich auch nicht mehr mit anderen, ich kapselte mich ab und vermied jeden Kontakt.

Was nur sollte ich tun?

Emira wollte hierbleiben. Doch in Deutschland hatten wir keine Zukunft, das kristallisierte sich immer deutlicher heraus.

Auf einer längeren Bahnfahrt kam ich mit einem älteren Mann ins Gespräch. Schnell wechselte unsere Unterhaltung von einer oberflächlichen auf eine tiefere Ebene.

Der Mann erzählte mir, wie sehr er darunter leide, dass Deutschland eine so schwere Last trage. »Diesem Land fehlt es an Leichtigkeit«, diagnostizierte er. »Es hat die Schrecknisse des Nationalsozialismus noch lange nicht überwunden. Sensible Menschen spüren dies.«

Ich wusste, wovon er sprach, und nickte.

»Auch wenn nun eine neue Generation heranwachsen mag«, sagte der ältere Herr, »wir Alten und auch unsere Kinder und Enkel leiden noch immer unter den Geschehnissen der Vergangenheit. Es ist ein schweres Erbe, Deutscher zu sein.«

Ich hätte dem Mann gern widersprochen, doch als er mich fragte, ob ich stolz auf Deutschland sei, merkte ich, dass es mir schwerfiel, es zu sagen, einfach so. Ich musste es begründen. Ja, ich liebe Deutschland wegen seiner Dichter und Denker, aber war ich stolz, eine Deutsche zu sein? Ich erzählte dem Mann von Tunesien, und er bestärkte mich, es noch einmal dort zu versuchen.

»Probieren Sie es aus! Sie können ja jederzeit zurück. Was soll Ihnen schon passieren? Sie sind jung, Sie haben Ihr Leben noch vor sich.«

Und genauso sah ich es eines Tages auch. Was sollte mir schon passieren, ich konnte ja jederzeit zurück … Nach einem Jahr in Deutschland ließ ich Farid wissen, dass ich heimkehren würde. »Wir versuchen es noch mal.«

»Wir gehen zu Papa«, sagte ich zu Emira.

»Dann kriege ich einen Hund«, freute sie sich, denn damit köderte Farid sie seit Langem: »Wenn meine kleine Prinzessin wieder bei mir ist, darf sie einen Hund haben. In Deutschland bei Mama gibt es keinen Hund.«

AUF DEN HUND GEKOMMEN

Meine Omas und mein Vater legten zusammen für ein neues Auto. Der Abschied von meinem treuen blauen Kangoo fiel mir schwer, doch er war zu alt, um es noch einmal mit dem Gotthard aufzunehmen.

Der Neuzugang, ein gebrauchter Laguna Kombi, war wie immer bis unters Dach vollgepackt. Da wäre es für Emira eng geworden. Anja, eine von Emiras Kindergärtnerinnen, erzählte mir kurz vor meiner Abreise, dass sie gern einmal Urlaub in Tunesien machen würde, ehe sie sich beruflich neu orientierte. Damit war die Sache klar: Anja würde Emira im Flugzeug begleiten.

Farid begrüßte mich wie immer, vor allem neugierig auf seine Mitbringsel, die er sofort auspacken wollte. Dann schnappte er sich das Auto und ward erst einmal nicht mehr gesehen. Diesmal ließ ich mich davon nicht aus der Fassung bringen, ich hatte genug zu tun, alles für die Ankunft von Emira und Anja vorzubereiten. Vielleicht schützte ich mich ja auch … Ich wollte keine großen Erwartungen hegen, das hätte nur neue Enttäuschungen vorprogrammiert.

Farid war glücklich, Emira wiederzusehen, als sie kurz darauf mit Anja eintraf. Ich beobachtete die beiden; offenbar war es richtig gewesen, es noch einmal zu versuchen, allein schon Emiras wegen.

Überhaupt gab sich Farid von seiner besten Seite. Er und Anja waren sich sofort sympathisch, und so zeigten wir Anja die schönsten Ecken der Insel, gingen aus und feierten, ganz so wie in unserer Anfangszeit.

Anja tat uns gut. Wir hatten großen Spaß mit der hübschen jungen, unkomplizierten und lebenslustigen Frau. Anja stachelte Farid förmlich an, sich als Vorzeigemann zu präsentieren. Er sprühte vor Charme und Esprit, und meine Zuversicht, mich richtig entschieden zu haben, wuchs von Tag zu Tag und besonders in den fröhlichen Nächten mit Anja. So unbeschwert konnte das Leben sein! Ich staunte und freute mich, und mit diesem Schwung steckte ich Emira an, die in der Gestalt von Anja ein kleines bisschen von ihrem geliebten Kindergarten bewahrte, den sie in der Anfangszeit auf Djerba sehr vermisste.

»Wie siehst du deine Zukunft hier?«, fragte Anja mich eines Tages.

»Ich will wieder arbeiten. Aber nicht mehr als Reiseleiterin, das wäre schwierig wegen Emira. Ich denke eher an Guestrelation.«

»Was ist denn das?«

»So etwas Ähnliches, aber dabei würde ich nur noch für die Gäste eines einzigen Hotels verantwortlich sein und zwischen ihnen und der Rezeption vermitteln, anstatt viele Hotels abzuklappern.«

Farids Bruder Tarek erzählte mir bald darauf von einer offenen Stelle in dem Resort, wo er als Security-Chef arbeitete.

Leider schaffte ich es nicht mehr, meine Bewerbungsmappe persönlich dort abzugeben, denn ich musste nach Deutschland zurückkehren. Ich ließ sie auf Farids Schreibtisch liegen und bat ihn eindringlich, sie weiterzuleiten.

»Selbstverständlich«, versprach er mir.

Nachdem die Zeit mit Anja so positiv für uns alle verlaufen war, fuhr ich zurück nach Deutschland, um meine Wohnung dort endgültig aufzulösen. Emira würde in dieser Zeit bei Farid bleiben, damit ich so schnell wie möglich alles Nötige erledigen könnte. Seine Mutter hatte sich bereit erklärt, während meiner Abwesenheit zu ihm zu ziehen.

In Deutschland musste ich zu meinem Erschrecken feststellen, dass mir der Strom gesperrt worden war. Mein Konto war ins Minus gerutscht, und da ich drei Monate fort gewesen und nicht auf die Briefe des Stromversorgers reagiert hatte, saß ich nun im Dunkeln. Zuerst fand ich das nicht dramatisch, dann würde ich eben Kerzen anzünden. Doch nach und nach erkannte ich, dass ohne Strom fast gar nichts geht. Ich konnte nicht einmal Wasser erhitzen. Kurz entschlossen öffnete ich das Türchen im Kamin, lief in den Keller und suchte den Kaminausgang. Eine Kabelrolle hatte ich, und die 50 Meter reichten locker, um Strom aus dem Keller anzuzapfen. Leider flog meine Schwarzleitung nach einigen Tagen auf; eine Nachbarin verriet mich an die Hausverwaltung. Ich schämte mich entsetzlich und musste all meinen Charme einsetzen, um den aufgebrachten Sachbearbeiter zu beschwichtigen, der zu meiner großen Erleichterung von einer Anzeige absah.

Tagsüber hielten mich alle möglichen Formalitäten beschäftigt, abends rief ich zu Hause an.

»Mama, wann kommst du?«, fragte Emira.

»Bald«, versprach ich.

»Mama, komm ganz schnell!«

»Ja, sicher, mein Schatz.«

Emiras Stimme klang traurig, was mich zu noch größerer Eile antrieb.

»Hast du schon etwas von dem Hotel gehört?«, fragte ich Farid eines Abends am Telefon.

»Welches Hotel?«

»Von Tarek! Wo du meine Mappe abgegeben hast.«

»Ach so. Nein, noch nichts.«

Das machte mich nicht misstrauisch, in Tunesien dauert vieles sehr lang, doch als ich die Mappe einige Wochen später auf Farids Tisch liegen sah, versetzte mir das einen Stich. Ich fragte ihn allerdings nicht, weshalb er meine beruflichen Pläne boykottierte. Vielleicht wollte er mir das Arbeiten ersparen, er verdiente inzwischen ja genug, um seine kleine Familie zu ernähren und auch der großen Familie hin und wieder etwas zuzustecken, wenn auch nie genug, wie ich den Andeutungen seiner Mutter entnahm.

Als meine Rückkehr nach Tunesien näher rückte, sprach ich mit Farid auch über den Hund, den er Emira versprochen hatte und den sie nun – nach unserer bestandenen »Probezeit« – auch bekommen sollte.

»Es ist besser, du bringst einen Hund aus Deutschland mit«, meinte Farid. »Hier gibt es ja nur Straßenköter.«

Farid liebäugelte mit einem Rassehund, das würde sein Ansehen weiter steigern; europäische Hunde waren selten in Tunesien.

Nach gründlicher Recherche entschied ich mich für einen Labrador. Über diese gutmütige, kinderliebe und aggressionsfreie Rasse hörte ich überall nur das Beste. Ich besuchte einige Züchter, doch sobald ich mit der Wahrheit herausrückte, wo der Hund leben sollte, wollte mir niemand einen geben. Die einen verkauften prinzipiell nicht in ein arabisches Land – einer behauptete doch glatt: »Araber sind frauen- und hundefeindlich!« So schnell konnte der Mann gar nicht schauen, wie ich weg war. Anderen war der Papierkram zu aufwendig, denn Impfungen mussten offenbar rückbestätigt werden. Wieder andere fanden Tunesien zu heiß für die Rasse, und noch mal andere gaben nur an solche Plätze ab, die sie auch kontrollieren konnten.

»Dann kommen Sie doch mal in den Urlaub nach Tunesien!«, lud ich einen Züchter ein.

»Gute Frau, wer kümmert sich dann um meine Hunde?«

Die Zeit drängte, und so fuhr ich mit einem Bekannten, der sich mit Hunden auskannte, nach Belgien und besorgte in einer kleinen Gasse hinter einem Markt einen achtwöchigen schwarzen Labrador: Elsa. In Deutschland ließ ich sie vorschriftsgemäß impfen, und im Frühling 2007 brachen wir auf in die alte neue Heimat.

»Diesmal ist es ein Abschied für immer«, sagte ich zu meiner Oma. Sie drückte mich fest an sich.

»Hoffentlich«, meinte sie und schob ein »leider« nach. So ging es mir auch, meine Omas hatten mir in Tunesien jedes Mal sehr gefehlt.

Doch das Ankommen tröstete mich, nie war es so schön wie diesmal. Farid und Emira standen am Tor und winkten mir entgegen. Emira sah gut aus, fröhlich, aufgeweckt, und sie hatte sogar ein bisschen zugenommen. Mein Herz öffnete sich weit für die beiden. Was für ein wundervoller Empfang! Da verzieh ich ihnen doch gerne, dass Farid sich vor allem für das Auto interessierte, mit dem er gleich losstarten wollte, und Emira gespannt auf den Hund war. So war sie eben, meine Familie. Elsa untersuchte ihr neues Revier, lief durch die Zimmer und schnupperte an allen Ecken und Wänden. Ihre kleine Rute wedelte ohne Unterlass, und dann kippte sie mitten im Flur um und fiel in einen ohnmachtähnlichen Schlaf, in dem sie weiterschnupperte und große Abenteuer erlebte, wie wir am Zucken der niedlichen Pfötchen ablesen konnten.

»Emira, duschen!«, forderte ich meine Tochter auf, die im Bad in der Unterhose neben mir stand.

Folgsam stieg sie in die Wanne.

»Die Unterhose!«, erinnerte ich sie.

Da wurde ihr Gesicht ernst, und sie schüttelte den Kopf. Verblüfft starrte ich sie an. Was war denn das? Von der Pubertät war sie noch fast ein Jahrzehnt entfernt. Sie brauchte sich nicht zu schämen – vor ihrer eigenen Mutter!

»Wenn man ohne Unterhose duscht, dann kommt der Teufel«, klärte sie mich auf.

»Bitte was?«

»Ja, dann kommt der Teufel, und der lacht einen aus.«

»Zieh sofort die Hose aus!«

»Nein, Mama«, widersprach sie in echter Bedrängnis. »Sonst kommt doch der Teufel!«

Ich setzte mich an den Rand der Badewanne. »So, dann kommt also der Teufel und lacht dich aus?«

»Ja!«

»Und was ist so schlimm dran, wenn der einen auslacht?«

Darauf wusste Emira keine Antwort.

»Wenn du mit Unterhose duschst, lacht dich deine Mama aus.«

Ich gab vor, ein Späßchen zu machen, kitzelte Emira, und dann zog sie die Hose freiwillig aus und behielt sie in der Dusche auch nie wieder an.

Als Farid nach Hause kam, sprach ich mit ihm über den Vorfall.

»Was hat deine Mutter dem Kind erzählt? Ich will nicht, dass Emira Angst gemacht wird!«

Dies war die einzige Angelegenheit, in der Farid und ich einer Meinung waren. Farid war ein moderner Tunesier.

Er dachte nach. »Ich habe nichts davon bemerkt«, sagte er dann. »Meine Mutter hat sie oft gebadet. Natürlich habe ich ihr gesagt, dass sie Emira keine Ammenmärchen erzählen soll«, verteidigte er sich und zuckte schließlich mit den Schultern. »Du kennst sie doch. Ich kann nichts dagegen tun. Das steckt ganz tief drin.«

»Jetzt bin ich ja wieder da«, sagte ich versöhnlich.

Mir war klar, dass Emira ein Kind zweier Welten ist. Deutschland und Tunesien – beides sind ihre Wurzeln. Doch ich war nicht bereit zuzulassen, dass sie körperfeindlich erzogen wurde und Angst vor irgendwelchen negativen Ausgeburten der Phantasie entwickelte.

Am nächsten Tag erfuhr ich, dass der Teufel einem in den Mund pinkelte, wenn man beim Gähnen keine Hand vorhielt. Als ich herzhaft lachte, stimmte Emira mit ein. Meine kluge Tochter begriff schnell, was hinter den Sprüchen ihrer tunesischen Großmutter steckte, und da diese meistens Einschränkungen bedeuteten, machte sie sich heimlich darüber lustig, auch wenn sie im Beisein der Großmutter vorgab, daran zu glauben.

In den ersten Tagen nach meiner Ankunft drehte sich unser Leben um Elsa. Der Hund musste sich an uns gewöhnen, wir mussten uns an den Hund gewöhnen, was schwieriger war, denn ein Schoßhündchen war Elsa nicht: Sie forderte ständig Beschäftigung, und sie musste lernen, was verboten war. Schuhe anknabbern und auf Betten springen, das Schlafzimmer betreten. Emira liebte Elsa vom ersten Tag an. Farid, der wie so viele Tunesier Hunde eigentlich nicht mochte, fühlte sich geschmeichelt, wenn Elsa bei unseren Spaziergängen anerkennend oder gar neidvoll gemustert wurde. Das war kein tunesischer Straßenköter, der Krankheiten übertrug. Erst kürzlich war in unserem Viertel wieder mal die Tollwut ausgebrochen, und einer von Farids Patienten war jämmerlich daran gestorben. Tunesier halten sich meistens fern von Hunden. Doch Elsa war kein typischer Hund, so was wie sie sah man nicht alle Tage, das Fell glänzend und gepflegt, keine einzige kahle Stelle, weder Floh noch Zecke oder Wurm. Deshalb erhielt sie auch eine für Tunesien unübliche Sondergenehmigung: Sie durfte ins Haus. Ein Hund im Haus galt in diesem Land als *haram*. Schmutzig, Sünde. *Haram* war das Lieblingswort von Farids Mutter, überhaupt wurde es bei gläubigen Tunesiern ständig ausgesprochen, fast alles war *haram*. Schweine, Händchen halten in der Öffentlichkeit, im Badeanzug schwimmen, Alkohol trinken, kurze Röcke, mit der linken Hand essen oder trinken, lügen.

Es war sogar *haram* für meine Nachbarin, Kartoffeln in Wasser zu kochen, wie ich eines Tages erfuhr, als sie mir einige Kräuter und Gemüse aus ihrem Garten brachte: Petersilie, Lauchzwiebeln, Selleriegrün. Ich freute mich über das Geschenk und bat sie ins Haus. Da stapfte sie in die Küche und hob den Deckel eines Topfes, der auf dem Herd kochte. An diesem Tag sollte es ausnahmsweise kein traditionelles tunesisches Essen geben, was diese Frau, eine stolze Djerberin in langen Gewändern und bunten Tüchern, auf dem Kopf den typischen Djerbahut, nur schwer begreifen konnte. Aber dass ich Kartoffeln in Wasser kochte, nein, das war zu viel! Kartoffeln wurden wie Gemüse behandelt und in der Sauce gekocht oder frittiert.

Bislang hatte ich alle Anregungen von Einheimischen, was das Kochen betraf, gern angenommen. Nach wie vor widmete ich jeden Tag unzählige Stunden der Zubereitung von Mahlzeiten. Doch dieser Auftritt war zu viel. Ich holte tief Luft und sagte: »Erstens ist das meine Küche. Zweitens koche ich die Kartoffeln so, wie ich will. Salzkartoffeln werden in Wasser gekocht!«

Mit einem verächtlichen Laut rannte die Nachbarin hinaus, und ich wusste, dass ich für die nächsten Tage, wenn nicht Wochen für Gesprächsstoff in der näheren Umgebung gesorgt hatte.

Was die Zubereitung des Essens betrifft, sind viele Tunesier phantasielos – und geschmacklich auch eingeschränkt. Sie können sich beispielsweise nicht vorstellen, dass man eine weiße Sauce essen kann. Eine Sauce muss immer rot und scharf sein. Niemals kann man eine Sauce mit Mehl oder Milch zubereiten, denn dies würde beim Essen unausweichlich zu Brechreiz führen.

Elsa konnte man beim Wachsen zusehen. Jeden Morgen war sie ein Stück größer als am Abend zuvor. Aus dem niedlichen Welpen wurde ein Hund, und der wollte sich einen komfortablen Platz in der Hierarchie unseres Rudels erobern. Dabei war sie als Labrador niemals aggressiv. Sie wollte einfach ihre Grenzen herausfinden, und da sie sehr intelligent war, fiel ihr allerlei ein, uns zu testen. Mich amüsierte sie, und ich erklärte Emira genau, wie sie mit dem Hund umgehen sollte, dass sie die Chefin sei und nicht der Hund.

»Elsa muss tun, was du willst!«

Emira zeigte sich sehr begabt in der Hundeführung, und das Zusammensein mit dem aufgeweckten Welpen tat ihr sichtlich gut, es stärkte ihr Selbstbewusstsein. Farid dagegen verstand die Sprache eines Hundes nicht. Was für Elsa Spiel war, interpretierte er als Ernst. Und obwohl er ein moderner Tunesier war, war ihm die Vorstellung, ein Tier im Haus zu halten, nicht ganz geheuer. Und bald schon wendete sich das Blatt. Elsas Aufenthaltsgenehmigung in unserem Haus erlosch, als Farid von einem Schäferhund gebissen wurde. Auf einmal galt: Hund ist Hund.

Farid war eingeladen worden in das Privathaus eines Hoteldirektors. Dort hatte er den unter dem Tisch dösenden Schäferhund nicht bemerkt und sich in seiner dominanten Art nach lautem Stuhlrücken polternd gesetzt. Der Hund war wohl aus dem Schlaf hochgeschreckt und hatte zugeschnappt. Farids Hose hing in Fetzen, und am Oberschenkel blutete er aus einer Fleischwunde. Von diesem Moment an war sein Verhältnis zu Elsa unwiderruflich zerrüttet. Er hatte Angst vor ihr, obwohl sie ihm nie etwas getan hatte. Diese Angst gab er natürlich nicht zu. Er fand andere Gründe, warum sie wegmusste. *Haram* war einer davon. Die anderen klangen in meinen Ohren ebenso lächerlich. Elsa war zu groß für unser Haus, Elsa war zu teuer in der Haltung, Elsa kostete zu viel Zeit, weil man ständig mit ihr Gassi gehen musste.

Für Emira war Elsas Ausweisung ein Schock. Mein kleines Mädchen war fassungslos, verstört, sie hatte den Hund doch so lieb. Einmal mehr merkte ich, dass ich mit Farid nicht reden konnte. Dieses »wir«, mit dem ich

136

mich hatte ködern lassen, war offenbar nichts als eine Farce gewesen. Etwas besprechen und gemeinsam eine Lösung finden – das gab es nicht für ihn. Was er sagte, war Gesetz, selbst wenn es Emira fast das Herz brach.

»Ohne Elsa will ich gar nicht mehr lebendig sein, Mama«, sagte sie zu mir.

»Wir finden eine Lösung«, versprach ich ihr und hatte doch keine Ahnung, wie die aussehen sollte. Ich konnte den Hund nicht vor Farid verstecken. Elsa musste unser Haus definitiv verlassen … aber nicht unser Leben. Ich könnte sie an einen Ort bringen, wo wir sie besuchen würden. Aber wo sollte es einen solchen Ort geben?

Da erinnerte ich mich an unseren ehemaligen Gemüsehändler Mohamed, dessen Laden sich gegenüber von Farids Praxis befand, wo wir früher gewohnt hatten. Dort im Innenhof hatte ich einmal ein paar junge Männer mit einem Hund gesehen. Vielleicht kannte Mohamed einen Hundefreund? Er war immer so nett zu uns gewesen und hatte Emira oft Obst geschenkt.

Am nächsten Tag – Farid hatte uns gnädigerweise drei Tage Frist eingeräumt, es wäre ihm auch zuzutrauen gewesen, dass er Elsa auf der Stelle des Hauses verwies – besuchten Emira, Elsa und ich den Gemüsehändler, bei dem ich nur noch selten einkaufte, da wir ja umgezogen waren. Er freute sich sehr, uns wiederzusehen, strahlte uns an mit seinen ebenmäßigen weißen Zähnen. Mit Händen und Füßen und meinem noch immer holprigen Tunesisch erklärte ich ihm unser Anliegen und fragte, ob er jemanden kennen würde, der bereit wäre, Elsa zu übernehmen.

»Ich«, sagte Mohamed.

Ich starrte ihn an. Emira klatschte begeistert in die Hände. Zwar erinnerte sie sich nicht wirklich an Mohamed, dazu war sie zu klein gewesen, als wir gegenüber gewohnt hatten. Doch mit seiner sympathischen Art nahm er sie gleich für sich ein. Dass er Elsa freundlich die Flanken klopfte, tat ein Übriges.

»Moment«, bat ich Emira, denn ich war mir nicht sicher, ob Mohamed mich richtig verstanden hatte. Ich erklärte ihm, dass ich den Hund keineswegs komplett abgeben, sondern ihn mehrmals in der Woche besuchen wollte, ich könne aber keine regelmäßigen Tage nennen. Kurzum, ich suchte lediglich einen Platz, wo der Hund gut aufgehoben war, eine Art Pension, und wenn wir diesen Handel machten, wollte ich, dass Mohamed mir ein Blatt Papier unterschrieb, auf dem er sich einverstanden erklärte, den Hund ohne meine Zustimmung weder zu verkaufen noch anderweitig wegzugeben.

»Ja«, sagte er. Seine warmen braunen Augen mit den langen Wimpern schauten mich freundlich an, dann zwinkerte er Emira verschwörerisch zu.

»Ja dann!« Ich hob die Arme, ließ sie wieder fallen. Dass etwas auch einmal einfach sein konnte!

Oder hatte ich Mohamed überrumpelt? Traute er sich nicht, meine Bitte abzuweisen? Ich fragte noch einmal, und er versicherte mir in seinem holprigen Englisch, dass er sich von Herzen freue, Elsa zu übernehmen.

Emira und ich pilgerten nun, so oft es uns möglich war, zu Mohamed. Elsa drehte jedes Mal völlig durch vor Begeisterung, uns zu sehen, und einmal fragte ich mich, ob

nicht doch ein bisschen Kampfhund in ihr steckte, so wild
begrüßte sie uns. Ihr Wesen war stets freundlich, und ihr
zuzusehen, wie sie am Strand entlangfetzte, war die rein-
ste Freude.

Ich hatte Mohamed alle Utensilien für den Hund gebracht. Elsa war bestens ausgestattet mit Körbchen, Bällen, Bürste, Zeckenzange, Halsbändern und Leine – und
einen europäischen Pass, blau mit einem Kreis aus Sternen
vorne drauf, besaß sie auch. Den musterte Mohamed
staunend. Ja, in Deutschland hatten auch Hunde Pässe!

»Möchtest du einen Kaffee?«, fragte Mohamed mich eines Tages.

»Gern.«

Das Kaffeetrinken wurde bald zu einer festen Einrichtung, wenn Emira und ich Elsa abholten. Sie begrüßte
den Hund im Hof und spielte ein bisschen mit ihm, ich
unterhielt mich derweil mit Mohamed, bevor wir zu
einem langen Spaziergang aufbrachen. Er war der älteste
Sohn einer Berberfamilie, die aus den Bergen stammte
und diesen kleinen Gemüseladen betrieb. Mohamed ging
ganz in seinem Laden auf. Ich spürte seine Liebe zu fri-
schem Gemüse, das er stets achtungsvoll berührte. Nie
warf er etwas grob in einen Korb. Es schien ihm jederzeit
bewusst zu sein, dass er mit Nahrung hantierte. Er hatte
sehr schöne und gepflegte Hände, und ich schaute ihm
gern dabei zu, wie er seine Ware dekorierte.

Eines Tages lehnten wir nebeneinander an einer Wand
in seinem Laden. Es war sehr heiß. Mohamed griff in
einen Sack vor sich und nahm eine Handvoll frischer grü-

ner Mandeln heraus. Eine nach der anderen knackte er mit seinen kräftigen Zähnen und reichte mir die kleinen Kerne wortlos. Ich nahm sie entgegen. Sie schmeckten köstlich.

ALTE LIEBE ROSTET

Auch wenn die Wochen nach unserem Wiedersehen unter einem guten Stern gestanden hatten, war ich nicht mehr so naiv zu glauben, Farid könne sich wirklich geändert haben. Seine Härte, was Elsa und damit auch Emira betraf, war eines der Zeichen dafür. Noch immer spürte ich Distanz ihm gegenüber, und mir gefiel manches nicht, das ich sah.

Als Arzt verlor Farid bei mir bald immer mehr an Ansehen. Immer wieder musste ich mit anhören, wie manche seiner Kollegen sich damit brüsteten, den »Abschaum« wieder einmal erfolgreich abgewiesen zu haben. »Da darf man sich nicht beeindrucken lassen, wenn einer laut jammert und sagt, er hätte kein Geld.«

Ich verstand durchaus, dass alle von etwas leben mussten und dass auch Farid nicht alle Patienten kostenlos versorgen konnte, doch durch seine Tätigkeit im Hotel hatte er sehr viele wohlhabende Patienten, die zumeist vom Ausland aus privat versichert waren. Es bestand also kein Grund, Menschen in Not rigoros abzuweisen, sie bedrohten wahrhaftig nicht unsere Existenz.

Der Posten als Hotelarzt war sehr begehrt und hatte ein

hohes Renommee. Farid kämpfte mit harten Bandagen gegen die Konkurrenz und riss sich im Lauf der Zeit mehrere Goldgruben, sprich: Hotels unter den Nagel. Hin und wieder fielen Bemerkungen, aus denen ich schloss, dass mein Mann nicht beliebt war, was mich nicht wunderte. Er hatte sich sehr verändert, interessierte sich offenbar nur noch für Geld – oder war das schon immer so gewesen, und ich hatte es einfach nicht gesehen, weil ich es nicht sehen wollte?

Wenn wir abends in einem schicken Hotel beim Essen saßen, beglückwünschten mich manche Touristinnen. »Sie haben ja so einen tollen Mann! Was für ein kluger, sympathischer, gebildeter Mensch er ist. Und so ein guter Arzt.«

»Danke«, sagte ich artig.

Die meisten dieser Komplimente waren wohl eher an Farid gerichtet, der sie auch hören sollte. Er strahlte die Gäste an, spielte dann den Bescheidenen, woraufhin er ihnen noch mehr Lob rauskitzelte. Kaum kehrten sie uns den Rücken, raunte er mir zu, was das für blöde Puten seien, die ihm bei jeder Konsultation ein Ohr abquatschten.

»Farid, sprich nicht so über deine Patienten!«, bat ich ihn, denn das tat mir weh. So etwas verstieß gegen meine Vorstellung vom menschlichen Miteinander.

Er lachte mich aus.

Auf einmal fand ich keine Erklärungen mehr für sein Verhalten. Der Brunnen meiner fortwährenden Entschuldigungen für ihn war versiegt.

142

Und als ich ihn nicht mehr allzu bereitwillig entschuldigte, kehrte all das, was er mit mir gemacht hatte – was ich mit mir hatte machen lassen –, mit Macht in mein Bewusstsein zurück. All die Demütigungen, all die Forderungen, der fehlende Dank, die Lieblosigkeit im Umgang mit mir, das konnte ich plötzlich nicht mehr dulden.

Was geschieht, wenn einem die Kraft und die Mittel fehlen, aufzubegehren? Wenn immer noch Hoffnung da ist, die jedoch mit Füßen getreten wird? Ich begann meinen Ehemann zu verachten. Was er natürlich spürte. Und nicht duldete.

Farid ging zum Angriff über und versetzte unserer Beziehung den Todesstoß. »Denkst du wirklich«, fragte er mich eines Abends, »dass ich dich gebeten habe, nach Tunesien zurückzukehren, weil mir etwas an dir liegt? Bist du tatsächlich so blöd zu glauben, dass ich dich gemeint habe?«

Ich starrte ihn an. Mir wurde heiß und kalt zugleich. Das hatte er doch nicht wirklich gesagt. Das hatte ich mir eingebildet. Das konnte nicht sein!

Farid fuhr fort. »Du bist mir völlig egal. Das Einzige, was mich interessiert, ist meine Tochter. Du bist nur ihr überflüssiges, stressiges Anhängsel. Dich brauche ich hier ganz bestimmt nicht. Hauptsache, meine Tochter lebt bei mir!«

Diese Härte, mit der er sprach … In mir breitete sich eine entsetzliche Schwäche aus, und einige Herzschläge lang befürchtete ich umzukippen. Ein Teil meines Bewusstseins wartete darauf, dass Farid mich auslachte, weil ich seinen Scherz mal wieder nicht mitbekam. Vielleicht wollte er auch nur testen, wie ich reagierte, während die Erkenntnis in mich einsickerte, dass es gar kein Scherz war. Das war die bittere Wahrheit, vielleicht schon seit Jahren.

In den nächsten Tagen schleuderte er mir noch viel mehr entgegen, gerade so, als sei nun eine Schleuse geöffnet und er könne all das loswerden, was er nur mühsam zurückgehalten hatte. Welcher Hass in ihm steckte. Er musste mir nicht erst sagen: »Wenn ich dich anschaue, wird mir schlecht, nackt bist du mir unerträglich«, um unsere körperliche Beziehung zu beenden. Das war sie von meiner Seite bereits.

Was tun?

Weg!

Wohin? Womit?

Probieren Sie es aus! Sie können ja jederzeit zurück. Was soll Ihnen schon passieren?

Endlich hatte Farid die bittere Wahrheit ausgesprochen. Ich versuchte, die kreisenden Gedanken unter Kontrolle zu bekommen, um nicht in das schwarze Loch aus Verlorenheit zu stürzen.

Wie konnte ich das alles von Emira fernhalten, die meine Anspannung sehr wohl bemerkte? Wenn auch meine Beziehung zu Farid ganz offensichtlich gescheitert war, so sollte mein Kind nicht darunter leiden. Emira sollte eine glückliche Kindheit verleben, unbeschwert und frei, wie ich selbst sie genossen hatte. Ich durfte es nicht zulassen, dass die Schwierigkeiten, die ihre Eltern hatten, ihre kleine heile Welt zerstörten. Inständig hoffte

Mit einer Pauschalreise im Jahr 2000 fing alles an.

Unter den strengen Augen meiner Schwiegermutter lernte ich schnell, was sich für eine tunesische Ehefrau gehörte. Ich wollte ganz eintauchen in meine neue Heimat.

Ob bei der strapaziösen Olivenernte oder bei einem Ausritt in die Wüste – die Schönheit Tunesiens bleibt immer atemberaubend.

Das einfache Leben auf der Flucht war zwar eine große Belastung für uns alle – es hatte aber auch seine schönen Momente.

Ohne die Gastfreundschaft der Menschen auf den Dörfern hätten wir es nie geschafft.

In den Höhlen der Berber bei Matmata.

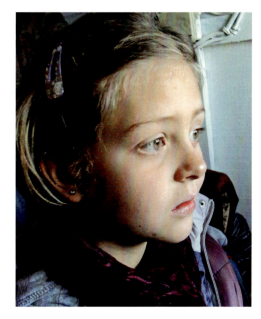

Nach und nach bereitete ich Emira auf die riskante Seereise vor.

Alle in einem Boot: unsere Flucht in die Hoffnung.

ich, Farid würde dies genauso sehen, denn er liebte seine Tochter, davon war ich überzeugt. Wenngleich ich seine Art der Liebe für enorm egoistisch hielt, denn wann kümmerte er sich denn um Emira? Ich war es doch, die den ganzen Tag mit ihr verbrachte. Mir war die Vorstellung unerträglich, sie könne unter der Eiseskälte leiden, die sich in unserem Haus ausbreitete.

Ich beschloss, Emira so viel Freude wie nur möglich zu machen, um sie abzulenken. Als ich erfuhr, dass Farid einen Tag lang bei der Ärztekammer in Tunis sein würde, packte ich unsere Sachen für einen Ausflug mit Elsa ans Meer. Unterwegs fiel mir ein, dass ich Mohamed einladen könnte. Schließlich verdankte ich ihm viel. Und da Farid nicht in seiner Praxis war und zufällig aus dem Fenster sehen würde, wenn Mohamed in mein Auto stieg, war es eine günstige Gelegenheit, mich erkenntlich zu zeigen.

Mohamed freute sich sehr und übergab die Aufsicht des Ladens seinem Cousin. Wir verbrachten einen wunderschönen, entspannten Tag am Meer. Hinter der Sonnenbrille glänzten meine Augen feucht. Wie herrlich das Leben sein konnte – und wie friedlich.

Emira tobte mit Elsa in den Wellen, Mohamed und ich saßen auf einer Decke, später teilten wir unseren Proviant, er hatte Obst dabei, ich frisch gebackene Fladenbrote, *F'tira*, Salat und Oliven. Mohamed konnte kaum glauben, dass ich das Brot selbst gebacken hatte.

Wir redeten nicht viel, schauten aufs Meer und sahen Emira und Elsa beim Spielen zu. So einen schönen Nachmittag gab es jenseits der Mauern meines goldenen Gefängnisses!

Dass Mohamed so wenig sprach, deutete ich nicht als Verlegenheit. Ich hielt ihn für einen selbstbewussten Mann und sein Schweigen für Stärke. Später erzählte er mir, dass ihn meine Gegenwart in Wirklichkeit eingeschüchtert habe: die deutsche Frau von einem Arzt! Verheiratet!

Für Mohamed war dieses Picknick am Strand verboten. Ein tunesischer Mann durfte nicht mit einer Frau, schon gar nicht mit einer verheirateten, einfach so auf einer Decke sitzen. Das tat er nur mit seiner eigenen, angetrauten Frau, und selbstverständlich würde er Abstand halten. Womöglich säße er gar nicht mit ihr auf einer Decke, sondern im Kreis der Männer, während ihr Platz bei den Frauen und Kindern war. So gehörte sich das. Mohamed war sehr mutig.

Als wir ihn am späten Nachmittag vor seinem Laden absetzten, bat er mich. »Warte mal.«

Nach kurzer Zeit kehrte er zurück und reichte mir mit einem verlegenen Lächeln eine Kartoffel in Herzform.

Nach wie vor gab Farid mir sehr wenig Haushaltsgeld und verlangte Rechenschaft über jeden Dinar. Doch ich hatte einen Notgroschen zurückgelegt: einen nigelnagelneuen grünen Hunderteuroschein, den mir meine Oma beim Abschied zugesteckt hatte. Diesen Schein hielt ich vor Farid geheim. Er war im wahrsten Sinne des Wortes mein Notgroschen, schenkte er mir in meiner verzweifelten Situation doch ein kleines Stück Unabhängigkeit. Schützte mich vor den Demütigungen, mir etwas leihen zu müssen. Hundert Euro, das war nicht viel, damit konnte ich nicht mit Emira zurück nach Deutschland fliegen. Doch ich könnte den Wagen volltanken und etliche Kilometer zwischen ihn und uns bringen, durchatmen und dann weitersehen.

Ich hatte mich längst daran gewöhnt, dass er meine Sachen kontrollierte. Mein Versteck war klug gewählt, doch als ich die Verpackung der Salbe öffnete, wo ich den Schein in die Gebrauchsanweisung gefaltet hatte, war er weg. Ich konnte es nicht fassen und durchsuchte den ganzen Arzneimittelschrank, an den Farid angeblich niemals ging, weil ich ja nichts von Medizin verstand und auch keine wirksamen Medikamente aufbewahrte, nur Kinkerlitzchen.

Offenbar hatte ich mich geirrt. Als ich den Schein nicht fand, geriet ich in Panik. Ich musste ihn einfach wiederhaben.

Das Telefon im Erdgeschoss klingelte. Am Klang von Farids Stimme hörte ich, dass er von einem Hotel angefordert wurde. Wahrscheinlich hatte sich irgendein Tourist am Büfett überfressen, das kam häufig vor.

Meine Gedanken überschlugen sich. Ich riss meinen Autoschüssel an mich, rief: »Emira, schnell!«, nahm sie bei der Hand, und wir rannten die Treppen hinunter. Im Bad rauschte die Toilettenspülung. Wir schafften es vor Farid nach draußen.

»Emira, schnell, einsteigen!«

Geschmeidig glitt sie neben mich. Ich ließ den Motor an und parkte meinen Laguna in unserer Einfahrt, womit ich Farids Ford – mittlerweile hatte er nicht nur ein Auto, sondern auch einen Führerschein – blockierte.

»Fahr weg!«, befahl er mir, während er die Fahrertür öffnete.

»Gib mir meine hundert Euro zurück!«

»Fahr weg, habe ich gesagt!«

»Du hast mein Geld genommen!«

»Mama!«, schrie Emira panisch.

Mit einem maskenhaften Gesicht stieg Farid in sein Auto, ließ den Motor an und rammte frontal meinen Laguna. Kreischend wurde Emira nach vorn geschleudert.

»Bist du wahnsinnig!«, brüllte ich und meinte es auch so. Niemals hätte ich gedacht, er könne sich derart vergessen und sein Kind in Gefahr bringen. Warum nur hatte ich sie nicht spielen geschickt!

Farid legte den Rückwärtsgang ein.

»Mama! Mama!«

»Emira! Runter!« Ich drückte mein Kind nach unten.

Wieder rammte Farid uns und dann noch ein drittes und viertes Mal. Ich hatte mich schützend über Emira geworfen und wählte mit zitternden Fingern die Nummer von Tarek, dem ältesten Bruder Farids, der mir schon mehrmals als Retter in größter Not geholfen hatte.

»Farid ist verrückt geworden! Er rammt unseren Wagen!«, schrie ich. »Du musst sofort kommen!«

Farid hatte den Motor abgestellt und musterte mich hasserfüllt. So saßen wir uns gegenüber. Fünf, zehn Minuten lang. Jeder in seinem Auto. Emira weinte fürchterlich, ich konnte sie nicht trösten. Wäre sie doch niemals Zeuge einer solchen Szene geworden, dachte ich panisch.

Endlich kam Tarek und sprach durch das Autofenster

beruhigend auf Farid ein. Ich wünschte mir nur eines: Er sollte endlich verschwinden, und um ihm das zu ermöglichen, setzte ich zurück und machte den Weg frei. Farid startete den Wagen und verließ unser Grundstück mit Vollgas. Tarek folgte ihm in seinem Wagen. Am nächsten Morgen lag mein Hunderteuroschein auf dem Tisch.

Ich war froh, ihn wiederzuhaben, dieses kleine Stückchen Freiheit. Doch in Wahrheit zog sich das Netz des Horrors immer enger um mich zusammen.

Zwei Tage später untersagte Farid mir, mit meiner Familie zu telefonieren. Er nahm mein Handy, öffnete es, zog die SIM-Card heraus und knickte sie.

»Weil ich dir nicht vertrauen kann«, ließ er mich mit kummervollem Gesichtsausdruck wissen und verließ das Haus gut gelaunt.

Fünf Stunden später schob mir Mohamed in seinem Laden einen kleinen Zettel zu, als Emira und ich Elsa nach einem Spaziergang zurückbrachten.

»Was ist das?«, fragte ich ihn.

»Meine Telefonnummer. Wenn du mal Hilfe brauchst.«

Ich lernte die Nummer auswendig. Farid kontrollierte nicht nur mein Handy, sondern auch meine Handtasche.

DER ANFANG VOM ENDE

Die Stimmung bei uns zu Hause war zum Schneiden. Doch ich hatte noch keinen Ausweg gefunden, denn wohin sollte ich? Ich hatte keine Wohnung, kein Geld, keinen Job. Wenn ich länger über meine Situation nachdachte, verzweifelte ich. Wie ein gefangenes Tier fühlte ich mich. Alles, was mir blieb, war die Hoffnung, dass sich unser Leben doch noch irgendwie zum Guten wenden würde. Wir könnten uns arrangieren. Zu Freunden werden. Warum auch nicht? Doch ich glaubte selbst nicht daran. Mein Gottvertrauen hatte mir schon so oft geholfen – warum nicht auch diesmal? Und ganz verlassen war ich doch noch nicht. Wenn ich meine Tochter betrachtete, ging mir das Herz auf, und ich erkannte, dass alles gar nicht so schlimm war, solange sie bei mir war. Was wollte ich denn mehr vom Leben, als die Mutter dieses wundervollen Kindes zu sein?

Längst herrschte zwischen Emira und mir eine besondere Vertrautheit. Vielleicht waren es die Monate in Deutschland, die wir allein verbracht und die uns zusammengeschweißt hatten. Vielleicht waren es auch unsere Ausflüge mit Elsa ... in gewisser Weise hatten wir uns verschworen, und manches Mal musste ich an die Beziehung zu meiner Mutter denken. Auch wir waren eng vertraut gewesen, nur hatte ich einen liebevollen und fürsorglichen Vater und keine Bastion mit meiner Mutter bilden müssen, um uns zu schützen.

Auf das, was mit Farid geschah, hatte mich das Leben nicht vorbereitet. Dieser Hass, der in ihm steckte ... den konnte ich nur schwer fassen. Und er vergiftete auch mich.

Ich stand in der Küche und bereitete das Mittagessen vor, als ich Farids Schritte auf der Treppe hörte. Er ging nicht, er stampfte. Jede Bewegung, die er machte, war laut, besitzergreifend, aggressiv.

»Ich bin da!«, rief er überflüssigerweise. Knallte die Flurtür zu. Dann die Badtür. Er konnte Türen nicht normal schließen. Was war überhaupt normal an diesem Mann?

Knall, die Wohnzimmertür. Er griff nach meinem Handy auf dem Regal und kontrollierte meine Anruflisten, das machte er täglich, so wie andere Leute ihre Post durchgehen, wohl gemerkt: ihre, nicht die von Familienangehörigen. Niemals wäre das in meiner Familie vorgekommen.

»Du hast mit niemandem telefoniert?«, fragte er mich. »Auch nicht mit deiner Familie? Oder hast du dir ein zweites Handy zugelegt? Wie viele SIM-Cards bunkerst du? Ich bin nicht blöd, weißt du.«

Die Luft um ihn flirrte. Alarmstufe rot. Emira stürmte in die Küche. »Mama, schau mal!« Sie wollte mir irgendetwas zeigen, blieb dann aber abrupt stehen, als sei sie gegen eine Wand gelaufen.

Da packte Farid sie, hob sie grob in die Luft. Sie strampelte und schrie, aber Farid trug sie bis zu ihrem Zimmer, wo er sie auf das Bett schleuderte. Er schloss die Tür ab.

Ich war ihm nachgelaufen und starrte auf die Türklinke, die sich wie von Geisterhand ruckartig bewegte. Rauf und runter. Rauf und runter. Hinter der verschlossenen Tür schrie Emira wie am Spieß.

Mit einem bedrohlichen Gesichtsausdruck näherte Farid sich mir. Mein Handy hielt er in der Hand. Warf es in die Luft, fing es wieder auf, warf es in die Luft, fing es wieder auf.

»Mama! Mama! Mama!«

Als Farid bei mir war, fühlte ich Dankbarkeit dafür, dass er unsere Tochter eingesperrt hatte. So etwas sollte kein Kind mit ansehen müssen.

Danach wusch er sich die Hände und ging weg. Ich hustete und keuchte. Auf allen vieren kroch ich zu Emiras Zimmertür, sperrte sie auf. Sie stürzte mir in die Arme.

»Mama! Mama! Du blutest! Warum blutest du denn?«

»Schnell!«

»Mama, du zitterst.«

»Emira, wir müssen weg von hier.«

Mühsam stand ich auf. Ich versuchte mich zu konzentrieren. Doch ich schaffte es nur, an den Autoschlüssel zu denken.

»Mama, in der Küche ist lauter Blut!«

Hoffentlich war der Wagen vollgetankt.

»Schnell, Emira, schnell!«

Unterwegs rief ich eine ehemalige Reiseleiterkollegin an, die mittlerweile mit einem leider sehr konservativen Tunesier verheiratet war. Alice stammte aus Luxemburg, doch sie sprach, wie fast alle ihrer Landsleute, perfekt Deutsch. Sie hätte mir wirklich gern geholfen, wie ich an ihrem betroffenen Blick sah. Doch sie traute sich nicht. Farid war ein mächtiger Mann auf der Insel. Seine Verbindungen, so munkelte man, reichten bis in die Regierung.

»Aber dein Mann ist doch auch mächtig!«, rief ich verzweifelt.

Am Telefon sprach sie mit ihm und erhielt die Erlaubnis, mich eine Nacht »bis morgen früh um acht Uhr« bei sich aufzunehmen.

»Danke«, schluchzte ich erleichtert, denn das erschien mir wie eine Rettung. Ich konnte nicht mehr klar denken, schon gar nicht über einen Tag hinaus – und das sollte noch monatelang so bleiben.

Ich duschte, wurde mit frischen Klamotten versorgt, und dann bekamen Emira und ich ein liebevoll zubereitetes Essen serviert. Wir brachten beide kaum einen Bissen hinunter.

»Mein Mann sagt«, meinte Alice, als Emira vor dem Fernseher saß, »das Problem ist, dass das Recht auf Farids Seite ist. Du als seine Ehefrau darfst eure gemeinsame Wohnung ohne seine Erlaubnis nicht verlassen.«

Ich wusste es, schließlich war ich nach tunesischem

Recht in seinen Besitz übergegangen. Doch was das wirklich bedeuten konnte, das begriff ich erst jetzt. Alles in mir zog sich zusammen. Tief in meinem Innersten hoffte ich, in einem Albtraum gefangen zu sein. Das konnte, durfte doch nicht die Wirklichkeit sein.

Am nächsten Morgen bedankte ich mich sehr bei Alice. Ich gab mich mutiger, als ich mich fühlte. Kaum im Auto, brach die Verzweiflung wieder aus mir heraus. Wohin sollten wir jetzt? Wohin? Als Erstes musste ich ein paar Sachen aus unserer Wohnung holen. Vor allem unsere Pässe, aber ich traute mich nicht nach Hause. Da fiel mir Mohamed ein. Laut sagte ich seine Telefonnummer auf. Emira fiel mir ins Wort und verdrehte die Reihenfolge der Zahlen.

»Nicht!«, rief ich verzweifelt.

Erschrocken schlug sie sich die Hand auf den Mund. Sie war es nicht gewöhnt, dass ihre Mutter so mit ihr sprach. »Entschuldige, mein Liebling. Mama ist ein bisschen durcheinander!«

Ich wiederholte die Zahlen flüsternd und war nun unsicher, ob die Reihenfolge stimmte. Mit meinen Telefonaten musste ich sparsam sein, ich hatte nicht mehr viel Geld auf meiner SIM-Card.

Mohamed meldete sich nach dem zweiten Klingeln.

»Hier ist Tina. Bitte sag mir schnell, ob Farid in der Praxis ist. Steht sein Auto vor der Tür?«

»Wollt ihr heute Elsa besuchen?«

»Nein. Ich möchte wissen, ob Farid da ist. Das siehst du doch von deinem Laden aus.«

Pause.

»Ob …«, wollte ich noch einmal fragen.

»Er ist vor fünf Minuten gekommen«, gab Mohamed mir Auskunft.

»Danke!«

Ich gab Gas. Unterwegs instruierte ich Emira. »Du packst in deinem Zimmer ganz schnell alles ein, was wirklich wichtig ist. Du …«

»Mama, ist meine Lockenpuppe wichtig?«

»Wenn du sie lieb hast.«

»Und mein Glitzer-T-Shirt?«

»Das gefällt dir gut?«, fragte ich betont locker, um eine entspannte Stimmung zu signalisieren, während sich in mir alles zusammenzog.

»Ja. Und vielleicht noch mein Fahrrad? Aber das steht gar nicht in meinem Zimmer. Mama, meinst du auch Sachen, die nicht in meinem Zimmer sind?«

»Nein. Erst mal nur das, was in deinem Zimmer ist.«

»Meine Malsachen?«

»Das ist eine gute Idee, Emira.« Ich parkte vor unserem Haus, rannte nach oben, riss eine Tasche an mich und warf mehr oder weniger wahllos Klamotten hinein.

Auf einmal hörte ich es. Knall. Die Tür. Und dann sein Stampfen auf der Treppe. Schlagartig war mir so übel, dass ich befürchtete, mich auf der Stelle zu übergeben. Während ich unsere Pässe und einige wichtige Unterlagen in das Seitenfach der Tasche steckte, drückte ich die Nummer von Tarek auf meinem Handy.

Farid im Türrahmen musterte mich hasserfüllt. »Was machst du da?«

155

»Ich ...«

»Mama!«

Farid packte Emira. Sein Gesicht sah verzerrt aus. Er hob sie hoch. Sie wehrte sich.

»Lass sie runter«, sagte ich.

»Sie ist meine Tochter.« Seine Stimme klang eisig.

»Du lässt sie sofort los.«

Emira brüllte.

Da kam Tarek. Er musste ganz in der Nähe des Hauses gewesen sein! Mit einem Blick erkannte er den Ernst der Lage. Langsam ging er zu Farid und nahm ihm Emira ab. Die beruhigte sich, als sich der harte Griff ihres Vaters löste, schluchzte aber pausenlos: »Mama! Mama!«

»Ich bringe sie zu mir nach Hause«, beschloss Tarek. »Wir treffen uns alle dort und klären die Situation.«

Mit Emira verließ er das Haus. Ich rannte ihm nach und fuhr mit meinem Auto so dicht an seinem, dass ich Emiras Verzweiflung auf dem Rücksitz nicht nur spüren, sondern auch sehen konnte. Fieberhaft überlegte ich, was ich tun sollte. Was würde es verändern, wenn ich mit Tarek und Farid sprach?

In mir war keine Hoffnung mehr, ich war völlig ernüchtert.

Es würde sein wie immer. Tarek als Farids ältester Bruder würde ihn an seine Pflichten gegenüber seiner Familie erinnern, und dann sollten wir nach Hause gehen und uns wieder gut vertragen. Ich wollte aber nicht nach Hause, es gab kein Zuhause mehr für mich mit Farid. Ich hatte Todesangst vor ihm. *Ich bring dich um*, hatte er mir das nicht erst gestern angedroht? Sein Gesicht kam mir vor wie eine hasserfüllte Fratze, ein Fremder war er, der keine Ähnlichkeit mehr mit meinem Ehemann hatte.

Als Tarek seinen Wagen geparkt hatte, rannte Emira zu mir. Ich öffnete ihr die Wagentür, sie sprang ins Auto, und ich startete durch. Lange Zeit schaute ich häufiger in den Rückspiegel als nach vorne. Niemand folgte uns.

Wohin?

Was tun?

Wieder sagte ich die magischen Ziffern auf. Überlegte. Wusste nicht, ob es richtig war, doch was sonst sollte ich tun? Ich kannte kaum jemanden in Tunesien, und vor allem niemanden, der bereit gewesen wäre, mir zu helfen. Konnte Mohamed mir denn helfen? Das wusste ich nicht, doch ich glaubte zu spüren, dass er es tun würde, wenn er nur könnte. Er hatte mir seine Handynummer gegeben, weil er ein wahrer Freund war und ahnte, dass ich Hilfe brauchte. Sobald ich an ihn dachte, wurde mir warm ums Herz. Ich wusste so wenig von diesem Mann aus den Bergen und vertraute ihm dennoch.

Kurz entschlossen rief ich ihn an. »Es ist etwas Schlimmes passiert. Farid ist total durchgedreht. Wir sind abgehauen. Ich weiß nicht, was ich tun soll.«

»Komm zu mir.«

»Das geht nicht. Es ist zu gefährlich. Farid könnte mich sehen.«

»Warte kurz.«

Er redete mit jemandem und beschrieb mir den Weg zu einer Wohnung, wo wir uns treffen sollten.

In diesem Moment dachte ich nicht darüber nach, dass

ich Mohamed in große Gefahr brachte. Ich konnte nicht denken. Später erfuhr ich, dass seine beiden Freunde, die bei meinem Anruf in seinem Laden Backgammon spielten, mit Engelszungen auf ihn eingeredet hatten.

»Du läufst ins offene Messer!«, hatte Gemai schließlich verzweifelt gerufen. »Sie ist die Frau von einem Arzt. Das geht nicht! Es geht alles sowieso nicht, aber das geht doppelt nicht!«

»Ich muss ihr helfen, Gesetz hin oder her.« Mohamed blieb unbeirrbar, ich hätte es genauso getan, für ihn, für einen Freund. Doch ich war ein anderes Leben gewohnt. In Deutschland gab es keine starren Verhaltensregeln, die einem untersagten, einem Menschen in Not zu helfen. Was nicht hieß, dass jeder dazu bereit gewesen wäre.

Später gestand Mohamed mir, dass mein Anruf ihm eine Chance eröffnet hatte, auf die er im Stillen seit Monaten wartete. Seine Zuneigung zu mir verlieh ihm nun die Kraft eines Löwen.

Wir trafen uns in einer kleinen Wohnung, in der ein Freund von Mohamed lebte, der Emira und mir die Tür öffnete. Mohamed war schon vor uns eingetroffen, er begrüßte mich mit einem förmlichen Händedruck, bei dem er höflich an mir vorbeisah, und ließ mich dann wissen, dass er einen sicheren Platz ausfindig gemacht hatte.

»Wir fahren zu jemandem von meiner Familie im Hinterland.«

»Ist das sicher?«

»Da findet dich niemand.«

COUSCOUS IN DER WÜSTE

Mit Emira an der Hand stand ich staunend vor einem kleinen Lehmhäuschen. Sollte dies mein neues Zuhause sein, Mizraya, eine der einfachsten Gegenden Djerbas? Hierher verirrten sich keine Touristen. Ein Paar Ziegen und Schafe zogen Grashalme aus mickrigen Häufchen, die jemand für sie gesichelt hatte. Gackernd liefen ein paar Hühner zwischen dem Lehmhäuschen und den »Stallungen« umher – Wellblechhütten, schiefe Zäune, Autoreifen und Schrott.

Eine Frau lächelte mich an. Wahrscheinlich war sie ein wenig jünger als ich, doch nach einem entbehrungsreichen Leben voll harter körperlicher Arbeit wirkte sie um Jahre älter. Ein herzliches Willkommen leuchtete auf in ihrem faltenreichen, dunklen Gesicht. Rot schimmerten Zähne und Zahnfleisch, sie hatte *Soik* gekaut, eine Wurzel, die Parodontose lindern soll. Letztere ist weit verbreitet in Tunesien; Zahnbürsten gehören nicht unbedingt zu den täglichen Gebrauchsgegenständen.

»Das ist Khirea«, stellte Mohamed sie mir vor.

Schüchtern lächelte Khirea zuerst mich, dann Emira an, die schlaftrunken neben mir stand. Die vergangenen Tage waren anstrengend für mein Kind gewesen. Ich hoffte, sie könnte sich hier ein wenig ausruhen.

Wir folgten Khirea ins Haus, es war winzig klein, die Küche kaum mehr als eine Kammer. Auf dem Boden standen dicht gedrängt Eimer mit Vorräten. Öl, gemahlener Paprika, Filfilachma, Couscous, Maccaroni. Neben dem Herd lag ein schmales Stück Fleisch, von Fliegen übersät.

Plötzlich ertönte Motorengeräusch, das immer näher kam. Ich sprang auf. Doch Farid wäre niemals auf einem *Mobilett* gefahren, einem der laut brüllenden Schrotthaufen der einfachen Bevölkerung. Ein dicker Mann, Kilani, wie er sich mir vorstellte, kam polternd in die Küche. Ich wunderte mich, weil er überhaupt nicht zu seiner Frau zu passen schien. Sie so dünn und scheu, er so dick und grobschlächtig. Aber nur äußerlich. Sein Blick war freundlich.

Khirea servierte *Chai Achdaer* in den typischen kleinen Teegläschen.

»Bishfe«, sagte Mohamed.

»Bishfe«, sagte ich.

Mohamed trank sein Glas leer und sagte. »Jechfik.«

»Jechfik«, echote ich, als ich mein Glas leer getrunken hatte.

So saßen wir in der kleinen Küche. Khirea bereitete den Couscous zu. Es war sehr heiß. Wir redeten kaum. Emira streichelte ein Lämmchen. Auch wenn dies kaum ein Ort war, an dem eine Europäerin sich normalerweise entspannen würde, ließ ich los. Hier fühlte ich mich sicher.

Am frühen Abend war der Couscous fertig. Kilani war extra noch einmal weggefahren, um Lammfleisch, *Allouch,* zu holen. Fleisch kam hier nicht täglich auf den Tisch. Dieser Couscous schmeckte anders, als ich es von Farids Familie gewohnt war, längst nicht so scharf. Im Norden ist der Couscous oft kaum genießbar für Europäer, die Tunesier im Süden bereiten ihn mit vielen Gemüsen und anderen Gewürzen zu.

Mit der Wärme des Couscous im Mund überschwappte mich eine überwältigende Dankbarkeit diesen Menschen gegenüber, die mich aufnahmen und ihr Essen mit mir teilten. Nach dem Couscous auf dem Schiff war dies der zweite, den ich in meinem Leben nicht mehr vergessen werde, und es erschien mir plötzlich, als wäre meine Beziehung zu Farid von zweimal Couscous umrahmt. Ich zweifelte keine Sekunde daran, dass unser gemeinsames Leben unwiderruflich beendet war.

»Mama, bleiben wir jetzt hier?«, wollte Emira wissen.

»Ich weiß es nicht. Auf jeden Fall sind wir in Sicherheit. Du brauchst keine Angst haben. Hier kann uns der Papa nicht finden.«

Gütig lächelnd schob Khirea Emira den Topf mit dem Couscous zu und bedeutete ihr, eine zweite Portion zu essen.

Emira sagte auf Tunesisch danke und dass sie satt sei. Das wollte Khirea nicht akzeptieren und stellte noch ein paar Mandeln, *louz,* sowie Melonen und Pfirsiche auf den Tisch.

»Shokran«, sagte Emira, und ich schloss mich ihr an.

»Shokran, Khirea.«

Mohamed telefonierte mehrere Male und ließ uns schließlich wissen, dass wir hier nicht übernachten konnten.

Ich erschrak. »Wegen Farid? Hat er unsere Spur?«

»Nein, es ist zu eng. Wir fahren nach Houmt Souk.«

DER GERICHTSTERMIN

In dem kleinen Städtchen Houmt Souk, der Hauptstadt von Djerba, empfing uns voller Herzlichkeit ein Cousin von Mohamed, der wie so viele Hochschulabsolventen in Tunesien arbeitslos war. Fathi war mit Radhia, einer Frau aus Gafsa, verheiratet, was untypisch war, denn die meisten Männer aus dem Bergdorf in der Nähe von Mathmata, aus dem er und Mohamed stammen, heirateten Frauen aus ihrer Region.

Auf einmal lernte ich ein ganz anderes Tunesien kennen. So tief war ich noch nie eingetaucht in dieses Land – und war es nicht das, was ich mir gewünscht hatte: mit der Kultur zu verschmelzen?

Wir blieben einige Wochen bei Mohameds Cousin Fathi und seiner Frau Radhia, die uns sehr freundlich aufnahmen. In ihrem offenen Haus lernte ich viele interessante Menschen kennen. Langsam verlor ich meine Angst, schrak nicht mehr ständig zusammen. Niemand verurteilte mich, ich musste mich für nichts rechtfertigen. Ich wurde akzeptiert, so wie ich war. Keiner beschimpfte mich. Niemand bedrängte mich. Das brachte mich am Anfang so durcheinander, dass ich immer wieder in Tränen ausbrach. Solch ein Mitgefühl und solch eine Wärme hatte ich lange nicht erlebt.

Mohamed fuhr jeden Morgen zur Arbeit, abends kehrte er zurück. Wenn es sich einrichten ließ, besuchte er mich auch tagsüber. Seine Freundschaft war mir kostbar.

Ich nutzte meine Zeit, um Tunesisch zu lernen, Emira spielte mit anderen Kindern, lachte viel und blühte auf in dieser freundlichen Atmosphäre. Abends saßen wir lange draußen in der lauen Nachtluft. Eng an mich gekuschelt erzählte Emira mir, was sie tagsüber erlebt hatte, und schlief manchmal mitten in einem Satz ein. Nur selten waren Mohamed und ich allein, und das bedauerte ich, wie ich mir schließlich eingestand. Ich mochte die Gespräche mit ihm, wollte mehr über ihn wissen, nachdem er uns in all der Zeit so selbstverständlich zur Seite stand.

Auch in Radhias Haus war es nicht üblich, dass Männer und Frauen miteinander verkehrten. Doch manchmal, wenn die anderen schon schliefen, saßen wir auf der Terrasse und unterhielten uns flüsternd.

»Hast du eine Freundin?«, fragte ich Mohamed.

Verlegen schüttelte er den Kopf.

»In deinem Alter!«, staunte ich. Ich hielt ihn für über dreißig.

»Wieso in meinem Alter, ich bin zweiundzwanzig. Das ist doch noch gar nicht so alt, oder?«

Fassungslos starrte ich ihn an. Zweiundzwanzig! Vierzehn Jahre jünger als ich.

»Und du?«, fragte er irritiert.

»Sechsunddreißig.«

Jetzt starrte er mich an. Dann bekamen wir einen Lachanfall und glaubten uns nicht – bis wir uns gegenseitig unsere Pässe unter die Nase hielten.

Am nächsten Morgen mussten wir den anderen erzählen, was da mitten in der Nacht so lustig gewesen war: Wir hatten sie alle aufgeweckt!

Einmal machten Mohamed und ich einen Ausflug ins Hinterland von Djerba, so ähnlich wie damals ans Meer. Ich verspürte große Sehnsucht nach körperlicher Nähe, nach Zuwendung, wollte einfach nur festgehalten werden. Mohamed erfüllte meinen Wunsch.

Wieder zurück in Houmt Souk, fühlte ich mich stark genug, um in Erfahrung zu bringen, was ich tun konnte, um Farid aus meinem Leben zu verbannen. Ich protokollierte die Ereignisse, Radhia gab sie in ein Übersetzerbüro. Das ins Tunesische übersetzte Protokoll brachte ich zum Gericht, und es wurde ein Termin angesetzt.

Was würde geschehen? Würden wir geschieden werden, und wenn ja, wer bekäme das Sorgerecht? Ich konnte die Lage nicht einschätzen, doch ich reimte mir zusammen, dass ich nach tunesischem Recht schlechte Karten hatte. Es war einige Jahre her, als ich am Flughafen einmal daran gehindert worden war, mit Emira das Land zu verlassen – obwohl unsere Pässe in Ordnung waren. Damals hatte Farid nicht einmal etwas gegen unsere Ausreise gehabt.

»Sie brauchen eine beglaubigte Genehmigung des Vaters, dass sein Kind unser Land verlässt.«

»Aber mein Mann weiß Bescheid!«

»Ohne seine Einwilligung kann ich Sie nicht passieren lassen.«

Ein hoher Beamter telefonierte schließlich mit dem Herrn Doktor, der mir gnädigerweise die Erlaubnis erteilte, mit seiner Tochter nach Deutschland auszureisen. Allerdings verpassten Emira und ich unseren Flug, weil das Prozedere so lang dauerte, und mussten bis zum nächsten Tag warten.

Offenbar hätte ich damals hellhörig werden sollen. Aber da herrschte noch nicht dieser Hass zwischen uns, da war noch Hoffnung.

Jetzt aber erinnerte ich mich nur zu gut daran, dass Farid mir ins Gesicht geschleudert hatte, wie wenig ihm an mir läge. Es war Emira, die er hatte zurückhaben wollen. Ich war nur das lästige Anhängsel gewesen, das sie ins Land zurückbrachte.

Probieren Sie es aus! Sie können ja jederzeit zurück.

Ich schon … aber was wäre mit Emira? Alles in mir zog sich zusammen.

Zu dem Gerichtstermin wurde mein Ehemann ebenfalls einbestellt. Ich war nur noch ein Nervenbündel, denn Farid ließ mich überwachen. Eine Woche vor dem Gerichtstermin hatte der SMS-Terror begonnen. Farid schickte mir ständig SMS, auf denen jeweils der Ort stand, wo ich mich im Moment befand. *Souk Lybia, Hotel Yasmina, Marina, Rue Zidi Monsur.* Damit wollte er mir zeigen, dass er die Kontrolle über mich hatte, immer haben würde, egal, was ich zu unternehmen gedachte. Offenbar hatte er Spione auf mich angesetzt. So gut ich auch aufpasste: Niemals bemerkte ich einen Verfolger.

In der Nacht vor dem Gerichtstermin tat ich kein Auge zu. Vor Gericht erschien ich mit Kopftuch und Schleier, um meine Seriosität unter Beweis zu stellen.

»Mein Mann hat mich geschlagen, deshalb habe ich die Wohnung verlassen.«

»Sie ist eine Prostituierte, eine schlechte Frau und eine schlechte Mutter.«

»Mein Mann lügt.«

»Meine Frau lügt. Niemals habe ich sie geschlagen.«

Der Richter wandte sich mir zu. »Haben Sie Beweise dafür, dass Ihr Mann die Hand gegen Sie erhoben hat?«

Ich schüttelte den Kopf. Wie sollte ich die Narben auf meiner Seele belegen?

Meine beiden Zeugen, die ich hätte benennen können, würden mir nicht helfen. Tarek würde niemals für mich und damit gegen seinen eigenen Bruder aussagen. Und unser ehemaliger Vermieter hatte nicht direkt gesehen, wie Farid mich geschlagen hatte, er hatte mich lediglich bei sich aufgenommen, als ich schreiend aus der Wohnung gerannt war, was er allerdings bezeugen würde, wie er mir versichert hatte. Doch da hätte ich genauso gut Mohamed als Zeugen benennen können, der hatte das damals ebenfalls mitgekriegt, wie ich seit Kurzem wusste. Die Schreie einer Frau in der Nacht ... wer war das? Die Frau vom Arzt ... das Gerücht verbreitete sich wie ein Lauffeuer. Alle hatten es gewusst, und niemand hatte mir geholfen.

Mohamed hatte darunter gelitten. Doch er hatte keine

Möglichkeit gesehen einzuschreiten, denn ich gehörte zu Farids Besitz. Außerdem war es in Tunesien nicht unüblich, dass Frauen geschlagen wurden, wie ich erst kürzlich erfuhr.

»Haben Sie nach den Züchtigungen Ihres Ehegatten ein Krankenhaus aufgesucht?«, fragte der Richter. »Gibt es Krankenakten, Fotos, Protokolle? Waren Sie bei der Polizei?«

Wieder schüttelte ich den Kopf. Tarek hatte mich mehrfach gebeten, das zu unterlassen, da Farid sonst große Probleme bekommen könnte. Womöglich würde ihm seine Zulassung als Arzt entzogen werden, dann könnte er kein Geld mehr verdienen, und das wäre doch bestimmt nicht in meinem Sinne?

Farid beschuldigte mich, Verhältnisse mit den Reitern vom Strand eingegangen zu sein. Das war eine beliebte Behauptung bei solchen Gerichtsterminen: Die Reiter standen im Ruf, Frauen häufiger zu wechseln als ihre Pferde. Ich hatte keine Ahnung, ob Farid von Mohameds Zuneigung mir gegenüber wusste, vermutete allerdings, dass er ihn nicht erwähnen würde, da es eine Schande für ihn wäre anzugeben, dass er seine Frau verdächtigte, mit einem Gemüsehändler durchgebrannt zu sein. Die Reiter vom Strand waren ausnehmend attraktive Männer, sie standen hoch im Kurs bei Touristinnen. Und letztlich war ich das doch, oder?

Das Gericht teilte uns mit, dass es seine Entscheidung beizeiten bekannt geben würde.

Am nächsten Tag besuchte mich Mohamed in seiner Mittagspause. Wir beschlossen, mit Emira in ein schönes

Hotel zu fahren, wo sie im Kinderschwimmbecken plantschen konnte und wir uns nicht beobachtet fühlen mussten. Wie vor allen Nobelhotels gab es in der Auffahrt ein Securityhäuschen mit einem Schlagbaum. Ich hielt an, damit der Wachmann einen Blick in mein Auto werfen konnte, da wurde die Beifahrertür aufgerissen und Mohamed auf die Straße gezerrt. Farid!

Mohamed war so geschockt, dass er sich nicht wehrte. Farid schüttelte und beschimpfte ihn. Als der Wachmann eingreifen wollte, rief Farid ihm etwas zu, und der Mann schaute weg. Emira hatte sich panisch auf den Boden geworfen, das Gesicht auf die Beine gepresst. Sie kreischte und hielt sich gleichzeitig mit den Händen die Ohren zu. Da gelang es Mohamed, sich loszureißen, er sprang zurück ins Auto, und ich fuhr mit Vollgas davon. Ich wusste nicht, wohin. Nur weg!, dachte ich verzweifelt und nahm die nächste Straße nach Süden. Wir zitterten beide und brachten kilometerlang kein Wort heraus. Emira wimmerte leise und war kaum zu trösten. Immer wieder schaute ich in den Rückspiegel. Würde Farid seine Kontakte zur Polizei aktivieren? Würden sie uns festnehmen? Eine verheiratete Frau durfte nicht nach Lust und Laune mit einem fremden Mann spazieren fahren, schon gar nicht gegen den Willen ihres Gatten.

Schließlich erreichten wir die Landbrücke nach Zarzis, den Römerdamm. Wie oft war ich hier entlanggefahren, den Kangoo und später den Laguna voll beladen mit Farids Bestellungen. Hoffnung hatte ich auch im Gepäck gehabt und Liebe, doch die waren mit Füßen getreten worden und schließlich erloschen.

Mohamed lotste mich in seine Heimat nach Dkhile Toujane. Zum Glück war der Tank voll. Wir hatten kein Gepäck, schließlich waren wir aufgebrochen, um einen Kaffee zu trinken.

Bald änderte sich die Landschaft, als wir die Oase Zarzis hinter uns ließen. Die Gegend wurde karger und eintöniger, die Häuser einfacher und kleiner. Wir redeten kaum, so tief saß der Schreck über das Vorgefallene.

Überhaupt lud die Landschaft nicht zum Reden ein. An anderen Tagen hätte ich den Ausblick genossen. Es war eine beeindruckende Gegend, karg und von der Sonne versengt. Seit Jahren fiel immer weniger Regen in den Wintermonaten, wenn überhaupt. Brunnen waren versiegt, und die jungen Männer wanderten ab nach Djerba oder Zarzis, weil sie meist vergeblich hofften, dort Arbeit zu finden und die Familie zu ernähren.

Ganze Dörfer lagen verlassen da, nur hier und dort ein Zeichen von Leben. Ziegen, die an den steilen Hängen herumkletterten und an dem mageren Bewuchs rupften. Ein kleiner Junge, der Rosmarin pflückte, um ihn den wenigen Touristen, die hierherkamen, für ein paar Münzen zu verkaufen. So weit das Auge reichte, erstreckten sich die Berge, lehmfarben, von rötlichem Gestein durchsetzt. Weit dahinter lag die Steppe, das Land der Berber, und danach kam nichts als Sand. Es war eine herbe Schönheit entlang des Weges, und mit jeder Serpentine, die wir hinter uns brachten, rückte Farid ein kleines Stückchen weiter weg.

Mohameds Onkel Mohammed empfing uns zwei Stunden später herzlich und machte so viele Späßchen mit Emira, dass sie das Vorgefallene vergaß und fröhlich zurückkitzelte, bis Mohamed und sein Onkel lachend alle viere von sich streckten. Mohammed wohnte in einem für die Gegend komfortablen Haus, es gab sogar eine Toilette und eine Dusche. Der jüngere Bruder seiner Mutter war für Mohamed stets ein Freund gewesen, nur wenig älter als er selbst.

Als Emira schlief, überlegten wir zu dritt, was wir tun sollten. Mein Gehirn war wie blockiert. Ich wusste nur eins: Ich wollte so viele Kilometer wie möglich zwischen mich und Farid bringen. Und ich war nicht mehr allein auf meiner Flucht. Mohamed hatte nun auch allen Grund, sich zu verstecken. Bald sollten wir erfahren, dass Farid ihn angezeigt hatte. Jetzt wurden wir beide von der Polizei gesucht.

WOHNEN IN HÖHLEN

In die Gegend in den Bergen verirrten sich nur selten Individualtouristen, denn wer hierherkam, hatte sich wirklich verirrt. Dennoch waren Touristen nichts Ungewöhnliches. Sie kamen in Reisebussen, stiegen aus, fotografierten mit offenem Mund, weil sie so etwas noch nie gesehen hatten, bekamen Tee serviert und wurden wieder abtransportiert.

Die Gegend von Mathmata ist berühmt für ihre beeindruckende Landschaft: karg, bergig, voller Dornengestrüpp, hin und wieder ein Olivenhain, Palmen.

Mohameds Onkel hatte uns empfohlen, mit dem Mann an der Poststation zu sprechen, er könnte uns vielleicht weiterhelfen. Als wir unsere Geschichte erzählt hatten, entschuldigte er sich für seinen fehlenden Mut, doch er habe Angst, uns bei sich zu beherbergen. Er riet uns, es bei Bechir zu versuchen, einem Greis, der in den Bergen in einer Höhlenwohnung lebte. Vielleicht würde er heimlich Fremde bei sich aufnehmen.

In Tunesien machte man sich strafbar, wenn man Übernachtungsgäste nicht bei der Polizei meldete. Jeder Besuch musste registriert werden. Leichter hätten wir es

Farid nicht machen können. Wir waren darauf angewiesen, jemanden zu finden, der uns »schwarz« bei sich übernachten ließ.

Bechir zögerte keine Sekunde und nahm uns herzlich bei sich auf, was das harte Nachtlager auf dem Steinboden mehr als milderte. Trotz meiner tiefsitzenden Angst fühlte ich mich reich beschenkt, diese wunderbaren Menschen kennenlernen zu dürfen, die uns selbstlos halfen und ihre einfachen Mahlzeiten mit uns teilten.

Zum Frühstück servierte Bechir Brot und Datteln. Emira half ihm beim Abwasch und trällerte ein Liedchen. Immer wieder forschte ich in ihren Zügen − doch ich entdeckte keinen Kummer. Wie alle Kinder lebte sie voll und ganz in der Gegenwart. Die Fahrt in die Berge und dann die Nacht in der einfachen Höhlenwohnung − all das war für sie ein großes Abenteuer. Bechir lud uns ein, bei ihm zu bleiben; er beurteilte unsere Situation als reine Willkür der tunesischen Behörden. Ihm sei alles recht, wenn er sich gegen die Staatsmacht wenden könne, die die Menschen so sehr unterdrückte.

Mohamed hingegen schlug vor, wir sollten seine Familie besuchen, die in der Nähe lebte.

»Gern!«, rief ich. »Dann kann ich endlich duschen.« So romantisch das Lager bei Bechir auch war: Fließendes Wasser vermisste ich sehr.

Mohamed wurde blass. Auf der Fahrt zu seinen Eltern schwieg er noch länger als sonst. Ich dachte, er würde wie ich die atemberaubende Landschaft genießen. Da sagte er mit leiser Stimme: »Tina, entschuldige. Bei meinen Eltern gibt es keine Dusche.«

»Na, dann eben ein bisschen Wasser, das haben sie, oder?«

»Ja schon, Tina. Aber bei meinen Eltern … also … es ist dort … wir sind sehr arm.«

Er schämte sich, mir nicht das bieten zu können, von dem er glaubte, dass ich es erwartete. Ich hingegen ärgerte mich, weil ich so unsensibel gewesen war. Ich legte meine Hand auf sein Bein. »Ich komme mit allem klar, Mohamed. Danke, dass du mein Freund bist.«

Sicher hätte ich mir eine Dusche gewünscht. Doch während der Fahrt durch diese Wüstenei begriff ich, dass Wasser hier ein kostbares Gut war. Seit es immer trockener wurde, mussten viele der Berber kilometerweit zu einem Brunnen laufen, der nicht versiegt war. Das Leben war arm und entbehrungsreich, doch es war weit davon entfernt, primitiv zu sein. Die Menschen, die sich entschlossen hatten, hierzubleiben, erfüllten mich mit Respekt. Wie erfindungsreich wir sein können, um auch unter größten Herausforderungen zu überleben! Wir passen uns an Kälte und Hitze an und finden unsere Nischen, um zu überleben und ein bisschen Glück zu finden.

Es war Nacht, als wir ankamen und Mohameds Familie aufweckten – sein Vater Hedi schlief im Freien, die Mutter Zina und Mohameds jüngste Schwester Nawres, ein Jahr älter als Emira, im Haus. Staunend und herzlich begrüßten sie uns, schemenhafte Gestalten vor dem Sternenhimmel. Nach einigen erklärenden Worten bekamen wir Schlafplätze zugewiesen, Mohamed draußen, Emira und ich im Haus. Ich war so erschöpft, dass ich sofort einschlief.

Am nächsten Morgen konnte ich Mohameds Familie endlich auch sehen. Mohameds Mutter Zina, eine große, magere Frau, weckte mich, als das Frühstück fertig war: Brot mit Olivenöl. Verlockend duftete der türkische Kaffee, den sie in einem kleinen Kännchen im offenen Feuer zubereitet hatte.

Nach dem Frühstück deutete Mohamed in wenigen Sätzen unsere Geschichte an. Sein Vater nickte bedächtig – und da wusste ich, woher Mohameds ruhiges Wesen stammte. Hedi machte uns keine Vorhaltungen. Allerdings erzählte ihm Mohamed nur einen Teil der Geschichte. Den anderen Teil konnten sich die Eltern bald zusammenreimen, denn in der zweiten Nacht fühlte ich mich schrecklich einsam in dem Haus. Auf leisen Sohlen schlich ich nach draußen und kroch unter Mohameds Decke.

»Tina, bitte, das geht nicht. Wenn meine Eltern aufwachen!«

»Ich fühle mich so allein.«

»Bitte, Tina!«

»Nein, ich will jetzt bei dir sein.«

»Das ist nicht richtig.«

»Nur ein bisschen!«

»Nein«, sagte Mohameds Stimme, und sein Körper sagte ja.

Am nächsten Morgen wachte ich auf von dem traurigen Blick, den der Vater über uns gleiten ließ. Ich gähnte verlegen, da entfernte er sich. Zwei Monate später sollte Mohamed in Tunis einen Verwandten aus seinem Dorf treffen, der ihm eine Botschaft seines Vaters überbringen würde: »Dein Vater hat mir gesagt, ich soll dir ausrichten, dass so etwas nie mehr geschehen darf.«

Folgsam nickte Mohamed und bat seinen Verwandten, seinem Vater auszurichten, dass er sich für sein Fehlverhalten entschuldige und so etwas nie mehr geschehen würde: »*Ok goulla li baba samehni rani methachem meneh we ma adech nea3wedha marra okhra.*«

Das Leben bei Mohameds Familie war ein Kulturschock für mich. Es gab nicht nur kein fließendes Wasser, es gab auch keine Toilette. Nicht mal irgendwo ein Loch, gar nichts, man verrichtete seine Notdurft irgendwo in der Landschaft zwischen Oliven-, Feigen- und Mandelbäumen oder im Gestrüpp. Wenn man sich waschen wollte, musste man erst einmal Wasser vom Brunnen holen, das machte Zina jeden Morgen. Sie stand mit der Sonne auf, führte die Ziegen zur Weide und holte Wasser, wofür sie weit gehen musste. Den schweren Kanister trug sie auf dem Rücken – kraft ihrer starken Nackenmuskulatur an einem Lederriemen um die Stirn. Auf dem steinigen Boden in ihrer kleinen Küche kniend, bereitete sie die Mahlzeiten zu. Brot backte sie an einer offenen Feuerstelle. Das alles empfand ich als schmerzlich, aber auch als ehrlich. Ihr hartes Leben erfüllte mich mit Ehrfurcht.

Zum Duschen wurde ein Zimmer als Bad umfunktioniert, man schüttete sich dort Wasser über den Körper und wischte danach den Boden. Eigentlich ganz praktisch.

Mohamed belastete unser Aufenthalt bei seinen Eltern.

Er selbst wohnte nun schon länger in Djerba und hatte sich an einigen Luxus gewöhnt. Eine Toilette, eine Dusche, das waren für ihn Selbstverständlichkeiten. Durch die Distanz begriff er erst recht oder noch einmal ganz neu, in welch bitterer Armut seine Eltern lebten, und das machte ihn unendlich traurig, auch wenn ich ihm oft sagte, wie wohl ich mich hier fühlte und wie gut es mir gefiel. Emira war begeistert, denn sie und Nawres hatten sich gesucht und gefunden. Die beiden Mädchen waren vom ersten Augenblick an unzertrennlich, und für Emira war es klar: »Mama, hier bleiben wir jetzt, okay?«

Obwohl alles in dem kleinen Haus von Mohameds Familie sehr einfach war, empfand ich es als geschmackvoll: Die Wände waren in einem schönen Blauton gestrichen, der gerade auch in Deutschland modern war, wie ich bei meinem letzten Ikeabesuch festgestellt hatte. Ohnehin galten arabische Dekogegenstände als der letzte Schrei. In einer *Brigitte* hatten Modells mit Ziegen posiert, vor Hauswänden mit abgeblättertem Putz. Doch das hier war keine Deko, das war echt. Das war die Wirklichkeit, das pure Leben. Endlich hatte ich gefunden, wonach ich die ganze Zeit gesucht hatte.

Was braucht ein Mensch, um glücklich zu sein? Was braucht ein Mensch wirklich? Was ist nötig, damit ein Mensch existieren kann?

Endlich war ich der Scheinwelt der neureichen Tunesier in den Luxushotels entronnen. Das hier war das wahre Gesicht der Menschen dieses Landes. Ich war angekommen.

Leider konnten wir hier nicht lange bleiben, es war zu eng, und vielleicht fehlte Mohameds Eltern auch das Geld, drei zusätzliche Esser auf Dauer zu verköstigen. Ich hätte gern für sie eingekauft – doch ich wusste nicht, wo.

Wir beschlossen, uns hoch in den Bergen eine Höhle zu suchen. Die Höhlenwohnungen um Mathmata faszinierten mich. Vor Jahrhunderten, vielleicht sogar Jahrtausenden, das wusste keiner genau, hatten die Menschen hier ihre Behausungen in das poröse Gestein der Hügel geschlagen. Wabenartige Gebilde waren es, rund um einen zentralen Innenhof gruppierte Räume, von dem aus sich die Wände trichterförmig nach oben zum Licht erstreckten. Kaum sah man die Eingänge, die zu den Wohnungen führten. Ein ideales Versteck. Und nicht alle waren so einfach, wie ich gedacht hatte. Manche hatten sogar Strom und einen Fernseher. Aber das brauchten wir nicht.

Auf einem Markt kauften wir alles, was man für einen Campingurlaub benötigt, und genügend Essen für einige Tage. Wir fanden einen herrlichen Platz mit Blick über die weite Landschaft. Weit am Horizont leuchtete das strahlend blaue Meer. In dieser Mondlandschaft um Mathmata wurde der *Krieg der Sterne* gedreht.

Nachts zogen wir uns in die Höhle zurück, tagsüber erkundeten wir die Gegend. In einem Erdloch brieten wir Fleisch mit Rosmarinsalz und Thymian, *Kouch Arbi*. Bei diesem traditionellen Gericht bleibt das Fleisch mehrere Stunden in der heißen Erde. Mit Sand wird es dicht abgeschlossen, es schmeckt sehr aromatisch und ist weich wie Butter.

Nach einer Woche verließen wir unsere Höhle, da wir zu einer Hochzeit eingeladen waren: Ein Urgroßcousin oder Dreiviertelonkel aus Mohameds weitläufiger Verwandtschaft feierte in Toujane. Dort erfuhren wir, was wir schon wussten: dass nach uns gesucht wurde. Angeblich hatte Farid sogar eine Art Kopfgeld auf uns angesetzt: hundert Dinar für denjenigen, der unseren Aufenthaltsort verriet.

Als ich das hörte, zitterten meine Hände. Ich konnte mich nicht mehr beruhigen. Auch Mohamed geriet in Panik. Wir warteten die Dämmerung ab und verließen Toujane ohne Licht, denn mein Renault Laguna mit dem deutschen Kennzeichen fiel in dieser Gegend zu sehr auf. Der Druck von Farids Anzeige gegen Mohamed lastete schwer auf uns. Verzweifelt besprachen wir unsere Situation und entschieden nach langem Hin und Her, uns zu stellen.

Mohameds Onkel Mohammed begleitete uns zu einer Polizeistation, wo ich zu Protokoll gab, dass Mohamed mich nicht entführt, sondern mir geholfen hatte, als mein Mann mich schlug. Da ich somit Farids Anzeige widersprach, nahmen die freundlichen Polizisten Mohamed nicht fest. Wir waren weit entfernt von Farids Einflussbereich, diese Beamten hatte er nicht unter Kontrolle. Die Polizisten schrieben einen Bericht und teilten uns mit, dass wir gehen könnten, wohin wir wollten, allerdings sollten wir uns an jedem Ort bei der Polizei melden.

Mohamed und ich beschlossen, uns für eine Weile zu trennen. Als verheiratete Frau machte ich mich in seiner Gegenwart strafbar. Wir konnten nicht irgendwo eine

Wohnung mieten, legal hätten wir nicht einmal ein Hotelzimmer buchen dürfen.

Sein Onkel schlug vor, dass Mohamed mit zu ihm kommen solle, während Emira und ich in ein kleines Höhlenhotel zogen. Die Trennung von Mohamed fiel mir sehr schwer, denn seine Gegenwart gab mir den Halt, den ich seit Jahren vermisst hatte. Ich konnte ihm vertrauen, und mehr noch, mich auf ihn verlassen. In den vergangenen Tagen hatte sich mein Gefühl von Freundschaft in etwas Tieferes verwandelt. Doch es war noch zu früh, sich wieder richtig zu verlieben. Farids Schatten hing nach wie vor über mir, und solange ich mich auf tunesischem Boden befand, musste ich die Scheidung abwarten.

Wenigstens konnte ich endlich mal wieder richtig duschen, sagte ich mir, als wir das Hotel erreichten. Da wir uns in dem Hotel anmelden mussten, befürchtete ich, Farid könnte unseren Aufenthaltsort erfahren und Emira entführen. Also beschlossen wir, dass meine Tochter bei Mohameds Eltern unterkommen sollte.

Tagsüber fuhr ich ebenfalls zu Mohameds Eltern, wo mir das Herz aufging, wenn ich Emira und Nawres beim Spielen zusah. Wenn es dämmerte, kehrte ich in mein Hotel zurück. Ich entspannte mich ein wenig, denn es war unwahrscheinlich, dass Farid Emira finden würde. Mohameds Nachname war ein anderer als der, unter dem seine Familie in der Gegend bekannt war. So ist es gelegentlich auch bei uns. Jemand heißt Schmitt, aber wenn man ihn in einer bestimmten Gegend finden will, darf man nicht nach Familie Schmitt fragen, sondern beispielsweise nach der alten Mühle.

Als ich mich einigermaßen erholt hatte und meine Panik abflaute, überlegte ich, wie es nun weitergehen sollte. Scheidung und Sorgerecht, darum kreisten meine Gedanken. Ich beschloss, zurück nach Djerba zu fahren und dort eine solide Existenz für mich und Emira aufzubauen. So konnte ich dem Gericht zeigen, dass ich das Sorgerecht verdiente, über das in den nächsten Monaten verhandelt würde. Farid hatte sich bereits einen Anwalt genommen, auch ich würde rechtlichen Beistand benötigen.

Über Alice, die luxemburgische Kollegin, die mir schon einmal geholfen hatte, bekam ich Kontakt zu einem Notar, der mir eine helle und komfortable Wohnung in seinem neu gebauten Haus auf Djerba vermietete. Das erschien mir als solide Basis – denn wer war seriöser als ein Notar?

IN DER WÜSTE

Im August 2007 bezogen Emira und ich unser erstes eigenes Zuhause in Tunesien: drei Zimmer, Küche, Bad. Im Innenhof gab es sogar einen Stellplatz für mein Auto. Wir begannen bei null – fast ohne Möbel, doch das belastete mich weniger. Wichtiger war es, einen Platz für Emira in einer guten Vorschule zu finden.

Doch meine Tochter wollte nicht in die Vorschule. Sie wollte nicht weg von mir. Emira wirkte verstört, offensichtlich hatte sie Angst vor den fremden Kindern und Erzieherinnen. Ich musste stets daran denken, was sie in letzter Zeit alles hatte durchstehen müssen, und wollte ihr die Möglichkeit geben, endlich einmal unbeschwert zu spielen. »Schatz, das wird sicher toll in der Schule.«

»Ach, Mama, können wir nicht zurück in die Berge?«

»Nein, Emira, das geht nicht.«

»Ich will zu Nawres!«

»In den Ferien besuchen wir sie.«

»Mama, wann sind Ferien?«

»Bald«, sagte ich. »Jetzt gehst du erst einmal in die Vorschule und lernst dort andere Kinder kennen, so vergeht die Zeit ganz schnell.«

Emira schüttelte den Kopf.

»Ich will nicht in die Vorschule.«

»Alle Kinder in Tunesien müssen in die Vorschule.«

Emira presste die Lippen aufeinander. Was war nur mit ihr los? So kannte ich sie gar nicht. Waren plötzlich Erinnerungen zurückgekehrt, die sie belasteten?

»Vermisst du deinen Papa?«, fragte ich.

Erneut schüttelte sie den Kopf.

Ich beschloss, sie in den ersten Tagen in die Vorschule zu begleiten, um ihr ein Gefühl der Sicherheit zu vermitteln. Doch Emira weigerte sich, das Klassenzimmer zu betreten. Stur blieb sie im Innenhof des Gebäudes stehen. Es half kein Bitten und kein Betteln, kein Drohen und Locken. Was fehlte ihr? War sie überfordert? Ich kam nicht an sie heran.

Ich wusste nicht, was ich tun sollte. Und das setzte mich unter noch größeren Druck, obwohl ich selbst schon unter extremem Druck stand. Ich war völlig auf mich gestellt in diesem fremden Land und musste es irgendwie auf die Reihe bekommen, unseren Lebensunterhalt zu bestreiten. Stets und überall musste ich einen seriösen Eindruck erwecken, in der Hoffnung, dass mir das Sorgerecht zugesprochen wurde, wenn ich von Farid geschieden wäre. So sah die Reihenfolge aus: erstens Scheidung, zweitens Sorgerecht. Diese beiden Punkte beschäftigten mich inzwischen Tag und Nacht. Meine Gedanken drehten sich im Kreis. Wie sollte ich das alles schaffen? Ich sah keinen Ausweg. Manchmal wäre ich am liebsten in die Wüste gegangen und dann immer weiter geradeaus. Nie zuvor in meinem Leben hatte ich mich so erschöpft, so kraftlos und ohnmächtig gefühlt. Und das Schlimmste war, dass ich wusste, ich durfte nicht schwach sein. Emira brauchte mich. Gerade jetzt musste ich stark sein, an ihrer Seite stehen.

Doch ich war an einer Grenze angelangt. Alles überforderte mich. Ich brauchte Möbel, und nicht nur das. Es fehlte an allen Ecken und Enden. Doch wo sollte ich Arbeit finden? Und wohin mit Emira, wenn ich Arbeit gefunden hätte und sie nicht in die Vorschule gehen wollte? Zudem litt ich unter meinem Alleinsein, es war nicht leicht, alles mit mir selbst abzumachen. Mohamed durfte ich nicht sehen, darauf wartete Farid doch bloß, womöglich ließ er mich schon wieder beschatten. Aber Mohamed hätte mir Kraft gegeben, die ich an Emira hätte weitergeben können. Unsere wenigen heimlichen Treffen vermittelten mir keine Sicherheit, sie schürten die Angst erst recht, da wir uns ständig beobachtet fühlten.

Ich überlegte hin und her. Ohne Arbeit kein Sorgerecht, so viel war klar. Wie ich es auch drehte und wendete, ich brauchte jemanden, der Emira betreute. Mohameds Familie schied aus, das hätte vor Gericht einen falschen Eindruck erweckt. Auch wenn sie am liebsten bei Nawres und dort bestens aufgehoben wäre, würde Farid niemals seine Tochter von Mohameds Familie betreuen lassen. Das ließe sein Stolz nicht zu. Wer also blieb? Die wenigen Freunde, die ich noch aus meiner Reiseleiter-Zeit hatte, waren allesamt berufstätig, das kam nicht infrage. Aber sonst gab es in Tunesien doch niemanden, dem ich sie anvertrauen konnte …

Und wenn ich Emira zu Farids Familie nach M'Saken

brachte? Mit ihren Cousinen und Cousins hatte sie sich gut verstanden, dort wäre sie unter Kindern und somit nicht allein. Außerdem würde ich auf diese Weise meine Kooperationsbereitschaft zeigen. Das Gericht könnte mir kaum vorwerfen, ich würde das Kind seinem Vater entziehen wollen, wenn ich es freiwillig zu seiner Familie brachte. Vielleicht war das die beste Lösung?

Es war die einzige Lösung.

Ich erklärte Emira die Lage. »Bist du einverstanden?«

Emira nickte. Sie war fünf Jahre alt und hatte mit der Familie ihres Vaters keine schlechten Erfahrungen gemacht.

Schweren Herzens fuhr ich die 500 Kilometer in den Norden und brachte Emira zu ihren Großeltern. Ich sagte ihnen die Wahrheit: dass ich Hilfe brauchte, denn ich musste mir eine Arbeit suchen, da ich auf eigenen Beinen stehen musste und mich nicht auf Farids sporadische Unterhaltszahlungen verlassen konnte. Farids Mutter brach in Tränen aus und ich ahnte, dass auch sie wahrscheinlich kaum Geld von Farid bekam, obwohl die Familie es so dringend benötigt hätte, wie die sehr einfachen Lebensbedingungen erahnen ließen. Wir trösteten uns gegenseitig, und zum ersten Mal, seit ich Farids Familie kannte, fühlte ich mich dort aufrichtig willkommen und angenommen. Vielleicht hatte ich sie ja manchmal falsch eingeschätzt. Im Grunde genommen waren es doch ganz liebe Menschen, und sie würden gut für Emira sorgen.

Der Abschied von meiner Tochter war sehr hart für mich. Doch ich sah keinen anderen Weg, und als Farid kurz darauf alle Anschuldigungen gegen mich vor Gericht zurücknahm, war ich mir sicher, das Richtige getan zu haben. Es war ja auch nur vorübergehend, sagte ich mir. Nur bis ich Arbeit gefunden und alles drumherum organisiert hatte.

Farid erklärte dem Richter, er habe sich getäuscht, ich hätte doch kein Verhältnis mit den Reitern vom Strand und sei ihm eine gute Frau gewesen. Wie mir der Anwalt riet, den ich zwischenzeitlich mit meinem Fall betraut hatte, nahm ich meine Anschuldigungen ebenfalls zurück und gab zu Protokoll, dass mein Mann mich niemals geschlagen hätte. Somit konnten wir unsere Scheidung beschleunigen, die nun einvernehmlich verhandelt wurde.

Mohamed fühlte sich ständig beobachtet auf Djerba und beschloss, der Insel vorläufig den Rücken zu kehren. Er nahm eine Stelle in Tunis an, wo er ein Zimmer in einer WG mietete. So war ich nun ganz allein, 500 Kilometer von Emira und 600 von Mohamed entfernt. Doch das würde ja nicht so bleiben, versuchte ich mich aufzumuntern.

Meine Oma und meine Schwester, die mich, wie es seit Langem geplant war, im September besuchten, waren sehr überrascht, dass Emira nicht bei mir war. Wir fuhren nach M'Saken, um sie zu besuchen, und wurden dort herzlich empfangen. Emira war ganz aus dem Häuschen, als sie ihre Uroma und ihre Tante wiedersah. Meine Oma war begeistert von all den netten Leuten, die sie in dem großzügigen Haus von Farids Schwester kennenlernte, wo wir für die Zeit unseres Besuchs wohnten. Beim Abschied nahm ich mich sehr zusammen, um nicht zu wei-

186

nen, und auch Emira weinte nicht. Dieser kleine Mensch versuchte alles, um es mir leicht zu machen, so wie ich versuchte, es ihr leicht zu machen. Gern hätte ich sie jeden Tag angerufen, doch ich befürchtete, das würde sie zu sehr durcheinanderbringen. Inständig hoffte ich, sie möge sich gut einleben in M'Saken und der hiesigen Vorschule. Das würde ihr besser gelingen, wenn ich sie ein wenig losließe.

Aber wie gern hätte ich sie mitgenommen zu einer Überraschung, die mir Mohamed geheimnisvoll angekündigt hatte. Als meine Oma und Schwester abgeflogen waren, fuhr ich zu ihm nach Tunis und erfuhr, was hinter der Überraschung steckte: ein Ausflug in die Wüste nach Douz!

»Ach, das würde Emira auch gefallen!«

»Wir können es ein andermal zu dritt wiederholen«, versprach Mohamed. Sein Freund Walid, der Wüstentouren mit Touristen unternahm, hatte uns zu einem Dreitagestrip eingeladen. So wollte Walid seinem Freund Mohamed zu einem Zusammensein mit seiner Freundin verhelfen. Nicht zum ersten Mal erlebte ich mit, welch hohen Stellenwert Freundschaft in Mohameds Leben hatte. Er war überaus beliebt, stand für seine Freunde ein und pflegte die Kontakte.

In Tunis teilte Mohamed sein WG-Zimmer mit zwei anderen Männern. Wir waren dort nie allein. Es war auch nicht erlaubt, Hand in Hand mit ihm zu bummeln, von einem Küsschen ganz zu schweigen. Umso mehr freute ich mich auf unser Beisammensein in der Wüste. Doch leider waren wir dort auch nicht für uns: In Gesellschaft

schwedischer Touristen würden wir in einem Beduinen-
zelt schlafen, Brot auf offenem Feuer im Sand backen und
traditionelle Musik unter dem Sternhimmel hören. Was
zu zweit wunderschön gewesen wäre, war in der Gruppe
nur noch schön. Dennoch war ich Mohamed dankbar für
diese Auszeit von all meinen Problemen.

Seit vielen Jahren lebte ich nun schon in Tunesien und
war noch nie tiefer in die Wüste vorgedrungen. Das sollte
sich jetzt ändern. Wie ein gewaltiges Meer aus Sand breitete sich die Sahara vor uns aus. Vereinzelt standen Palmen, Ausläufer der Oase von Douz. Dann schien die Welt
nur noch aus Sand und Wind zu bestehen, der den Boden
zu weichen Hügeln formte und unsere Spuren verwehte.

Mit Spannung erwartete ich den Kamelritt in der Dunkelheit und war ein bisschen enttäuscht, als ich hörte, dass
er nur fünfundvierzig Minuten dauern sollte. Doch aus
fünfundvierzig Minuten wurden mehr als sechs Stunden,
da Walid sich verirrte. Als eine aufwendig gewebte Decke
von einem der Kamele gerutscht war und wir umkehrten,
um sie zu suchen, verlor er die Orientierung. Es war
stockfinster. Wir hatten kein Wasser für solch einen langen Ritt dabei. Nur hin und wieder funkten unsere Han-
dys Empfang. Wir setzten mehrere Notrufe ab, und Walid
erhielt den Rat, hinter dem Mond herzulaufen. Auch die
Kamele wollten nicht mehr. Und wir wollten schon lange
nicht mehr, unsere Hinterteile schmerzen höllisch, und
allmählich gerieten wir in Panik, besonders als wir merk-
ten, dass auch Walid in Panik geriet. Ich war unendlich
erleichtert, dass Emira nicht bei uns war. Die Sorge um sie
hätte mich verrückt gemacht. Endlich tauchten die Lich-

ter eines Jeeps in der Ferne auf. Er fuhr nach links und nach rechts, wir riefen und winkten, umsonst. Der Jeep drehte ab, um woanders nach uns zu suchen. In meiner Verzweiflung steckte ich zwei Finger in den Mund und ließ meinen schrillsten Pfiff gellen, und das gleich mehrmals. Mohamed fiel fast vom Kamel, so sehr erschrak er. Auch Walid war fassungslos. Wie konnte ich als Frau so etwas tun!, meinte ich in ihren Gesichtern zu lesen. Mein Pfiff weckte wahrscheinlich die ganze Wüste auf – und auch die Insassen des Jeeps hörten ihn und retteten Mohamed und mich. Walid sollte mit den Kamelen folgen.

Doch bis wir wieder am Zelt waren, dauerte es noch eine Weile, denn der Jeep blieb in einer Düne stecken. Mir kam es vor wie eine Ewigkeit, bis die Männer das Auto ausgegraben hatten. Am nächsten Morgen litten wir dermaßen unter Schmerzen von dem langen Ritt, dass wir uns kaum bewegen konnten, und sollten schon wieder reiten! Zuerst konnte ich es mir nicht vorstellen, doch als ich dann auf einem wunderschön geschmückten feurigen Pferd saß und durch die Wüste galoppierte, war ich überglücklich. Dieser Ausflug gehört zu meinen schönsten Erinnerungen in Tunesien – im Gegensatz zu Mohameds. Nachdem er sich in der Nacht zuvor entsetzliche Sorgen gemacht hatte, ob wir jemals wieder aus der Wüste herausfinden würden, und sich die Verantwortung für alles gegeben hatte – schließlich war Walid sein Freund –, sollte er nun auch noch auf einem Pferd sitzen und galoppieren! Das war zu viel für ihn. Er hatte sich doch nur nach ein bisschen romantischer Zweisamkeit unter dem

Sternenzelt der Wüste gesehnt. Von Abenteuern hatte er genug.

Auf der Heimfahrt erlitt er beinahe einen Nervenzusammenbruch. Obwohl es in dieser Gegend streng verboten war, die Hauptstraße zu verlassen, bog ich in einen Seitenweg ab, und dort fanden wir endlich zueinander.

DIE SCHEIDUNG

Im November 2007 wurden Farid und ich im Zuge einer kurzen Gerichtsverhandlung problemlos geschieden, da wir unsere gegenseitigen Vorwürfe zurückgezogen hatten. Farid erhielt das Sorgerecht für Emira, weil sie bei seiner Familie lebte. Es wurde ihm jedoch auferlegt, in die Nähe seiner Tochter zu ziehen, wozu er sich schriftlich verpflichtete. Mir wurde zugesprochen, einen Teil der Ferien mit Emira zu verbringen, ferner durfte ich sie besuchen. Ich war unendlich erleichtert, dass das Kapitel Farid nun abgeschlossen war. Endlich konnte ich wieder frei atmen. Endlich konnte ich Kraft schöpfen, um Pläne zu schmieden, wie ich Emira ganz zu mir holen konnte. Denn das war es, was ich vorhatte. Auch wenn ich mich vergewissert hatte, dass es Emira gut ging, war klar, dass dies nur eine Übergangsphase sein konnte. Ich rechnete nicht damit, dass Farid dem Gerichtsbeschluss Folge leisten und in ihre Nähe ziehen würde. Das würde mir eine zusätzliche Grundlage in die Hand spielen, um erfolgreich um das Sorgerecht zu klagen.

Mohamed und ich spielten mit dem Gedanken, ob ich in Tunis eine Wohnung für uns mieten sollte, dann wäre ich nicht mehr 500 Kilometer, sondern nur noch 100 Kilometer von Emira entfernt und könnte sie öfter besuchen. Doch Tunis war ein teures Pflaster, und so beschlossen wir, dass Mohamed nach Djerba zurückkehren sollte. Hier wollten wir eine Existenz gründen, und hier sollte auch Emiras zukünftiges Zuhause sein. Ich fragte meinen Vermieter, ob er ein Auge zudrücken würde, wenn Mohamed bei mir übernachtete. Ein unverheiratetes Paar durfte nicht nach Lust und Laune zusammen sein. Darauf stand Gefängnis; mein Vermieter würde sich womöglich mitschuldig machen. Er musste also wegsehen, sobald ich Mohamed heimlich in meine Wohnung schmuggelte. Tunesische Frauen, die »so etwas« trieben, galten als Schlampen, die sich noch dazu strafbar machten. Sie konnten sich allerdings freikaufen, wenn sie sich nett gegenüber der Polizei verhielten. Touristinnen, die ohnehin als Schlampen galten, wurden selten belangt. Doch konnte ich mich darauf verlassen, als Touristin behandelt zu werden? Ich lebte nun schon so viele Jahre im Land, und Farids Arm, das vergaß ich nie, war lang.

Viel später erst erzählte mir Mohamed, dass er nach seiner Rückkehr zu mir einige Male bei der Polizei vorgeladen und zu unserer Beziehung befragt wurde. Doch er hatte Glück und wurde von einem ihm wohlgesonnenen Beamten verhört, sodass er nicht im Gefängnis landete. Mohamed stritt vehement ab, eine Beziehung mit mir zu unterhalten. Er sei lediglich mit mir befreundet – was ebenfalls nicht erlaubt war. Männer und Frauen konnten nicht befreundet sein. Mohamed erklärte den Polizisten daraufhin, dass es für »die Ausländerin« manchmal schwierig sei, die tunesische Lebensart zu verstehen, und dass er ihr dabei helfe, da ihm daran liege, sein wunderbares Land im bestmöglichen Licht zu präsentieren.

»Sie wollen mir weismachen, dass Sie als eine Art Botschafter Tunesiens fungieren?«, fragte ihn einmal ein höherer Beamter.

»Das maße ich mir nicht an«, erwiderte Mohamed, der noch immer wenig sprach, sich jedoch sehr gewählt ausdrücken konnte. »Doch es wäre mir natürlich eine Ehre.«

Man glaubte ihm nicht, doch man ließ ihn frei – bis zur nächsten Vorladung. Einmal wurde er jedoch geschlagen, denn: »Wenn der frühere Ehemann Ihrer sogenannten Freundin ein normaler Mensch wäre, könnte man über Ihr Verhalten hinwegsehen, doch da der Ehemann ein angesehener Arzt ist, laden Sie schwere Schuld auf sich.«

Selbstverständlich existieren keine Unterlagen zu diesen Vernehmungen.

Mohamed vertraute mir nun auch an, dass er schon lange ein Auge auf mich geworfen hatte, doch nicht im Traum habe er zu hoffen gewagt, jemals mein Herz zu erobern. Wie auch, ich war ja eine verheiratete Frau gewesen.

Eines Tages beschlossen wir, das Risiko zu wagen: Wir meldeten Mohamed bei mir an, legalisierten sozusagen unsere Beziehung, obwohl das eigentlich nicht möglich war. Da mein Vermieter ein angesehener Notar war, hoffte ich, dies möge als mildernder Umstand wirken. Und tatsächlich – niemand behelligte uns. Mohamed arbeitete mittlerweile als Stuckateur, und ich hatte nun endlich auch eine Idee, wie ich in Tunesien Geld verdienen könnte.

Ich plante, ein Fitnessstudio in Djerba zu eröffnen. Diese Idee erschien mir zukunftsträchtiger als eine Anstellung in der Tourismusbranche, in der zu jener Zeit eine Flaute herrschte. Zudem wurden von den großen Reiseveranstaltern nur ungern Mitarbeiter angestellt, die im Land selbst lebten. Es wäre auch schwierig, Emira unterzubringen, wenn ich mehrere Hotels betreuen und daher ständig unterwegs sein müsste. Ich brauchte einen Job, bei dem ich mir meine Zeit kinderfreundlich einteilen konnte. Da war ein eigenes Studio wie geschaffen.

Zur Fitnessmesse flog ich nach Deutschland und deckte mich mit Matten, Gymnastikbällen und anderen Utensilien ein, die ich in Tunesien nicht bekommen würde. Meine Oma versorgte mich mit Startkapital für meine Geschäftsidee, die ihr erfolgversprechend erschien. Fitnessstudios boomten zu dieser Zeit in Deutschland, und was in Europa angesagt war, schwappte mit einiger Verzögerung stets nach Tunesien. Es gab auf Djerba kein Fitnessstudio für Frauen, wie ich recherchiert hatte. Um auch die tunesischen Frauen anzulocken, plante ich eine optimale Mischung aus Fitness und Entspannung. Bei Ikea kaufte ich massenweise Spiegel; ich besorgte eine Stereoanlage und einen Computer. Mohamed sollte sich im Studio um die Bürokratie kümmern. Wir waren beide begeistert, als wir geeignete Räumlichkeiten fanden. Nichts schien unserem Erfolg im Wege zu stehen. Bald würde ich verdienen, vielleicht nicht viel am Anfang, aber genug, um den Nachweis zu erbringen, dass ich Emira ernähren konnte.

Am Wochenende vor der Unterzeichnung des Mietvertrages besuchte ich Emira – und erschrak zutiefst. Ich erkannte meine quirlige, fröhliche Tochter kaum wieder. Sie war stark abgemagert, und auf ihrem Kopf entdeckte ich einige kahle Stellen. Was war geschehen? Ich betrachtete sie eingehend. Ihr gesamtes Wesen hatte sich verändert. Wo war mein lebensfrohes Kind geblieben? Anfangs war sie doch glücklich hier gewesen. Und jetzt?

Emira bewegte sich steif wie eine Marionette und sprach nur wenig. Fremd kam sie mir vor, und es machte mich unendlich traurig, sie in diesem Zustand zu sehen. Nun war sie schon acht Monate in der Vorschule in M'Saken, und der Drill dort tat ihr offensichtlich nicht gut.

Ich hatte ihr eine sprechende Puppe aus Deutschland mitgebracht, sie freute sich gar nicht richtig darüber, vielleicht weil sie wusste, dass sie ihr weggenommen werden würde, wie alle anderen Spielsachen auch, die eher als Deko behandelt wurden. Und wenn damit gespielt wurde, dann war es nicht Emira, sondern ihre Cousins und Cousinen. Puppen wurden in Farids Familie zudem als kindisch abgewertet. Emira war schon fast sechs, da brauchte sie nicht mehr mit Puppen zu spielen. Ein Mädchen in diesem Alter konnte den Frauen in der Küche helfen.

Emira wollte mir unbedingt ihre Schule zeigen. Auch dort kam sie mir wie ferngesteuert vor. Was war nur aus meinem kleinen Mädchen geworden? Ein Kind muss doch frei spielen dürfen und sich entfalten! Das war Emira schließlich gewöhnt! Sie selbst spürte es auch, doch sie war zu klein, es in Worte zu fassen, und so sagte sie nur leise: »Mama, bleib bei mir. Bitte.«

Sie wünschte sich, dass ich einen ganzen Schultag mit ihr verbrachte. Doch schon nach einer halben Stunde auf dem Schulhof war mir klar, wie groß die Diskrepanz zwischen Emiras Lehrern und den Pädagogen war, bei denen ich damals lernen durfte. Wie jede Mutter wünschte ich mir für meine Tochter eine Umgebung, in der sie sich entfalten konnte, lachen, mit Freude lernen. Und keinen Ort, an dem die Prügelstrafe offensichtlich noch ein gängiges Mittel war. Es tat mir in der Seele weh. Ich wusste, dass ich sie da rausholen musste. Schnell. Am liebsten hätte ich sie auf der Stelle mitgenommen. Doch das ging nicht, und es war hart. Vorerst konnte ich sie nur trösten: »Halte durch, mein Schatz. Bald beginnen die Sommerferien! Halte durch.«

Stumm nickte sie und ließ mich gehen ohne Tränen, meine tapfere Tochter.

DER GESTOHLENE PASS

Mohamed und ich renovierten unsere Wohnung und bereiteten alles vor, um Emira zu zeigen, wie sehr wir uns auf sie freuten. Ihr Zimmer erstrahlte in Lindgrün und Rosarot; Mohamed hatte eine Kletterwand montiert und ich das Himmelbett bezogen. Sie sollte sich wohl und gut behütet fühlen.

Mit einem mulmigen Gefühl parkte ich mein Auto in M'Saken. Würde Farids Familie Emira auch wirklich herausgeben? In meiner Tasche steckte ein amtliches Schreiben, das mich offiziell berechtigte, die Ferien mit Emira zu verbringen. Die Übergabe des Kindes sollte auf der Polizeistation stattfinden, wie ich am Telefon erfahren hatte.

»Warum denn das?«, wollte ich beunruhigt wissen.

»Das ist eben so«, behauptete Farids Vater unwirsch.

Langsam ging ich auf die Polizeistation zu. Mein Herz klopfte bis zum Hals. Ich werde nicht weinen, nahm ich mir vor. Ich werde das hier jetzt ruhig und souverän hinter mich bringen. Gleich habe ich es geschafft, und dann machen wir uns schöne Ferien. Als ich die Polizeistube betrat, fühlten sich meine Knie an wie aus Gummi.

»Emira!« Mein Kind sprang mir entgegen. Unwillig knurrte Farids Vater. Ich begrüßte ihn und die anwesenden Polizisten freundlich. Emira brach mir fast die Hand, so fest hielt sie mich.

»Haben Sie den deutschen Pass Ihrer Tochter dabei?«, wollte ein Polizist wissen.

Ich nickte.

»Kann ich den mal sehen?«

Ich dachte mir nichts dabei und reichte den Pass über den Tresen. Der Polizist musterte ihn aufmerksam. Dann klappte er ihn zu und legte ihn auf einen Stapel anderer Pässe in einem Regal.

»Was soll das!«, rief ich. »Das ist Emiras Pass!«

»Den behalten wir hier, bis Sie das Kind zurückbringen. Sobald Emira wieder bei ihren Großeltern ist, können Sie den Pass abholen.«

»Ist das normal? Dürfen Sie das?«

Er zuckte mit den Achseln und wandte sich ab. Vielleicht hätte ich in diesem Moment insistieren sollen, doch was hätte das gebracht? Willkür kann man mit Worten allein nichts entgegensetzen, schon gar nicht als Frau auf einer tunesischen Polizeibehörde, und ich wollte keine Szene vor Emiras Augen. Außerdem hatte ich Angst, dass etwas vorfallen könnte und mir die gemeinsamen Ferien mit Emira versagt würden. In diesem Moment war ich vor allem erleichtert, dass uns keine Steine in den Weg gelegt wurden und ich Emira ohne Probleme mitnehmen durfte. In Wirklichkeit wurde mir ein nahezu unüberwindlicher Felsbrocken in den Weg gelegt, was ich jedoch erst im Nachhinein erkennen sollte.

Emiras deutschen Pass sollte ich nie mehr wiederbekommen. Ohne Pass ist man niemand. Man existiert nicht. Ohne Pass kann man ein Land nicht verlassen. Ohne Pass ist man in gewisser Weise verloren. Auch als kleines Mädchen. Emiras Pass war – wie es vorne aufgedruckt stand – Eigentum der Bundesrepublik Deutschland. Insofern stahl der tunesische Staat dem deutschen ein Dokument. Es ist nicht erlaubt, einen Pass einfach so einzuziehen, das ist reine Willkür, die jeder Gesetzesgrundlage entbehrt. Doch das erfuhr ich erst viel später, als ich mich telefonisch bei der deutschen Botschaft erkundigte, weil ich Emiras Pass nicht zurückbekam. Man versicherte mir, eine sogenannte Verbalnote an das Innenministerium zu senden, mit der Bitte um Auslieferung des Passes. Leider hörte ich in der Folge nichts mehr von der deutschen Botschaft. Aber das lag an diesem Tag noch in ferner Zukunft. Jetzt waren erst einmal Ferien, und die würden wir genießen, jede einzelne Sekunde davon.

Überglücklich fuhr ich mit Emira Richtung Djerba. Immer wieder musste ich sie anfassen, um mich zu versichern, dass sie wirklich da war. Auf einmal verdunkelte sich der Himmel, und ein Sommergewitter brach los: der erste Regen seit einer langen Trockenheit. Was für ein herrlicher Beginn für dreieinhalb Monate Ferien! Ich hielt den Wagen an.

»Komm, Emira! Steig aus.«

»Aber Mama, es regnet.«

»Komm raus! Tanz mit mir.«

»Dann werde ich nass!«

»Das macht nichts, Emira!«, rief ich, denn ich wünschte mir so sehr, dass sie wieder zu einem fröhlichen Kind wurde. Ich wollte ihr zeigen, dass es noch ein anderes Leben gab als das innerhalb der engen Mauern in M'Saken.

Emira und ich tanzten im Regen. Und später machten wir Pipi im Straßengraben, obwohl das total *haram* war, strengstens verboten für Frauen.

Unser Wunsch, die Ferien für Emira schön zu gestalten, wurde Wirklichkeit. Der Sommer verlief wie ein einziges Freudenfest. Jeden Tag kam ein Stück mehr von meiner Tochter zum Vorschein. Die Schwere von M'Saken fiel von ihr ab, sie lachte viel, wirkte fröhlich und nahm auch zu. Dies konnte mich jedoch nicht darüber hinwegtäuschen, dass Emira bei ihren Großeltern nicht gut aufgehoben war. In ihren Alltag hatten sich sonderbare Gewohnheiten eingeschlichen. So ertappte ich sie dabei, wie sie eigenartige Sprüche aufsagte, beispielsweise wenn sie zur Toilette ging.

»Was flüsterst du da vor dich hin?«, fragte ich sie, obwohl ich es zum Teil verstanden hatte.

»Wenn man auf Toilette geht, muss man sagen: *Allah huma ini aoudu mine el krupsi oulchawelli*. Und wenn man aus der Toilette kommt, muss man sagen: *Ruferanek*.«

»Und was heißt das?«

»Danke, lieber Gott, dass ich Pipi gemacht habe. Man darf auch nur mit dem linken Fuß in die Toilette gehen, mit dem linken rein, mit dem rechten raus. Sonst kommt der Teufel.«

Der Teufel spielte nun eine große Rolle in Emiras Leben – und das bedrückte mich. Behutsam versuchte ich ihr zu erklären, dass der Teufel nicht allgegenwärtig war. Ich musste mich zum Glück kaum anstrengen, denn Emira griff dankbar und erleichtert auf, was ich ihr erklärte. Doch es zeigte mir, dass sie einfach nicht nach M'Saken passte. Sie geriet eher nach mir. Wie war sie in Deutschland im Waldorfkindergarten aufgeblüht! Diese Zeit, in der sie sich frei und ihrem Wesen gemäß hatte entfalten können, hatte sie geprägt, das durfte ihr nicht verloren gehen. Doch jetzt sah ihre Realität anders aus.

Von all den Geschichten, die sie mir aus ihrem Alltag bei den Großeltern erzählte, ist mir eine unvergesslich ins Gedächtnis gebrannt − und Emira auch: Omas Gutenachtgeschichte für die damals Fünfjährige.

Wenn du stirbst, kommen drei Engel zu dir. Der eine fragt: »Wie heißt dein Buch?« Du musst »Koran« sagen. Wenn du es nicht sagst, kommt ein Riesenmann. Der hat keine Ohren und keine Augen. Aber er hat einen großen Hammer dabei, und mit dem haut er dich und zerquetscht deinen Kopf. Aber der liebe Gott macht den Kopf wieder heile. Dann verquetscht der böse Mann den Kopf noch einmal und noch einmal, bis der liebe Gott es nicht mehr hinkriegt, dass dein Kopf heile wird. Dann wirst du vom zweiten Engel gefragt: »Was ist dein Prophet?« Du musst »Mohammed« sagen. Wenn du das nicht sagst, wird dein Kopf wieder zerquetscht. Der dritte Engel fragt: »An was glaubst du?« Du musst antworten: »An Allah.« Sonst kommt der Kopfzerquetscher, bis nur noch Brei von deinem Kopf übrig ist. Allein Allah kann dich retten. Allah akbar. Gott ist groß.

Ich erklärte Emira, dass Engel keinem Menschen etwas Böses zufügen würden.

»Lügt die Oma?«, wollte Emira daraufhin wissen.

»Nein«, log ich. »Sie erzählt dir das, weil sie möchte, dass du an den Koran glaubst.«

»Aber das muss ich doch sowieso, sonst kommt der Kopfverquetscher, und weißt du, Mama, das will ich ganz bestimmt nicht, weil das sehr, sehr wehtut! Das hat die Oma gesagt.« Emira riss die Augen auf und hob mahnend den Zeigefinger. »Sehr, sehr weh.« Leibhaftig sah ich ihre Großmutter vor mir und musste mir ein Grinsen verkneifen. In Emira steckte eine begnadete Komödiantin.

»Du darfst nicht alles glauben, was dir die Leute in M'Saken erzählen. Die wollen dir bloß Angst machen.«

»Aber warum wollen sie mir Angst machen?«

»Damit du tust, was sie von dir verlangen.«

»Aber Mama, die glauben das wirklich, was sie sagen. Alle Kinder glauben das.«

»Ja. Die Erwachsenen glauben es vielleicht auch.«

»Und was glauben wir, Mama?«

»Wir glauben auch an Gott. Aber unser Gott lässt es nicht zu, dass einem der Kopf zerquetscht wird«, sagte ich. Und dachte im Stillen bei mir: Da werden nur die Hände und Füße seines Sohnes durchgenagelt.

Emira und Mohamed verstanden sich wunderbar. Der einzige Wermutstropfen war, dass Elsa nicht bei uns war. Der Labrador war Mohameds Cousin, der während unserer Flucht auf sie aufgepasst hatte, gestohlen worden. Da Rassehunde in Tunesien sehr begehrt sind, konnten wir zumindest davon ausgehen, dass Elsa einen guten Platz gefunden hatte.

Bei all der Freude mit Emira fehlte mir die Zeit für meine Geschäftsidee, und ich beschloss, mich im Herbst um das Fitnessstudio zu kümmern. Jetzt war es ohnehin zu heiß; bei vierzig Grad Tagestemperatur würde niemand trainieren wollen.

Dennoch musste ich von etwas leben. In Tunesien ist es üblich, dass geschiedene Frauen Unterhalt von ihren Exmännern bekommen. Aus diesem Grund traf ich mich öfter mit meinem Anwalt und besprach die weitere Vorgehensweise. Meine Forderung von achthundert Dinar, zirka fünfhundert Euro, wurde von Farids Anwalt auf dreihundert Dinar gedrückt. Zweihundert Dinar betrug allein die Miete für unsere Wohnung. Hundert Dinar waren definitiv zu wenig für unseren Unterhalt. Wie sollten wir davon leben?

Farid baute zu dieser Zeit mehrere Häuser und hatte nebenbei noch Geld übrig, sich ein neues Auto anzuschaffen. Dennoch erklärte er über seinen Anwalt, dass er mir maximal zweihundert Dinar zukommen lassen könnte, weil im Winter kaum Touristen auf der Insel seien und er selbst nicht wisse, wie er über die Runden kommen solle. Da Farid selten pünktlich zahlte, musste ich häufig zum Gericht gehen und seine Säumnis anzeigen. Wenn ein tunesischer Mann seiner Unterhaltspflicht nicht nachkommt, riskiert er eine Gefängnisstrafe. Farids bezahlte stets am letzten Tag der Frist, die ihm gesetzt wurde. Dann begann sein Spiel von vorn, reine Zermürbungstaktik.

Diese Strategie warf bei Gericht ein schlechtes Licht

auf ihn. Eines Tages, kurz vor dem Ende der Sommerferien, nahm ich all meinen Mut zusammen und bat einen Richter um Rat.

»Ich glaube, Emira geht es bei der Familie meines Exmannes nicht gut. Hier auf Djerba fühlt sie sich wohl, und sie möchte unbedingt bei mir bleiben. Was kann ich tun? Gibt es irgendeine Möglichkeit für mich, meine Tochter hierzubehalten?«

»Bringen Sie das Kind nach Ablauf der Ferien nicht zurück.«

»Aber geht das denn? Was passiert dann?«

»Wenn das Kind nicht möchte, dann sollte es nicht gegen seinen Willen bei der Familie Ihres geschiedenen Mannes bleiben.« Er räusperte sich. »Ihre Tochter ist nun allerdings schulpflichtig. Das würde bedeuten, sie müsste an ihrem Wohnort eingeschult werden. Die Schulpflicht kann nicht umgangen werden.«

»Danke«, flüsterte ich atemlos.

Emira bat mich seit Tagen, ob sie nicht bei mir bleiben könnte. Stets hatte ich sie vertrösten müssen. *Bald. Irgendwann. Noch nicht.* Es hatte mir schier das Herz gebrochen, wie ihre Fröhlichkeit zum Ende der Ferien schrumpfte, wie sie all ihren Glanz zu verlieren drohte, als der schwarze Schatten M'Saken näher rückte. Jetzt, nachdem der Richter mir versichert hatte, sie könne nicht gegen ihren Willen fortgebracht werden, hatte sich alles geändert. Ich machte ihr einen offiziellen Magst-du-bei-Mama-bleiben-für-immer-Antrag.

»Wirklich, Mama? Darf ich?«

»Ja!«, lachte ich.

204

Vor Freude drückte sie mir fast die Luft ab.

Am nächsten Tag besichtigten wir eine Schule in der Nähe unserer Wohnung. Emira gefiel sie auf Anhieb, und ich meldete sie dort an. Ich fühlte mich sicher – schließlich hatte ich den Beistand des Richters ... glaubte ich.

Emira war schon drei Tage ein Schulkind, als Farid mich anrief.

»Wo ist Emira?«

»Bei mir.«

»Sie müsste längst bei meiner Familie sein.«

»Sie wollte nicht.«

»Was sie will, spielt keine Rolle. Ich habe das Sorgerecht.«

»Es spielt sehr wohl eine Rolle, was ein Kind möchte.«

»Gib sie mir.«

»Sie ist mit den Nachbarskindern beim Spielen.«

Zwei Stunden später stand Farid in Begleitung von drei Polizisten vor der Tür und verlangte die Auslieferung seiner Tochter.

»Emira möchte hierbleiben!«, erklärte ich erneut. »Uns geht es gut. Du würdest dich doch nicht um sie kümmern können. Du würdest sie wieder bloß zu deiner Familie geben. Nie hast du Zeit. Du bist auch nicht in ihre Nähe gezogen, wie es das Gericht verlangt hat. Bitte, lass sie bei mir. Ich bin doch ihre Mutter!«

Einer der Polizisten hielt mir ein amtliches Dokument unter die Nase, das ich natürlich nicht lesen konnte und das wahrscheinlich beweisen sollte, dass das Recht auf Farids Seite stand.

»Einen Moment bitte«, sagte ich und schloss die Tür. Emira war beim Klang der Stimme ihres Vaters in die hinterste Ecke ihres Zimmers geflohen. Ich nahm sie bei der Hand und lief mit ihr durch den Hinterausgang und den Garten zu meinem Vermieter, dem Notar.

»Du musst Emira ihrem Vater ausliefern«, sagte er. »So ist das Gesetz.«

»Nein!«, widersprach ich. »Der Richter hat gesagt, das Kind darf entscheiden.«

Er schüttelte den Kopf. Heute weiß ich, dass er keine Wahl hatte. Auch er war der Willkür des Staates ausgesetzt. Als würde er mir beistehen wollen, begleitete er mich und wiederholte dann aber im Beisein der Polizisten: »Du musst Emira ihrem Vater übergeben.«

»Nein, das werde ich nicht tun! Ich weiß, dass ich das nicht muss. Sie möchte nicht! Sie hat Angst!«

»Nicht nach M'Saken, nicht nach M'Saken«, brüllte Emira. »Ich will bei meiner Mama bleiben!« Das wiederholte sie auch noch auf Tunesisch, riss sich los und kauerte sich erneut in die Ecke.

»Willst du dein Kind unglücklich machen?«, fauchte ich Farid an.

Er stürzte sich auf mich, umklammerte meinen Hals und schüttelte mich. Die Polizisten rissen ihn zurück und befahlen ihm, Abstand zu halten. Allerdings nicht streng, sondern eher nachlässig und so, als pflegten sie ein freundschaftliches Verhältnis zu ihm.

»Ich habe nichts mehr zu sagen«, erwiderte ich und schloss die Tür.

Als die Polizei mit Farid weggefahren war, ließ ich

mich im Krankenhaus untersuchen, röntgen und fotografieren. Mit einer Halskrause wegen des Schleudertraumas erstattete ich bei der Polizei Anzeige gegen meinen Exmann. Ich sollte ihn noch öfter anzeigen. All diese Anzeigen verliefen im Sande, die Dokumente, die ich später ans Gericht geschickt hatte, waren plötzlich nicht mehr auffindbar, so als sei nie etwas geschehen. Offenbar verfügte Farid über die besten Kontakte zum Innenministerium. Er nutzte vermutlich jede Möglichkeit, seinen Status als Arzt zur Machtdemonstration einzusetzen und sich andere gefügig zu machen, sodass er seine Ziele erreichte. Er hatte einmal im Streit damit gedroht, dass seine Verbindungen bis hin zur Trabelsi-Familie des Diktators Ben Ali reichten, auch wenn er es später, als der Diktator gestürzt war, vehement bestritt: Mit solchen Leute hätte er niemals etwas zu tun gehabt.

VOR GERICHT

Emira fand in der Schule schnell Anschluss, lernte gern und sah nun aus, wie es sich für eine fröhliche Sechsjährige gehörte. Ich war unendlich dankbar, dass wir zusammen sein konnten – ein kleine, glückliche Familie. Mohamed arbeitete noch immer als Stuckateur und angelte in seiner Freizeit, ich besorgte den Haushalt. Eines Tages brachte Mohamed ein viertes Familienmitglied nach Hause: einen Welpen, den er in einer Mülltonne winseln gehört hatte. Er schenkte das kleine Wollknäuel Emira, und sie taufte es auf den Namen Lucy.

Jetzt waren wir wieder komplett – wenn wir auch in »schlampigen« Verhältnissen lebten. Wir fühlten uns zwar als richtige Familie, durften das jedoch nicht offiziell bestätigen lassen, denn wenn ich Mohamed geheiratet hätte, wäre das Sorgerecht für Emira endgültig und unwiderruflich an Farid gefallen. Der Chef des Jugendamts besuchte uns mehrfach und verfasste einen günstigen Bericht, aus dem eindeutig hervorging, dass Emira bei ihrer Mutter und nur bei ihrer Mutter leben wollte. Es wurde ein Gerichtstermin angesetzt, und weil ich mittlerweile wusste, auf welche Weise in Tunesien Recht gesprochen wurde,

208

beauftragte ich einen Anwalt, der mit dem Familienrichter in Djerba verwandt war. Das war im Übrigen mein einziges Kriterium gewesen – und es verhalf mir zu einem Sieg vor Gericht: Nach eineinhalb Jahren Kampf erhielt ich Ende 2008 das Sorgerecht für Emira. Farid wurde ein sonn- und feiertägliches Besuchsrecht zugesprochen. Ferner durfte er einen Teil der Ferien mit seiner Tochter verbringen.

Natürlich hielt sich Farid nicht an sein Besuchsrecht, das besagte, er solle Emira morgens abholen und abends zurückbringen. Nachdem er einige Male vergeblich versucht hatte, mich zu überreden, sie zu ihm zu chauffieren, holte er sie oft erst mittags und brachte sie kurz vor Mitternacht, was mich ärgerte, da Emira am Montagmorgen, wenn die Schule begann, kaum wachzubekommen war.

Den größten Teil ihrer Vaterzeit verbrachte Emira meistens bei der Animation in irgendeinem Hotel, wo Farid sie regelmäßig abstellte. Emira liebte das Animationsprogramm, und so hielt ich mich mit Kommentaren zurück. Erst als ich erfuhr, dass Farid sie nur noch im Hotel absetzte und dort wieder abholte, bevor er sie direkt zu mir brachte, stellte ich ihn zur Rede.

»Das war eine Ausnahme«, behauptete er. »Ich hatte einen Notfall.«

»Du kannst doch mal einen Sonntag ausfallen lassen, wenn du viel Arbeit hast. Du musst sie doch nicht immer holen.«

Doch, das musste er. Nicht wegen Emira, sondern um uns zu ärgern, vermutete ich.

Wenn Emira nach Hause kam, erzählte sie nun häufig

von einer Frau namens Sandra, und ich reimte mir zusammen, dass Farid eine Freundin hatte. Sandra tat mir leid, denn ich wusste längst, dass Farid kein treuer Mann war. Mohamed erzählte mir nach und nach von den Frauen, die sich bei Farid die Klinke in die Hand gegeben hatten. Dazu gehörten auch die acht Sekretärinnen, die er innerhalb eines Jahres aufarbeitete.

»Mama, der Papa hat die Sandra geküsst!«, berichtete Emira eines Nachts atemlos, als Farid sie wieder einmal sehr spät gebracht hatte.

»Das kann ich mir nicht vorstellen«, grinste ich. »Das wäre doch *haram!*«

»Ich habe es selbst gesehen!«

»Vielleicht nur zum Abschied.«

»Nein, Mama, richtig. Auf den Mund. Und gaaaanz, gaaaanz lang. Soll ich dir mal zeigen, wie lang, Mama?«

An diesem Kuss erstickte ich fast vor Lachen.

Ich freute mich über Farids neues Glück, denn ich sagte mir, dass er sich nun immer weniger für sein altes Leben interessieren und sich keine Gedanken mehr darüber machen würde, wie er mich quälen könnte. Etwas Besseres als eine neue Frau in Farids Leben konnte uns gar nicht passieren. Und so fasste ich Mut und fuhr in Begleitung meines Vermieters zu ihm, um meine Küchengeräte und Möbel zu holen, deren Herausgabe er stets verweigert hatte.

Farid behauptete: »Das sind alles meine Sachen. Das hat schon immer mir gehört.«

Diese Unverschämtheiten wollte ich mir nun nicht mehr gefallen lassen und verfasste eine Liste, was ich aus

Deutschland mitgebracht hatte. Vieles konnte ich anhand von Rechnungen belegen. Das Gericht, bei dem ich praktisch ein Dauer-Abo hatte, verfügte, dass Farid mir meine Sachen auszuhändigen hatte. Farid begegnete mir geradezu respektvoll, nachdem ich einen Sieg gegen ihn errungen hatte. Das war mir schon öfter aufgefallen: Je härter ich vorging, je stärker ich wurde, desto mehr Achtung zollte er mir. Vielleicht, dachte ich, hätte ich ihm damals, gleich zu Beginn unserer Beziehung, Grenzen setzen sollen, statt ihm jeden Wunsch von den Augen abzulesen und es ihm immer recht zu machen. Doch ich hatte ihn einfach geliebt und daran geglaubt, dass Liebe und Verständnis die Heilmittel für unsere krankende Beziehung wären. Wenn man Angst hat, jemanden zu verlieren, handelt man nicht immer überlegt und mit Blick auf die Konsequenzen. Ich wollte unsere Beziehung retten, koste es, was es wolle … Was das heißen konnte, hätte ich niemals für möglich gehalten. Ebenso wenig wie die Tatsache, dass eine solche tiefe Liebe in Hass auf seiner Seite und Verachtung auf meiner umschlagen konnte.

Als ich die Küchengeräte abholte, erzählte Farid mir, dass er demnächst heiraten werde.

»Sandra?«

Verwundert musterte er mich. Dann fiel ihm ein, dass Emira mir von ihr erzählt haben könnte.

»Nein, eine Frau aus M'Saken.«

»Ich dachte, du und Sandra …«

»Nein, ich will eine richtige Frau, eine, die gut kochen kann und den Haushalt führt.«

»Herzlichen Glückwunsch«, sagte ich und meinte es auch so.

»Meine Mutter hat sie ausgesucht«, erklärte er ungewöhnlich redselig.

»Dann ist ja alles in bester Ordnung.«

Er nickte.

Ja, jetzt war alles in bester Ordnung. Nazima war im Dampfbad von Farids Mutter entdeckt worden. Das Dampfbad gilt in arabischen Ländern als Heiratsmarkt. In dieser Fleischbeschau der nackten Tatsachen suchen Mütter die Frauen für ihre Söhne aus. Dabei tragen alle nur ihre Unterhose – man möchte ja schließlich nicht vom Teufel ausgelacht werden!

Eines Tages erhielt ich einen Anruf von der Polizeistelle M'Saken, ich könne den deutschen Pass von Emira abholen. Erleichtert nahm ich die weite Fahrt auf mich. Doch als ich nach dem Pass griff, den mir ein Polizist reichte, zog er ihn zurück und wedelte damit höhnisch vor meinem Gesicht herum.

»Sie glauben tatsächlich, ich gebe Ihnen das Dokument? Und was machen Sie dann, hä?«

Ratlos zuckte ich mit den Schultern.

»Ich weiß genau, was Sie dann machen«, behauptete er. »Ausreisen wollen Sie.« Mit seiner rechten Hand imitierte er ein Flugzeug, das schräg in die Luft stieg.

»Aber ich wohne in Tunesien. Hier befindet sich mein Lebensmittelpunkt«, erwiderte ich.

»Ja, ja«, grinste er schmierig.

»Und außerdem wissen Sie doch selbst«, führte ich aus,

212

»dass mir der Pass allein nicht genügt. Wenn ich mit meiner Tochter ausreisen will, brauche ich zusätzlich die Genehmigung ihres Vaters.«

»Sicherer ist es, wir behalten den Pass. Nicht, dass Sie auf dumme Gedanken kommen!«

»Ich möchte mit Ihrem Vorgesetzten sprechen.«

Er telefonierte und ließ mich dann wissen, das Gericht in Sousse habe die Passaushändigung untersagt.

»Ich schicke den Pass Ihrer Tochter zum Innenministerium. Dorthin können Sie sich wenden.«

Vor Empörung bebend verließ ich die Polizeistation. Ich war tausend Kilometer umsonst gefahren! Den Weg zum Innenministerium, das war mir klar, konnte ich mir sparen. Diese Behörde war im ganzen Land als korrupt bekannt.

MANDELN UND HONIG

Nazima und Farid heirateten 2009. Wenn Emira ihre Sonntage bei ihrem Vater verbrachte, sprich bei seiner Frau, die nun die Stelle der Hotelanimateure einnahm, und sie dort das Haus verließ, zog Nazima ihr ein Kopftuch über. Nazima hielt sich streng an die muslimischen Gebräuche und richtete ihren ganzen Ehrgeiz auf Emira, aus der sie eine würdige Muslimin formen wollte, Sonntag für Sonntag. So bewies Nazima, dass sie eine gute Ehefrau war, die die Versäumnisse ihres Gatten, der sich um Emiras religiöse Erziehung noch nie zufriedenstellend gekümmert hatte, ausbügeln würde – von meinen Versäumnissen ganz zu schweigen. Wenn Emira zurück zu mir kam, versuchte ich auszubügeln, was Nazima angerichtet hatte. So wurde Emira wider Willen zum Schlachtfeld eines Religionskrieges.

Mohamed verdiente nicht viel und lange nicht genug, um unseren Lebensunterhalt zu bestreiten, doch das war mir egal. Geld machte mich nicht glücklich, das wusste ich nun und sah es am Beispiel Farids nur bestätigt: Geld verdarb den Charakter. Überhaupt hatte in Tunesien das Geld einen Stellenwert, den ich in dieser Form von Deutschland her nicht kannte. Die allgegenwärtige Korruption hatte eine Kluft in die Gesellschaft gerissen. Ich sollte beim Innenministerium wegen Emiras Pass vorsprechen? Ohne eine großzügige Summe Bestechungsgelder wäre das nichts als eine Farce. Mehr noch, eine Demütigung. Und die konnte ich langsam, aber sicher nicht mehr ertragen.

Mit Mohamed war ich glücklich, weil er so ein wunderbarer Mensch war. Doch auf einmal kam mir in Tunesien alles so anstrengend vor. Überall musste ich kämpfen. Nichts funktionierte einfach so. Alles war schwierig. Ich war des ewigen Kämpfens müde.

Durch Mohameds Freunde erlangte ich einen neuen Blickwinkel auf das Land und seine Probleme. Ich erkannte, wie viele Menschen arbeitslos waren und wie sehr sie darunter litten. Zumeist waren es junge Männer, die nicht aus Faulheit den ganzen Tag irgendwo herumhingen, sondern weil niemand ihrer Arbeitskraft bedurfte. Ob Hilfsarbeiter oder Hochschulabsolvent – sie wurden nicht gebraucht. Was war das für ein Land, das seine Jugend dergestalt verschwendete?

Es kam mir vor, als würde ich endlich aufwachen: Ich entdeckte den sozialen Notstand in Tunesien. Und bald sah ich nur noch Not. Erkannte, wie schwierig sich das Leben für junge Menschen hier gestaltete. Überall herrschte Geldknappheit; junge Paare, beide berufstätig, wussten nicht, wovon sie Miete, Strom und Lebensmittel bezahlen sollten. Und wenn sie heiraten und eine Familie gründen wollten, mussten sie darauf verzichten nach dem Motto: Pech gehabt, das kannst du dir nicht leisten. Das durfte doch nicht sein!

Ich selbst war nicht unmittelbar von dieser Not betroffen, denn im Verhältnis zu vielen anderen ging es uns sehr gut, doch ich nahm Anteil an dem Schicksal meiner Nachbarn. Mohamed und ich lebten sparsam, und wenn wir seine Familie oder Freunde besuchten, brachten wir Fleisch und andere Lebensmittel mit, die nicht auf dem täglichen Speiseplan standen, wie Shrimps oder Tintenfisch.

Auf den Straßen störten mich die ständigen Kontrollen der Polizei. Es wurden immer nur die Loagen, die Sammeltaxen kontrolliert. Gerade die arme Bevölkerung, die sich kein Auto leisten konnte, war auf Sammeltaxen angewiesen und hier der Willkür des Polizeistaates ausgesetzt. Es empörte mich, wie ungleich reiche und arme Menschen behandelt wurden. Dass die armen Menschen bewusst klein gehalten und systematisch eingeschüchtert wurden. Sie sollten pausenlos Rechenschaft abgeben: *Wo kommst du her, wo willst du hin, was hast du in deiner Tasche, öffne sie, bleib stehen, setz dich hin, warte.*

Das alles führte zu einem Klima der Angst und Unterdrückung, das sich auf mich übertrug, in mich einsickerte und mir das Leben vergällte. Auch Emira spürte das. Sie reagierte genauso allergisch wie ich auf jede Form der Staatsmacht oder Bürokratie. Wir waren beide traumatisiert, doch das allein war es nicht: Die allgegenwärtige Kontrolle nahm den Menschen die Luft zum Atmen. Mein Traum von Tunesien verblasste in all den negativen Erfahrungen, die ich nun in meinem Alltag machte, da ich nicht mehr die privilegierte Frau des Herrn Doktor war, sondern unter einfachen Tunesiern lebte.

Vielleicht hätte ich das alles wegstecken können – doch ich war schwanger und somit extrem dünnhäutig. Mohamed platzte fast vor Stolz, als er erfuhr, dass es ein Junge werden würde. Letztlich sollte dieser Wonneproppen über vier Kilo wiegen. Mohamed wusste genau, woran das lag: »Weil ich stets viel Honig und viele Mandeln gegessen habe.«

Ich konnte mir nicht vorstellen, das Kind in Tunesien zu bekommen, wo Hausgeburten unüblich waren, von einem Geburtshaus ganz zu schweigen. Das machte mich zusätzlich traurig, denn die Tatsache, dass die Frauen hier die Schwangerschaft und Geburt an Ärzte und Krankenhäuser delegierten, zeigte einmal mehr ihre Unsicherheit. Die meisten vertrauten ihrem eigenen Körper weniger als fremden Medizinern. Das war zum Teil auch in Deutschland so, aber dort gab es zumindest die Möglichkeit, natürlich zu gebären, und immer mehr Frauen ließen sich darauf ein und achteten auf die Signale ihres Körpers. Und selbst das unpersönlichste Krankenhaus in Deutschland wäre noch ein heimeliges Nest im Vergleich zu den Kliniken gewesen, die mir in Tunesien offen standen.

Im fünften Monat flog ich nach Deutschland, um mich dort wieder anzumelden und eine Wohnung zu suchen, was mich sehr anstrengte, da es diesmal unverhältnismäßig heiß war. Mein Plan war, mein Kind in Deutschland zu bekommen und Emira zu uns zu holen. Bislang hatte ich keine Veranlassung gesehen, Emira nach Deutschland zu bringen, denn ich lebte mit Mohamed glücklich in Tunesien. Doch nach all meinen Erkenntnissen in den letzten Wochen und Monaten konnte ich mir ein Leben dort nicht mehr vorstellen. Es war nicht allein die Geburt, die mich nach Deutschland trieb. Man spürte förmlich, dass es in Tunesien nicht mehr lange so weitergehen könnte. Die Kluft zwischen der einfachen Bevölkerung und dem Staat riss auf, die allgegenwärtige Armut würde Folgen haben – doch welche? Aufstände? Eine Militärdiktatur? Ich durfte unser Leben nicht schleifen lassen in der Hoffnung, es würde sich schon alles regeln. Auch wenn das vorübergehende Opfer für uns alle bedeutete.

Mir brach es fast das Herz, dass ich für einige Wochen so weit weg von Emira sein würde, doch ich versuchte, es zu überspielen, um sie nicht gefühlsmäßig unter Druck zu setzen. Ich wollte ihr ein Vorbild sein. Sie sollte sehen, dass ich es mit Fassung trug, und aus dieser Haltung Kraft schöpfen. Vielleicht machte ich mir mit solchen Gedanken auch etwas vor, doch ich hatte keine andere Wahl, als sie nach M'Saken zu bringen, denn bei Mohamed durfte ich sie nicht lassen, damit hätte ich Farid alle Trumpfkarten in die Hand gespielt.

Ich war auch nicht mehr die Jüngste, und meine Schwangerschaft machte mir zu schaffen. Nach zwei stressigen Monaten hatte ich alles organisiert und kehrte voller Zuversicht nach Tunesien zurück, wo ich die letzten Wochen bis zur Geburt bleiben wollte. Leider verliefen diese nicht so unkompliziert, wie ich erhofft hatte, denn wir bekamen Probleme mit der tunesischen Bürokratie.

Für ein »Ausländerauto« erlosch die Aufenthaltsgenehmigung nach einem Jahr. Danach hätte ich meinen Renault sechs Monate in Deutschland fahren müssen, um ihn erneut in Tunesien zu nutzen. Diese Vorschrift hatte ich missachtet. Wo kein Kläger, da kein Richter. Doch eines Tages stand der Zoll vor meiner Tür. Ich war mir sicher, dass Farid hinter der Anzeige steckte. Der Renault wurde für sechs Monate beschlagnahmt, und damit war mein Plan, mit dem Auto nach Deutschland zu fahren, zunichtegemacht. Ich hatte die verbleibende Zeit bis zur Geburt nutzen wollen, um die Hintertür zu finden, durch die ich Emira mitnehmen könnte, denn es musste doch irgendwo eine geben. Und nun musste ich mich zusätzlich um das Auto kümmern. Die Zeit rann mir wie Sand durch die Finger. Ich wurde immer dicker und unbeweglicher – und es sah nicht gut aus für einen Umzug unserer kleinen Familie nach Deutschland, wie wir schließlich erkennen mussten. Dabei hatte ich unser Nest ja schon vorbereitet mit meiner Wohnung in Velbert in der Nähe meiner Oma.

Gemeinsam mit Mohamed überlegte ich tage- und nächtelang, wie wir es schaffen könnten, als Familie alle miteinander nach Deutschland auszureisen. Emira, Mohamed, ich und unser gemeinsames Kind, das in mir wuchs. Es war klar, dass es ein Problem mit Emira geben würde.

Ihr Pass lag noch immer in M'Saken – oder im Innenministerium? Wer wusste das so genau. Passentzug galt in Tunesien als gängige Machtdemonstration, um die Menschen zu unterdrücken. Und: Wie sollten wir Emira nach Deutschland bringen, wenn ich allein schon Aufsehen an der Grenze erregte? Sobald mein Pass in Tunesien durch das elektronische Lesegerät geschoben wurde, leuchtete ein rotes Licht auf. Es war immer dasselbe. Ich wurde gebeten zu warten, man sonderte mich ab, einige Male schon hatte ich einen Flug verpasst wegen der Schikane an der Douane.

Auch diese menschenunwürdige Behandlung, die ich so oft über mich hatte ergehen lassen müssen, trug nicht dazu bei, meine alte Liebe zu Tunesien mit neuer Hoffnung zu versorgen. Ich hasste es, wenn mich die anderen Reisenden anstarrten, als wäre ich eine Terroristin, wenn sie von mir abrückten und über mich tuschelten. Ich hasste die endlose Warterei, die schließlich in einem Telefonat mit Tunis endete, von wo aus ich gnädig die Erlaubnis zur Ein- oder Ausreise erhielt. Ich wurde behandelt wie eine Verbrecherin, aus reiner Willkür, weil Farid irgendwann einmal eine »Blockade«, wie es hieß, in meinen Papieren beantragt hatte. Seine Begründung lautete, ich sei eine Ausländerin, die vorhatte, sein Kind aus Tunesien zu entführen. Wahrscheinlich hatte er nicht mal viel für den Gefallen der Behörden zahlen müssen. Ich wurde seither nicht so einfach durchgewunken, sondern Mal für Mal genauestens kontrolliert. Es war undenkbar, dass ich mit Emira, die ja die Erlaubnis ihres Vaters benötigte, einfach so ausreisen konnte.

Mohamed wollte anfangs nicht nach Deutschland ziehen. Er konnte es sich nicht vorstellen, noch einmal neu zu beginnen in einem völlig fremden Land, weit von seiner Familie entfernt. Doch auch er fühlte sich zunehmend unter Druck gesetzt und willigte schließlich ein, mich zu begleiten. Da er der Vater meines ungeborenen Kindes war, würde er – nach der Geburt – mit einem Visum relativ problemlos einreisen können. Alles, was wir dazu vorlegen mussten, war das Attest eines Arztes sowie die Vaterschaftsanerkennung, die wir bei der deutschen Botschaft hinterlegen würden und die das gemeinsame Sorgerecht beinhaltete.

Auch nachdem wir uns über diese Vorgehensweise einig geworden waren, hatte Mohamed schwer mit seinem Entschluss zu kämpfen. Am meisten ängstigte ihn die fremde Sprache, und deshalb begann er noch in Tunesien, wie besessen Deutsch zu lernen. Dabei sprach er schon recht gut, denn wie die meisten Tunesier war er überaus talentiert im Erlernen neuer Sprachen. Die Wochen vor der Geburt waren extrem stressig für uns. Ich würde unser gemeinsames Kind in Deutschland allein zur Welt bringen, während Mohamed in Tunesien auf sein Visum warten würde – eine zermürbende Zeit für einen frisch gebackenen Vater, der sein Kind sehen möchte! Zudem hatten wir sehr unterschiedliche Angaben erhalten, wie lange das dauern konnte, bis zu mehreren Wochen, hieß es. Wie einfach wäre es gewesen zu heiraten – doch dann hätte ich Emira verloren, weil sie automatisch ihrem leiblichen Vater zugesprochen worden wäre.

Da hatte mein Anwalt eine Idee: »Wie wäre es, wenn wir einen Ferienaufenthalt für Emira in Deutschland beantragen? Dazu brauchen Sie lediglich einen tunesischen Pass, keinen deutschen.«

Ich beantragte also einen tunesischen Pass und – o Wunder – bekam ihn innerhalb eines Tages. Ein gutes Omen? Würden wir es auf diesem Weg schaffen, Emira legal über die Grenze zu bringen? Einmal Ferien ohne Wiederkehr, dachte ich insgeheim. Vor Gericht musste ich nicht nur Emiras Pass vorweisen, sondern auch die Flugtickets, Hin-

und Rückflug. Leider stammte der Präsident des Gerichts aus demselben Ort wie Farid, offenbar war er bestens mit unserem Fall vertraut. Der Ferienaufenthalt für Emira in Deutschland, um ihre Familie zu besuchen, wurde abgeschmettert.

Emira war so verzweifelt, dass ich mir große Sorgen um sie machte.

»Mama, ich will nicht mehr nach M'Saken, bitte!«

»Aber mein Schatz, ich kann dich nicht mitnehmen.«

»Mama! Bitte, bitte, bitte nicht nach M'Saken.«

Ich war verzweifelt, meine Tochter so außer sich zu sehen. Dass ich ihr nicht helfen konnte, dass ich nicht tun konnte, was das Normalste auf der Welt war. Mutter und Kind gehörten zusammen! Sollte ich meinen Sohn doch in Tunesien zur Welt bringen? Und dann?

Ich beschloss, alles auf eine Karte zu setzen und die Ausreise einfach zu riskieren. Bereits am Check-in-Schalter sank mein Mut, obwohl ich mit Engelszungen auf die Angestellte der Airline einredete, sogar Emiras Sorgerecht und ihre Geburtsurkunde vorlegte, aus der eindeutig hervorging, dass ich die Mutter war. Das genügte nicht. Es fehlte die Erlaubnis des Vaters. Ein Kind mit tunesischem Pass konnte das Land nicht verlassen ohne die Erlaubnis seines Vaters, genauso wenig wie ein Kind mit deutschem Pass, dessen deutsche Mutter mit einem Tunesier verheiratet war, das Land verlassen konnte. Nur eine von dem tunesischen Kindsvater geschiedene deutsche Frau mit einem deutschen Pass und dem deutschen Pass ihres Kindes hätte ausreisen können.

»Aber Emira ist Deutsche!«

»Und wo ist ihr deutscher Pass?«

»Der liegt beim Innenministerium.«

»Nun, dann zeigen Sie uns die Genehmigung des Vaters.«

So ging es hin und her, und dann startete das Flugzeug ohne uns.

Tränenüberströmt standen wir vor dem Schalter. Ich versuchte Emira die Situation zu erklären – doch wie sollte eine Siebenjährige das verstehen? Noch dazu wusste sie, dass ich nun alleine nach Deutschland fliegen musste. Und – wie ich hörte, jetzt gleich, denn: »Entweder Sie fliegen heute noch mit dem letzten Flug, der in zwei Stunden startet – oder nach Ihrer Entbindung.« Wegen meiner fortgeschrittenen Schwangerschaft hatte ich ein ärztliches Attest mit dem erwarteten Geburtstermin vorlegen müssen, und laut den Richtlinien der Airlines galt ich ab dem nächsten Tag nicht mehr als transportfähig.

Ich rief Farid an und bat ihn, Emira abzuholen. »Ich muss nach Deutschland, dort will ich mein Kind auf die Welt bringen. Wenn ich heute nicht fliege, nehmen sie mich nicht mehr mit.«

»Es gibt auch in Tunesien hervorragende Mediziner«, erwiderte er und legte auf. Als hätte ich mir die leisten können. Als wenn es nur darum gegangen wäre.

Ich hatte alles auf eine Karte gesetzt und verloren. So saß ich nun mit meinem dicken Bauch und der weinenden Emira am Flughafen und wusste weder ein noch aus. Ich konnte Emira nicht zu Mohamed schicken, wollte ich Farid nicht in die Hände spielen, und bis zum Abflug der letzten Maschine war es nicht mehr lang. Was noch blieb, war eine Schiffspassage von Tunis nach Genua.

Drei Tage blieben uns bis zur Abfahrt der Fähre, kostbare Zeit mit Emira. Um nach Tunis zu kommen, brauchten wir ein Auto. Ich mietete einen Leihwagen und saß auch am Steuer, Mohamed hatte noch keinen Führerschein. Auf dem Weg zum Schiff brachten wir Emira nach M'Saken. Denn wohin sollte sie sonst? Sie durfte nicht mit mir ausreisen, Farid hatte sie nicht aufgenommen, und bei Mohamed konnte sie nicht bleiben. Emira weinte ohne Unterlass, obwohl wir sie diesmal nicht zu den Großeltern, sondern zu Farids Schwester brachten, wo es hoffentlich nicht ganz so schlimm für sie sein würde.

Doch es wurde schlimm. Sehr schlimm. Vier Monate lang. Und wir konnten nichts dagegen tun. Ich konnte meiner Tochter von Deutschland aus nicht helfen. Es war schrecklich für uns alle. Dieses grauenvolle Gefühl der Zerrissenheit! Wir gehörten doch zusammen!

Stundenlang grübelte ich über Farids Verhalten nach. Ich hatte ihm doch nichts getan, ganz im Gegenteil, ich hatte jahrelang versucht, ihm alles recht zu machen. Weshalb bestrafte er mich so gnadenlos, und nicht nur mich, wieso bestrafte er seine Tochter, um die er sich zudem nicht im Geringsten kümmerte? Wäre er der Vater gewesen, den er in den Nobelhotels gerne für zehn, fünfzehn Minuten vorspielte, hätte ich das alles vielleicht verstanden. Doch er interessierte sich nicht wirklich für Emira. Er interessierte sich lediglich dafür, sie von mir fernzuhalten, dachte ich. Aber warum? Warum tat er das? Warum ließ er mich nicht endlich in Ruhe! Alles, was ich mir wünschte, war Frieden.

Doch selbst als Schiffspassagierin wurde ich in Tunis bei der Passkontrolle massiv unter Druck gesetzt und bekam Panik, nicht an Bord gelassen zu werden. Obwohl ich hochschwanger war, behandelte man mich rücksichtslos, als das rote Licht wie zu erwarten aufleuchtete. Keiner der Beamten begegnete mir freundlich oder zeigte Mitgefühl. Mein Traum vom schönen Leben in Tunesien war nun endgültig geplatzt. Ich war hart auf dem Boden der Realität gelandet.

Durch den Stress hatte ich ständig leichte Wehen. Ich betete, dass das Kind keine Geburt auf hoher See anstrebte. Doch wenigstens an Bord meinte das Schicksal es gut mit mir: Ich teilte mir die Kabine mit zwei tunesischen Krankenschwestern, die in Italien arbeiteten. Sie beruhigten mich und schenkten mir Sicherheit. Und ich hatte noch einmal Glück. Ein älterer Herr, den ich zufällig kennenlernte, bot mir an, mich in seinem Auto bis nach Kassel mitzunehmen. Von da war es nicht mehr weit nach Velbert. Dort wartete ich auf die Geburt.

BRÜDERCHEN UND
SCHWESTERCHEN

Alles, was wir wollten, war zusammen sein ... und waren doch jeder für sich allein: Emira in M'Saken, Mohamed auf Djerba und ich in Deutschland. In Gedanken und im Herzen fühlten wir uns in all der Zeit innig verbunden, und doch lastete die Trennung auf uns.

Emiras Schicksal belastete mich schwer, da ich wusste, wie streng sie in M'Saken gehalten wurde. Immer wieder hatte ich sie auf der langen Autofahrt vor meiner Abreise ermutigt: »Du bist stark! Du wirst das schaffen!« Ich war überzeugt davon, dass mein Kind seine Klugheit einsetzen würde, um diese Zeit der Entbehrungen zu meistern, und richtete Emiras angeschlagene Zuversicht in unseren sonntäglichen Telefonaten wieder auf. »Emira, halte noch eine Weile durch! Bald sind wir zusammen!«

Auch über Facebook kommunizierten wir. Bald schon würde ich hier Fotos von Elias, ihrem Brüderchen, einstellen! Einerseits freute ich mich über die technischen Möglichkeiten, die uns die Zeit der Trennung erleichterten, andererseits dokumentierten sie, wie verrückt unsere Welt war. Das neugeborene Baby würde seinen Vater und seine Schwester nicht sehen, riechen, fühlen, hören, schmecken können. Da war es von Vorteil, dass Elias die liebe Verwandtschaft erst mal egal sein würde, Hauptsache Mama und Milch. Aber für Mohamed und Emira, die sich so sehr auf ihr Brüderchen freute, war das traurig, sehr traurig.

Bei jeder Untersuchung in den letzten Wochen meiner Schwangerschaft wurde betont, dass das Kind besonders gut genährt sei. Die von Hebammen geleitete Geburt verlief ohne Komplikationen, dauerte aber lang bei diesem Wonneproppen. Danach blieb ich noch eine Woche im Krankenhaus und erholte mich. Ich bekam häufig Besuch von meiner Familie. Alle waren hin und weg und stimmten überein: »Elias ist seinem Vater wie aus dem Gesicht geschnitten!« Ich bat meine Schwester Johanna, mich in der zweiten Hälfte des Wochenbetts zu begleiten. Wir verbrachten eine sehr schöne und intensive Zeit miteinander. So nah waren wir uns lang nicht mehr gewesen, und Johanna absolvierte einen Schnupperkurs in Säuglingspflege.

Sie half mir auch dabei, alle nötigen Unterlagen für das Ausländeramt zusammenzustellen, damit Mohamed schnellstmöglich zu uns nach Deutschland kommen konnte. In ihrer gewissenhaften Art war sie mir eine große Stütze, da ich nach Elias' Geburt oft ziemlich erschöpft war. Ich war sehr gespannt, welche Persönlichkeit in dem kleinen Elias steckte, der jetzt schon deutlich zeigte, dass er wusste, was er wollte: Trinken! Mehr!

Obwohl mir die Zeit bis zu Mohameds Ankunft unerträglich lang erschien, verging sie dann doch wie im Flug, und in der ersten Dezemberwoche, rund fünf

Wochen nach Elias' Geburt, holten wir ihn am Flughafen ab. Mohamed war außer sich vor Freude. Trotz der unglaublichen Spannung, jetzt gleich seinem Kind zum ersten Mal zu begegnen, begrüßte er mich, ehe er sich Elias zuwandte.

»Hallo!«, sagte der Vater dann zu seinem Sohn. Seine Augen schimmerten feucht.

Für Mohamed war nicht nur die Vaterrolle neu, alles war neu für ihn. Das Land, die Sitten und Gebräuche, die Winterkälte, die Sprache, Blaukraut, Rheinischer Sauerbraten mit Knödel. Ich dachte mir manchmal, dass er nun in jener Position war, in der ich vor vielen Jahren in Tunesien begonnen hatte. Doch er ging anders damit um. Ich bin eher abenteuerlustig und muss heute nicht schon einen Plan für morgen schmieden. Ich lasse die Dinge auf mich zukommen und entscheide spontan. Mohamed bevorzugt Sicherheit. Einmal stellte ein Freund grinsend fest, dass Mohamed besser zu Deutschland passe als ich. Da ist was dran!

Meine Großmütter nahmen ihn auf wie einen Sohn, und sein zuvorkommendes, fürsorgliches Wesen machte es ihm leicht, sich schnell einzugewöhnen. Zudem ist er sehr intelligent, und er wollte alles wissen und lernte nicht nur die Sprache, sondern auch die deutschen Sitten und Gebräuche in einem beachtlichen Tempo.

In den ersten drei Monaten seines Aufenthalts durfte er noch nicht arbeiten, so konnte er sich ganz seinem Sohn widmen – und den Vokabeln. Das Herz ging mir auf, wenn ich Mohamed und Elias miteinander kuscheln sah.

Dann fiel mir Emira ein. Und das tat weh. Doch nicht mehr lange, mein tapferer kleiner Schatz, nicht mehr lange!

Mohamed war knapp zwei Wochen in Deutschland und Elias sieben Wochen alt, da flog ich schon wieder nach Tunesien, denn für Emira begannen die Ferien. Im Bus war sie ohne Begleitperson die 500 Kilometer zu ihrem Vater gefahren. Ich durfte mir nicht ausmalen, was unterwegs hätte passieren können. Wie hatte Farid das zulassen können!

Am verabredeten Treffpunkt holte ich sie ab und fuhr mit ihr in unsere Wohnung, die ich behalten hatte. Emira freute sich riesig über ihr Brüderchen. Ganz genau wollte sie wissen, wie man mit einem Säugling umgeht, und jauchzte jedes Mal, wenn die Windel voll war, weil sie ihn dann wickeln durfte. Irgendjemand in Deutschland hatte mich gewarnt, dass Emira eifersüchtig sein könnte. Ich beobachtete sie aufmerksam und stellte nichts dergleichen an ihr fest. Vielleicht war der Altersunterschied von sieben Jahren auch zu groß. Emira war begeistert von ihrer neuen Rolle als große Schwester.

Auf einmal hatte ich eine Glückssträhne. Alles, was wir anpackten, gelang uns. Ich glaubte fest daran, dass wir es irgendwie schaffen würden, gemeinsam als Familie zu leben. Schon nach kurzer Zeit vermisste ich Mohamed, und es tat mir leid, dass er erneut von Elias getrennt war. Doch ich stillte das Baby ja noch. Wenn meine Sehnsucht zu groß wurde, überlistete ich mich selbst, indem ich mir einredete, dass dies der allerbeste Integrationskurs für ihn wäre: kaum zehn Tage in Deutschland und schon allein.

Nun ja, nicht ganz: Meine Oma mütterlicherseits hatte ihn unter ihre Fittiche genommen. Ich konnte mir keinen besseren Platz vorstellen, ich hatte ihn selbst schon oft genug genossen. An einem Sonntagvormittag rief ich bei meiner Oma an und ertappte die beiden beim Sektfrühstück!

Ich rechnete es Mohamed hoch an, dass er mir kein schlechtes Gewissen machte und mich voll und ganz unterstützte, dass ich die Zeit mit Emira verbringen wollte. Nicht nur was sie betraf, waren wir einer Meinung. Ich versuchte ihn mit einzubeziehen, mitreisen zu lassen, indem ich ihm Fotos schickte. Besonders viel fotografierte ich bei seinen Eltern, die ich mit Elias und Emira besuchte. Wieder raste die Zeit nur so, und auf einmal stand der Abschied von der Tür.

Emira war tapfer. Sie wusste, dass das sein musste. Sie wusste, dass ich alles mir Mögliche unternahm, um sie nach Deutschland zu holen. Wie immer, wenn ich sie verließ, blutete mir das Herz.

Zurück in Deutschland bereitete Mohamed sich auf seinen Integrationskurs vor. Ich staunte, wie gut er nach dem Volkshochschulkurs schon Deutsch sprach. Es sollte nicht mehr lange dauern, und er amüsierte sich über die Comedy-Sendungen im Fernsehen.

Ein Highlight war es für Mohamed, Post zu bekommen. Es begeisterte ihn, wenn sein Name auf einem Brief stand. Briefe zu erhalten ist in Tunesien nicht üblich, da kommt eher ein Bote und gibt einen Zettel ab, ohne Briefumschlag. Mohamed fühlte sich durch den Postweg als Mitbürger akzeptiert und ernst genommen. Ein neues Lebensgefühl für ihn, obwohl ihm durchaus klar war, dass er, was Karriere und Job betraf, ganz unten beginnen würde. Doch er war jung und motiviert, extrem wissbegierig und bildungshungrig – und überglücklich mit seinem Sohn und mir. An Heimweh litt Mohamed nicht. Nur ein bisschen wärmer hätte es sein dürfen. Auch diesbezüglich waren wir einer Meinung.

Ostern 2010 flog ich in den Ferien mit Elias erneut nach Tunesien. Ich befürchtete, dass mein Sorgerecht erlöschen würde, wenn ich zu lange nicht bei Emira wäre. Und ich wollte ihr natürlich in der kurzen Zeit, die wir über Ostern miteinander verbringen würden, neuen Mut schenken und sie beruhigen. Sie war nicht vergessen, es dauerte nur noch ein bisschen. »Wir tun, was wir können, Emira! Halte durch!«

In Wirklichkeit war ich tief verzweifelt, denn ich wusste nicht, was wir noch tun sollten. Nach wie vor leuchtete das rote Licht, wenn ich nach Tunesien ein- oder ausreiste. Warum erlosch diese Blockade denn nie? Es gab doch sonst auch für alles Fristen!

In diesem Urlaub kündigte ich meine Wohnung auf Djerba. Mohameds Familie kümmerte sich später, als ich schon wieder in Deutschland war, um die Möbel und brachte sie in die Wohnung seines Onkels in Toujane.

Das nächste Treffen mit Emira würde erst im Sommer stattfinden können. Im Anschluss an unsere gemeinsame Zeit in den Bergen würden wir Urlaub mit meiner Oma und Elias in einem Hotel auf Djerba machen. Wie gern wäre Mohamed mitgekommen, doch er hatte inzwischen eine Arbeit in Deutschland gefunden und würde deshalb in Velbert bleiben müssen. Bei der ersten Bewerbung schon hatte es für ihn in der Gastronomie geklappt; ein Anfang war gemacht.

Im August landete ich auf Djerba und hatte die üblichen Probleme an der Grenze. Diesmal nahm ich mir fest vor, die Fassung zu bewahren, und wartete geduldig, bis ich die unangenehme Prozedur durchlaufen hatte, die mein Pass auslöste. Ich wurde behandelt wie eine Kriminelle. Wie lautete das Verbrechen, das mir vorgeworfen wurde? Dass ich meine Tochter bei mir haben wollte?

Bei Farid wartete Emira sehnsüchtig auf mich. Die Überprüfung meiner Person und meines Gepäcks schien kein Ende zu nehmen. Telefonisch entschuldigte ich mich bei ihr, weil ich mich verspäten würde, und bat dann ihren Vater, schließlich steckte er hinter dieser Schikane: »Könntest du hier bitte mal anrufen, um das Prozedere wegen der Blockade in meinem Pass zu verkürzen oder diese Blockade aufzuheben?«

»Ich muss eilig zu einem Patienten, ein Notfall.« Und weg war er.

Zehn Minuten später rief er wieder an und sagte mir, dass er Emira in der Pizzeria *Da Mario* abgesetzt hätte.

Farid hatte sich nicht geändert.

Ich nahm ein Taxi zu der Pizzeria. Emira erkannte mich zuerst gar nicht und ich sie auch nicht. Sie hatte sich verändert, blass und dünn war sie geworden und wirkte zer-

brechlich auf mich. Ihr Anblick erschütterte mich, und
ich hoffte inständig, dass es mir gelingen möge, sie wieder aufzupäppeln. Wir fuhren zu Radhia und Fathi nach
Houmt Souk, wo wir einige Tage blieben. Emira schüttete ihr kleines Herz aus. Nazima und Farid hatten sich
getrennt und sehr viel gestritten.

»Das war schrecklich, Mama!«

Es war fast beängstigend, wie treffend sie ihren Vater
imitieren konnte. Wir lachten Tränen bei ihrer kleinen
theatralischen Vorstellung, doch eigentlich war es nicht
lustig, denn es rührte an das Trauma meiner Tochter, das
sie selbst daheim erlitten hatte. Was hatte dieses kleine
Mädchen schon alles hinter sich, dachte ich traurig.

Der Koran spielte die Hauptrolle in Emiras Erzählungen. Emira wusste genau, was *haram* war. Fast alles. Toll
fand sie es, wenn ihr Papa mit ihr Pizza essen ging, *haram,*
und mit Sandra telefonierte, *haram!* Letzteres hatte Emira
ganz locker bei Nazima fallen lassen, was diese wiederum
gar nicht so toll fand. Das tat Emira dann waaaahnsinnig
leid. Aber Nazima band ihr das Kopftuch immer so fest,
»Da krieg ich gar keine Luft mehr, Mama!« Sie verdrehte
die Augen und streckte die Zunge raus, als würde sie
gleich ersticken. Ständig musste man beten und nur beten, erzählte sie, den ganzen Tag »Allah akbar«.

Emira führte mir ein regelrechtes Theaterstück vor.
Ich musste sehr lachen. Woher nahm sie das? Jedenfalls
war es ein gutes Zeichen, dass sie sich lustig machte, so
dachte ich, denn es zeigte mir, dass sie trotz ihres jungen
Alters wusste, wohin sie gehörte. Meine Tochter war ein
kritischer Geist. Und ein Schauspieltalent obendrein!

Im Ramadan verbrachten wir zwei Wochen in den Bergen bei Mohameds Familie. Dort war es extrem heiß, weit über vierzig Grad, einmal sogar tagelang über fünfundvierzig Grad – im Schatten wohlgemerkt. Emira, Elias und ich bekamen trotz der unsäglichen Hitze eine schwere Erkältung, Elias zusätzlich eine Infektion. Ich machte mir große Sorgen um ihn und brachte ihn ins Krankenhaus. Dann stürzte Emira von einem Felsvorsprung; wieder fuhr ich ins Krankenhaus, doch es war zum Glück nichts gebrochen. Wir waren alle ziemlich angeschlagen, als wir nach Djerba zurückkehrten, wo wir meine Oma und ihre Freundin trafen. Jetzt sollte unser Urlaub beginnen: zwei Wochen im Sternehotel!

»Ich glaube, ich werde alt«, gestand ich meiner Oma eines Abends. »Ich finde diesen Luxus hier wunderbar!« Vor gar nicht so langer Zeit war es genau umgekehrt gewesen, da fand der tollste Urlaub, den ich mir nur vorstellen konnte, bei Mohameds Familie in den Bergen statt. Doch diesmal hatte es mich dort angestrengt. Ich hatte ihnen auch nicht helfen können bei der Arbeit, ich hatte doch immer den kleinen Elias auf dem Arm.

»Ich verstehe dich«, nickte meine Oma. »Ich bin ja auch schon älter.«

»Oma, du bist vierundneunzig!«

»Manchmal fühle ich mich aber wirklich alt«, gab sie schlagfertig zurück.

DECKNAME SABRINA

Emira war begeistert davon, Touristin zu sein. Endlich war sie ein richtiger Gast und nicht bloß geduldet in den Hotels, in denen ihr Vater sie bei der Animation abgab, um seine Sonn- und Feiertage nach eigenem Gutdünken zu gestalten. Sie blühte förmlich auf und konnte nicht genug bekommen vom Unterhaltungsprogramm. Sie nahm auch zu und sah rundum glücklich aus. Ich war nicht so entspannt wie meine Tochter, denn nach wie vor suchte ich verzweifelt nach dem Hintertürchen, durch das wir gemeinsam schlüpfen konnten. In all der Not hatte ich einen neuen Plan geschmiedet, und der zehrte und zerrte an meinen Nerven.

Ich wollte unter den Gästen ein Kind finden, das Emira ähnlich sah. Dann würde ich seine Eltern bitten, mir den Pass ihrer Tochter zu geben. Mit diesem Pass wollte ich ausreisen. Die Eltern sollten den Pass gestohlen melden und einen neuen beantragen, mit dem sie und ihr Kind dann ausreisen konnten. Eines Tages sah ich ein Mädchen, das Emira in der Tat ähnelte; Sabrina hieß es, wie ich in Erfahrung brachte. Mir wurde übel vor Aufregung. Ich wagte es nicht, die Eltern einfach so anzusprechen, und weihte zwei junge deutsche Frauen, die als Animateurinnen im Kinderclub arbeiteten, in meinen Plan ein. Beide mochten Emira sehr gern und versprachen mir, sich für uns einzusetzen. Sie fühlten bei den Eltern des Mädchens vor, und die erklärten sich zu einem Treffen bereit. Das nette Ehepaar aus München verstand meine Notlage, und Sabrinas Vater beschäftigte sich einen Tag lang mit allen Eventualitäten.

»Es tut mir leid«, sagte er dann. »Das kann nicht funktionieren. Denn wenn Emira mit Sabrinas Pass ausreist, ist Sabrina ja als ausgereist im Computer gespeichert. Das heißt, wenn wir einige Tage nach Ihnen mit Sabrina ausreisen wollten, wäre sie laut der Daten der hiesigen Behörden bereits außer Landes, und da wir ihren Pass als gestohlen gemeldet hätten, könnten wir Schwierigkeiten bekommen.«

Ich brach in Tränen aus. Mein schöner Plan! Wieder war eine Hoffnung geplatzt.

»Bitte verzweifeln Sie nicht«, bat mich der Mann. »Ich habe eine andere Idee.«

»Ja?« Ich beugte mich vor.

»Wir reisen aus, ich schicke Ihnen Sabrinas Pass von München aus per Eilsendung – und dann versuchen Sie Ihr Glück.«

»Das ist wahnsinnig nett«, stammelte ich.

»Leider weiß ich nicht, ob es funktioniert, denn Sie stehen vor demselben Problem. Doch vielleicht gelingt es Ihnen, einen zweiten Einreisestempel in den Pass zu bekommen – Menschen am Computer machen Fehler, es könnte sich jemand vertippt haben ...«

Ich fiel dem Mann um den Hals.

Die Familie flog ab, drei Tage später erhielt ich eine Eilzustellung. Mit zitternden Händen öffnete ich das Kuvert. Sabrinas Vater hatte Wort gehalten und mir den Pass seiner Tochter geschickt. Doch wie sollte ich an einen Einreisestempel kommen? Ich konnte es nur ohne ihn versuchen. In letzter Zeit hatte ich so viel Glück gehabt, warum nicht noch einmal, ein letztes Mal …

Doch dann meldete Farid sich. Am Tag vor unserer geplanten Rückkehr nach Deutschland fand das Zuckerfest *Aid* statt, ein hoher islamischer Feiertag am Ende des Ramadan. Ich hatte nun zwar das Sorgerecht, doch Farid durfte die Sonn- und Feiertage mit Emira verbringen, und darauf pochte er.

»Aber Farid! Es ist unser vorletzter Tag!«

»Ich sehe meine Tochter an Sonn- und Feiertagen«, erwiderte er hart.

»Wir haben doch besprochen, dass du darauf verzichtest, wenn ich in den Ferien in Tunesien bin!« Ich schluckte die Bemerkung hinunter, dass Emira in M'Saken viele Sonn- und Feiertage ohne ihren Vater hatte verbringen müssen.

»Die Sonn- und Feiertage sind mein Recht«, wiederholte er wie ein Automat. »Ich werde sie um zwölf Uhr Mittag zum Zuckerfest abholen.«

»Farid, ich gebe dir Emira, sprich selbst mit ihr.«

Emira weinte ins Telefon »Ich will nicht zum Zuckerfest. Wir machen doch dann Piratenschiffkrieg mit Wasserschlacht!«

»*Haram*«, sagte Farid, obwohl ihm das sonst herzlich egal war. »An Aid darf man nicht schwimmen.«

Da gab Emira klein bei. Als ich mich später erkundigte, stellte sich heraus, dass noch niemand von dieser Regel gehört hatte, dass man an Aid nicht ins Wasser dürfe. Hauptsache, man zeigte als Frau keine nackte Haut

Ich dachte lange über das Telefonat nach, und mich überlief es heiß und kalt, denn ich fürchtete, Farid könne ahnen, dass ich mit Emira ausreisen wollte. Wollte er sie mir deshalb vorher wegnehmen? Ich wusste ja, dass er den Ramadan nicht einhielt, warum drängte er dann plötzlich darauf, dieses Jahr das Aid-Fest mit ihr zu feiern? Wollte er verhindern, dass sie bis zu meinem Abflug bei mir blieb?

Ohne es auszusprechen, war die heiße Phase des Krieges um unsere Tochter eröffnet. Emira und ich mussten weg. Schnell. Vor dem Zuckerfest.

Als Emira am Nachmittag am Pool von einem fremden Mann angesprochen wurde, der wissen wollte, ob sie die Tochter des Arztes sei, war mir klar, dass wir abermals unter Beobachtung standen. Vermutlich hatte Farid seine Spione im Hotel.

In einer Nacht-und-Nebel-Aktion verließen Emira und ich heimlich das Hotel. Die beiden deutschen Animateurinnen hatten mir einen Fahrer vermittelt, dem wir vertrauen konnten. Als wir das Sicherheitshäuschen passierten, lenkten die beiden die diensthabenden Männer ab. Vor dem Hotel wurde die Lage von zwei Freunden Mohameds überwacht, die er telefonisch zu Hilfe gerufen hatte, unsere persönliche Security sozusagen.

Ungehindert verließen Emira und ich das Hotel. Der

Fahrer brachte mich zu einer seiner Bekannten, wo wir eine Nacht bleiben konnten. Ich tat kein Auge zu und dachte über meinen nächsten Plan nach. Ich kannte einen Reiseleiter, mit dem ich bereits im Hotel Kontakt aufgenommen hatte. Er riet mir, eine Reise nach Libyen zu buchen. Ich musste nur noch ein Visum in Tunis für Emira, Elias und mich besorgen. Ob das so einfach wäre? Würde Farid von Amtsseite darüber informiert werden?

Am nächsten Tag meldete sich Mohameds Onkel bei mir. Er hatte einen Mann kennengelernt, der zugesagt hatte, uns über die grüne Grenze nach Libyen zu bringen. Das klang großartig. So brauchte ich auf kein vages Visum zu warten und sparte Zeit und Geld.

»Aber es ist gefährlich!«, rief Mohamed am Telefon außer sich.

»Dein Onkel wird uns ein Stück begleiten.«

Da beruhigte er sich.

Doch dann meldete sich der Kontaktmann nicht mehr bei Mohameds Onkel. Also doch ein Visum in Tunis beantragen? Ich fürchtete mich vor der langen Fahrt, denn Farid war mir auf den Fersen. Ich hatte erfahren, dass er mich angezeigt hatte, wahrscheinlich mit der Begründung, ich würde ihm sein Kind wegnehmen, da er es am Zuckerfest *Aid* nicht gesehen hatte. Nun wurden wir also von der Polizei gesucht. Tunis und das Visum konnten wir damit von der Liste unserer Möglichkeiten streichen. Ich mietete ein Auto und fuhr in Begleitung von Mohameds Onkel in den Süden, nach Douz. Bis zur libyschen Grenze war es nicht weit, hierher zog es mich magisch. Emira und ich waren krank vor Angst, im Gegensatz zu

Elias, der, noch nicht einmal ein Jahr alt, viel zu klein war, von der Flucht etwas mitzubekommen. Ein Freund von Mohamed besorgte uns ein Zimmer in einem Hotel, ohne dass wir uns dort anmelden mussten. Ein Freund von Mohameds Onkel riet uns dringend, nach Tunis zurückzukehren, denn die Grenzen in Libyen seien im Moment dicht. Ein anderer Freund Mohameds empfahl uns, bei der Botschaft meines Landes in Tunis vorzusprechen.

Was sollten wir tun? Meine Gedanken kreisten ununterbrochen. Da die Grenze zu Libyen tatsächlich dicht war, blieb uns dieser Fluchtweg versperrt. Keinesfalls wollte ich meine Kinder in Gefahr bringen. Also die Botschaft, dachte ich. Mit dem Bus machten wir uns auf den langen Weg nach Tunis, rund 450 Kilometer lagen vor uns. Zum Glück schlief Elias meistens. Emira und mir war klar, dass die Polizei uns jede Sekunde verhaften konnte. Einige Male wurde der Bus auch angehalten. Meine Tochter und ich waren jedes Mal wie gelähmt vor Angst. Unsere Hände zitterten, und mir brach der Schweiß aus. Doch wir hatten Glück, die Polizei sprach immer nur mit dem Fahrer. Unsere Nerven aber lagen blank. Plötzlich kreischte Emira aus dem geöffneten Fenster hinaus: »Mama! Polizei!«

Der Kopf des Polizisten, der neben einer Ampel stand, ruckte herum. Er erblickte Emira, gab einem Kollegen ein Zeichen, der Bus wurde angehalten und wir zum Aussteigen aufgefordert. Emira schrie wie am Spieß. Sie hatte Todesangst und konnte sich nicht mehr beruhigen. Natürlich schrie Elias nun auch. Und ich? Ich konnte bloß noch weinen. Ich war völlig erschöpft. Was den Po-

lizisten egal war. Einen ganzen Tag lang wurde ich verhört.

Wo kommen Sie her?

Wo wollen Sie hin?

Wer ist der Vater der Kinder?

Wir bekamen nichts zu essen, nur Wasser. Ich zeigte
alle meine Papiere vor, am wichtigsten hierbei das Sorgerecht für Emira.

Wo kommen Sie her?

Wo wollen Sie hin?

Ich erzählte meine ganze Geschichte mindestens vier
Mal. Wegen der Verständigungsschwierigkeiten dauerte
es länger, obwohl ich mittlerweile recht gut Tunesisch
sprach. Immer wieder musste ich von vorn erzählen, da
ständig höhere Beamte auftauchten, die alles wieder ganz
genau wissen wollten.

Wo kommen Sie her?

Wo wollen Sie hin?

Endlich durfte ich meinen Anwalt anrufen. Er erklärte
mir, dass es darum gehe, ob mir Emira jetzt auf der Stelle
weggenommen werde oder ich mit ihr weiterfahren
dürfe. Offenbar war das Sorgerecht in der Zwischenzeit
Farid zugesprochen worden. Und ich hatte nichts davon
erfahren!

Die Telefone zwischen dieser staubigen Kleinstadt im
Irgendwo und Tunis liefen heiß. Ich hatte Panik, doch
schließlich stellte sich heraus, dass Farid ein Formfehler
unterlaufen war. Er hatte es versäumt, mich zu benach-
richtigen, als er den Antrag auf das Sorgerecht stellte. Insofern war dieses Verfahren ungültig, und die Polizisten

sollten mich freilassen. Denn das einzige Vergehen, das mir nachgewiesen werden konnte, hatte gar nichts mit mir zu tun, sondern mit Emira. Sie wollte ihren Vater nicht sehen, was sie jedes Mal unbeirrbar wiederholte, wenn sie gefragt wurde, so auch auf dieser Polizeidienststelle. Ein Kind, das den Vater nicht sehen will, kann nicht gezwungen werden, ihn zu sehen, auch wenn er das Sonn- und Feiertagsbesuchsrecht hat. Als dies alles endlich erschöpfend geklärt war, änderte sich das Verhalten der Polizisten schlagartig. Sie entschuldigten sich, wir bekamen zu essen, und sie organisierten einen Wagen mit Chauffeur, der uns nach Tunis brachte.

Mit den Nerven am Ende, fielen wir weit nach Mitternacht in unser Hotelbett. Am nächsten Tag erinnerte ich mich an einen freundlichen Beamten aus einem Ministerium, der mir in meiner Autosache geholfen hatte. Ich rief ihn an. Camel hatte auch eine kleine Tochter, die er über alles liebte, und nahm sich meiner ein zweites Mal an. Wir trafen uns in einem Café, und er hörte mir aufmerksam zu, als ich ihm meine Leidensgeschichte erzählte. Obwohl ich polizeilich nun nicht mehr gesucht wurde, fühlte ich mich verfolgt und hatte große Angst.

Camel besorgte uns zuerst einmal ein besseres Hotel in Tunis. Außerdem kümmerte er sich darum, dass mein Verdacht überprüft wurde. Nach zwei Tagen meldete er mir: »Ja, es stimmt, ihr werdet verfolgt. Jeder eurer Schritte wird überwacht.«

»Aber wer steckt dahinter?«

Camel zuckte mit den Schultern.

Ich weiß bis heute nicht, ob Farid uns verfolgen ließ

oder die Behörden – und ob zwischen beiden überhaupt ein Unterschied bestand. Doch es war klar, dass wir nun noch schlechtere Karten für unsere Flucht hatten. Was war nur aus dem Tunesien meiner Träume geworden? Dies war ein Überwachungsstaat, es gab wie in der ehemaligen DDR Akten über viele Bürger; wer in irgendeiner Form gegen die Regierung sprach, wurde beschattet, womöglich gefoltert und ins Gefängnis gesteckt, des Landes verwiesen. Manchmal, so hörte ich, verschwand auch jemand einfach so auf Nimmerwiedersehen.

Camel riet uns, wegen des Passes beim Innenministerium vorzusprechen, doch das hielt ich für einen Fehler. Meine Intuition warnte mich davor.

Ich hatte vor allem Angst. Überall witterte ich Verrat.

DER ÜBERFALL

Emira war schulpflichtig, und die Ferien neigten sich dem Ende zu. Wenn ich meine Tochter am Schulbesuch hinderte, könnte ich von Gesetzes wegen mein Sorgerecht verspielen. Ich beschloss, in Tunis zu bleiben, und suchte eine Wohnung, was zeitaufwendig und schwierig war, bis wir vorübergehend bei einer alten Dame unterkamen. In Deutschland war Mohamed inzwischen ein einziges Nervenbündel, was ich bei jedem Telefonat merkte. Ich sollte längst zu Hause sein und war nun womöglich in Lebensgefahr – mit seinem Sohn!

Ich fasste den Plan, den Leuten, die uns beschatteten, ein geregeltes Leben vorzuspielen. Ich wollte Emira in einer Schule anmelden und eine Wohnung mieten.

Tunis war eine moderne Stadt mit vielen Shoppingangeboten, Bazaren, einem Zoo. Es gab viele schöne Ecken dort. Leider war es aber auch sehr teuer. Doch Tunis war weit genug entfernt von Djerba und Farid, was derzeit mein wichtigstes Kriterium war. Da Farid Emira in M'Saken nur selten besucht hatte, musste ich nicht befürchten, er würde oft nach Tunis kommen, vor allem, da ihm nun sicherlich zum wiederholten Male mitgeteilt worden war, dass seine Tochter ihn nicht sehen wollte, was sie ihm auch selbst oft genug am Telefon gesagt hatte. Tunis schien perfekt.

An der Schule in Tunis erfuhr ich, dass ich eine Bestätigung von Emiras bisheriger Schule brauchte, um sie anmelden zu können. Durch Zufall lernte ich jemanden kennen, der mich in Emiras ehemalige Schule begleitete. Allein hätte ich mich nicht in die Höhle des Löwen gewagt. Auch Emira hatte große Angst. Dennoch schlug sie vor, ihre warme Kleidung aus M'Saken zu holen, denn seit einigen Tagen fror sie abends. Wir hatten nur ihre Sommerkleidung im Feriengepäck.

»Ich rate dringend davon ab, die Kleidung zu holen«, warnte unser Begleiter, dem ich unsere Geschichte erzählt hatte.

»Was soll uns passieren?«, gab ich mich lockerer, als ich mich fühlte. »Die Sachen gehören Emira.«

»Und gestern hab ich so gefroren!«, warf Emira ein.

Zu meiner Erleichterung war es kein Problem, von Emiras ehemaliger Schule die benötigte Bestätigung zu erhalten.

»Dann fahren wir jetzt die Klamotten holen«, bat ich unseren Chauffeur.

Auf dem Weg nach M'Saken beschloss ich, ganz ehrlich mit Farids Familie zu sprechen. Wenn ich ihnen sagte, dass Emira lieber bei ihrer Mutter lebte, dann mussten sie das doch akzeptieren. Was sollten sie dagegen einwenden? Vielleicht hatten sie ja auch Einfluss auf Farid. Wie sehr hoffte ich auf eine gütliche Regelung.

Der Mann, der uns fuhr, parkte am Anfang der Gasse,

stieg aus dem Wagen und zündete sich eine Zigarette an. Mit Elias auf dem Arm und Emira an der Hand klopfte ich an die Tür der Familie. Mutter und Vater von Farid baten uns herein. Der Vater schloss die Tür. Ich öffnete sie wieder und stellte mich in den Türrahmen.

»Hallo, Emira, wie geht es dir?« *Aslema Chnowachwelek.*
Emira ließ meine Hand nicht los, sie klammerte sich regelrecht fest an mir. Ich sagte, was ich zu sagen hatte.
»Wir haben die Papiere von der Schule abgeholt. Emira wird bei mir bleiben. Ich weiß, dass ihr es gut mit eurem Enkelkind meint, aber das Kind möchte nicht hier wohnen.«

»Glaubst du, du bist eine bessere Mutter als meine Frau?«, empörte sich Emiras Opa.

»Das hat doch damit nichts zu tun! Wir wollen nur die Sachen holen.«

»Welche Sachen? Wir haben keine Sachen. Wir haben ihr alles mitgegeben.«

»Aber Mama, das stimmt nicht!« Empört schaute Emira von ihren Großeltern zu mir und zurück. »Meine ganzen warmen Anziehsachen sind im Schrank. Und meine Spielsachen auch!«

Der Vater verließ den Raum. Ich hörte ihn telefonieren.

»Mama, der ruft den Papa an«, raunte Emira mir zu.

»Komm!« Wir sprangen nach draußen auf die Straße.

Da kam der Großvater herausgestürmt, stürzte sich auf uns, die Oma folgte, und die beiden alten Leute begannen wie rasend auf uns einzudreschen. Meine Exschwiegermutter schlug mir mit der flachen Hand auf den Kopf. Ich hatte Elias auf dem Arm und konnte mich nicht wehren. Emiras Großvater versuchte seiner Enkelin habhaft zu werden, prügelte sie, zerrte an ihr. Wild wehrte sich Emira, ihr T-Shirt zerfetzt, riss sie sich los. Die Großmutter zog mich an den Haaren, Emira kreischte panisch, Elias schrie, eine Menschentraube bildete sich um uns. Da ließen die beiden Wahnsinnigen von uns ab. Mit Emira an der Hand und Elias auf dem Arm rannte ich zu unserem Chauffeur, der mir als Augenzeuge versprach, diesen Vorfall bei der Polizei zu Protokoll zu geben. Wir fuhren ins Krankenhaus, weil Emiras Schulter schmerzte, ihr rechter Arm war mit roten Abdrücken übersät und blutete an einer Stelle.

Wir brauchten lang, bis wir uns von diesem Schrecken erholt hatten. Wie sehnte ich mich nach Sicherheit. In Tunis, so spürte ich, waren wir nicht sicher. Mohamed hatte am Telefon vorgeschlagen, ich sollte in die Nähe seiner Eltern ziehen, wo unsere Möbel bereits in der Wohnung von Mohameds Onkel untergestellt waren. Es wäre nicht nur wesentlich billiger, sondern auch praktisch, wenn Emira in Toujane zur Schule gehe. Dort wären wir nicht so allein, und es warf zudem ein gutes Licht auf unseren Plan, den Behörden und Farid ein normales Leben vorzuspielen, denn sie wussten ja von Mohamed, und selbstverständlich würde eine ehrbare Tunesierin nicht irgendwo in einer Großstadt leben, sondern bei ihrer wenn auch weitläufigen Verwandtschaft. Das leuchtete mir ein.

Zwar war Toujane das Kontrastprogramm zu Tunis,

doch ich wollte schließlich keine Wurzeln schlagen, nur so tun als ob. In Toujane gab es praktisch nichts. Eine Hauptstraße, ein paar Häuser, viele davon verlassen. Die Männer wirkten ein bisschen wie Türsteher, die Frauen blieben im Haus, nicht mal einkaufen durften sie. Emira und ich fühlten uns jedenfalls sicher. Unsere Wohnung – drei Zimmer mit Küche und kleinem Bad – befand sich gegenüber dem Gymnasium, und davor patrouillierte ein Wachmann. Mohameds Vater bat ihn, ein Auge auf uns zu werfen. Und nicht nur er. Das ganze Dorf passte auf uns auf, denn wir gehörten zu Mohameds Familie. Außerdem hatte ich zwei entzückende Kinder, Mohameds Sohn und Emira, die charmant und aufgeweckt fast jeden um den Finger wickelte.

Emira ging gern zur Schule und freundete sich schnell mit anderen Kindern an, ich kümmerte mich um den Haushalt und um Elias. Wann immer ich etwas brauchte, bekam ich Hilfe, und oft, wenn ich unsere Wohnung verließ, heftete sich ein Verwandter von Mohameds Familie, die stündlich zu wachsen schien, an meine Fersen. Um nicht noch mehr aufzufallen, trug ich ein Kopftuch, was mir nichts ausmachte, da ich im Winter auch in Deutschland den Kopf bedecke, weil ich nicht frieren möchte. Zu unserer Freude war die Wohnung mit einem kleinen Gasofen ausgestattet, eine Besonderheit für tunesische Verhältnisse. Endlich kamen wir zur Ruhe. Doch unser Aufenthalt in dem Dorf war nur eine Zwischenstation. Die Gegend hier war ruhiger, aber das lag daran, dass sie so verlassen war. Eine Zukunft für Mohamed, die Kinder und mich gab es hier nicht.

Mohamed litt sehr unter meiner Abwesenheit, und er vermisste Elias schmerzlich. Immerhin war es ihm ein Trost, dass wir so nah bei seiner Familie lebten. Er ist ein sehr gutmütiger und geduldiger Mensch.

Ich wechselte den Anwalt, da ich nun in einem anderen Bezirk wohnte. Vormals Djerba, jetzt Gabes. Erneut beantragte ich einen Ferienaufenthalt für Emira in Deutschland, damit sie ihre Urgroßmütter besuchen könnte. Außerhalb von Farids Einflussbereich rechnete ich mir Chancen aus, dass der Richter zustimmte.

Wir scheiterten. Ich stürzte erneut in ein tiefes Loch. Mohamed versuchte mich am Telefon wieder aufzurichten, was sicher nicht einfach für ihn war, da er doch selbst unter der Situation litt. Wir machten uns gegenseitig Mut. *Das wird schon noch. Kommt Zeit, kommt Rat. Bestimmt fällt uns eine Lösung ein.*

Mir fiel aber nichts ein. Ich bemühte mich, meine Niedergeschlagenheit vor Emira zu verbergen. Sie sollte die Gewissheit verspüren, dass ihre Zukunft nicht in M'Saken enden würde, wie sie wohl befürchtete.

»Mama, stimmt das, dass ich bald einen Mann aus M'Saken heiraten muss?«

Ich erschrak, sie war doch noch so klein. Doch ich sah sie mit deutschen Augen, nicht mit denen ihrer tunesischen Großmutter. »Nein«, beruhigte ich sie und war in diesem Moment nicht halb so zuversichtlich, wie ich es mir wünschte.

Mohamed kam in Deutschland immer besser zurecht und versuchte von dort aus, neue Wege zu finden, um

Emira zu befreien. Ich schöpfte Hoffnung. Irgendwie musste es doch eine Möglichkeit geben, ein ganz normales Leben zu führen! Ich hatte nie daran geglaubt, von Deutschland aus etwas ausrichten zu können. Doch wir mussten es versuchen.

Also fragte ich Mohameds Eltern, ob sie Emira für eine Weile nehmen würden, dann könnte ich heim zu Mohamed fliegen. Sie willigten ein, und ich ließ mir einen Termin beim Richter geben und bat um die Erlaubnis, mein Kind hier in den Bergen zu lassen.

»Bringen Sie mir den Mann, der die Verantwortung für das Kind übernehmen will, dann sprechen wir weiter.«

In Tunesien kann man kein Kind adoptieren, nur eine Pflegschaft auf Zeit übernehmen. Das nennt man *Kafalla*. Da ich das Sorgerecht hatte, musste ich Farid nicht fragen. Nach einem Gespräch mit Mohameds Vater stimmte der Richter zu. Emira durfte bei Mohameds Eltern bleiben, worauf sie sich freute, und wurde wegen des Besuchsrecht ihres Vaters noch zweimal nachdrücklich gefragt.

»Nein, ich möchte meinen Vater an Sonn- und Feiertagen nicht sehen«, blieb sie bei ihrer Aussage.

Zur Adventszeit 2010 war ich wieder in Deutschland. Mit Mohameds Vater war besprochen, dass ich in ein, zwei Monaten wiederkommen sollte. Ich schickte Emira und Mohameds kleiner Schwester Nawres Päckchen mit warmer Kleidung und Winterstiefeln und rief sie oft an. Bei jedem Telefonat hatte ich das Gefühl, dass es ihr den Umständen entsprechend gut ging, obwohl ihr Schulweg nun eine Stunde betrug: den Berg runter und dann auf steini-

gen Pfaden durch eine karge Landschaft, wo man ganz
schön Angst kriegen konnte, wenn die Hunde kamen.

»Da muss man immer einen Stein in der Hand haben,
Mama.« Und am Nachmittag die ganze Strecke zurück,
noch mal eine Stunde.

Bald darauf erzählte Mohamed mir von den Unruhen
in Tunesien, die er bislang von mir ferngehalten hatte, um
mich nicht zu beunruhigen. Ein Mann namens Mohamed Bouazizi hatte sich vor dem Rathaus von Sidi Bou-
zid mit Benzin übergossen und angezündet, nachdem ihn
die korrupten Behörden daran gehindert hatten, sich als
Obstverkäufer auf dem Marktplatz zu verdingen. Diese
Protestaktion sollte bald viele Nachahmer finden, denn so
wie ihm ging es unzähligen Menschen, auch Hochschulabsolventen, die verzweifelt versuchten, ihre Familien mit
kleinen Gemüseständen irgendwie über Wasser zu halten,
und dabei der Willkür und den Repressalien von Polizei
und Behörden ausgesetzt waren. Die Menschen wollten
die Verhältnisse nicht mehr hinnehmen. Der arabische
Frühling begann.

Tag und Nacht saßen wir vor dem Computer, um
Nachrichten aus Tunesien zu sammeln, denn in Deutschland war die Not der tunesischen Bevölkerung zu diesem
Zeitpunkt noch kein Thema. Mohamed erhielt Videos
von Toten und Verletzten, schreckliche Bilder, die er wei-
terleitete, um endlich ein Echo in der deutschen Öffentlichkeit zu erreichen. Das erklang nur zögerlich, vielleicht
ausgelöst von dem schrecklichen Bild des Fernsehsenders
Al Jazira, in dem einem jungen Mann das Gehirn aus dem
Kopf geprügelt worden war.

Dann endlich erreichte die Not der Aufbegehrenden auch Deutschland. Als im deutschen Fernsehen über die Unruhen berichtet wurde, stapelten sich die Toten und Verletzten in unserem Computer bereits. Für mich war es unfassbar, dass die deutsche Öffentlichkeit so lange die Augen verschlossen hatte vor den Geschehnissen in Tunesien.

Mit unseren Herzen waren Mohamed und ich bei den Demonstranten. Wir wünschten uns beide so sehr ein freies Tunesien, ein Ende der Diktatur, Freiheit für Tunesien, Ben Ali geh nach Hause! *Horra horra, Tunesia, horra horra Ben Ali a la Bara.* Ich war regelrecht euphorisch, denn ich wusste, dass uns die Jasmin-Revolution eine einzigartige Chance eröffnen würde. Um Emira musste ich mir keine Sorgen machen: In den Bergen war sie in Sicherheit. Als die Nachricht verkündet wurde, dass Ben Ali nach Saudi-Arabien geflohen war, sprangen wir jubelnd durch die Wohnung.

Mohamed hatte in meiner Abwesenheit Kontakt zu einem Anwalt aufgenommen, der ehrenamtlich arbeitete. Er schilderte ihm meinen Fall und unsere Verzweiflung, weil Emira nicht bei uns leben konnte. Der Anwalt versprach, sich unseres Falls anzunehmen, und riet Mohamed und später mir, mich an die für uns zuständige Bundestagsabgeordnete zu wenden. Das tat ich dann auch. Als Hauptproblem stellte sich schnell heraus, dass Emira keinen deutschen Pass mehr hatte, der uns ja mutwillig weggenommen worden und mittlerweile wohl irgendwo in Tunesien verschollen war. Der zweite Bürgermeister Velberts wollte sich für mich einsetzen, doch es war schwieriger, als auf den ersten Blick vermutet: Emira war nicht in Deutschland gemeldet, also konnte sie auch keinen Pass beantragen. Um sich in Deutschland anzumelden, muss man anwesend sein in Deutschland. Das ganze Amt suchte eine Lösung für uns. Ich war dankbar für die Hilfe, doch wir drehten uns im Kreis. Gesetze sind immer auch Auslegungssache. Sie sind von Menschen gemacht für Menschen. War nicht zumindest ein Teil der Tochter anwesend, wenn ihre Mutter anwesend war?

Schließlich sagte man uns, dass wir erstens Emira von Mohameds Eltern holen und sie zweitens zur deutschen Botschaft nach Tunis bringen sollten, wo sie drittens einen Reisepass beantragen sollte, den sie viertens erhalten würde. Mit diesem Pass würde sie das Land verlassen. Sozusagen fünftens.

»Ja, geht denn das?«, fragte ich entgeistert. So einfach sollte das plötzlich sein?

»Ein Mitarbeiter der deutschen Botschaft wird Sie bis ins Flugzeug begleiten.«

Ich starrte den Beamten an. »Ganz bestimmt?«

»Selbstverständlich«, lächelte er.

Meine Zuversicht erhielt einen Dämpfer, als Mohameds Vater Hedi uns anrief und mitteilte, dass Farid in den Bergen nach Emira suche. Offenbar akzeptierte er ihren Wunsch nicht, sich von ihr fernzuhalten, und wollte Männer anwerben, die seine Tochter entführen sollten. Da sie jeden Tag den weiten Weg mit Nawres und anderen Kindern aus der Gegend zur Schule ging, befand sie sich plötzlich in höchster Gefahr. Ich drehte fast durch, als ich das hörte – denn wie sollte ich das verhindern, Tausende von Kilometern von meinem Kind entfernt und ohne Möglichkeit, auf die Schnelle zu ihr zu reisen? Wegen der gewalttätigen Ausschreitungen gab es derzeit keine Flüge nach Tunesien. Wenn es Farid gelang, Emira zu entführen, würde er sie irgendwo verstecken, und ich würde sie nie, nie wiedersehen.

Doch wir hatten Glück – vorerst. Offenbar gelang es Farid wegen der Unruhen im Land nicht, Polizisten zu finden, die sich um seine Belange kümmern und sein Besuchsrecht durchsetzen wollten. Die Polizisten fungierten in dieser Zeit nur noch als Statisten. Die Macht hatte das Militär, das auf der Seite des Volkes stand. Farid beschloss, die Angelegenheit selbst in die Hand zu nehmen, und gab sich vor Mohameds Eltern als Notar aus, der das Kind mitnehmen müsse. Dazu hielt er ihnen irgendwelche Papiere unter die Nase und benahm sich autoritär-herablassend. Emira – sie war im Haus – erkannte seine Stimme und versteckte sich zitternd in einem Schrank. Hedi durchschaute den Schwindel und schickte den falschen Notar fort.

Am Telefon weinte Emira nur noch. Die Angst verschlug ihr die Sprache – wie ihrer Mutter. So weinten wir gemeinsam, bis Mohamed Emira erklärte, dass das bestimmt nicht passieren würde, weil seine Familie groß und stark sei und auf sie aufpassen würde. Ich wünschte, Emira würde ihm mehr glauben als ich. Ich war wie zerfressen von Sorge um meine Tochter.

FAMILIENZUSAMMENFÜHRUNG

Jeden Tag checkte ich die Flüge im Internet, und als Tunesien endlich wieder im freien Verkauf angeboten wurde, sicherte ich mir zwei Plätze in der ersten Maschine nach Tunis. Zuerst hatte ich allein fliegen wollen, doch wegen der politischen Entwicklungen in der jüngsten Zeit wäre das zu riskant gewesen. Die hochkriminelle und brutale ehemalige Präsidentengarde des Diktators Ben Ali streunte durch das Land. In der Bevölkerung wurden diese Soldaten des Bösen *Hunde* genannt; es waren in erster Linie Männer, die ihren Müttern als kleine Kinder weggenommen worden waren und einen Drill erlitten hatten, der mit der Abrichtung von Kampfhunden vergleichbar ist. Ein Gewissen kannten sie nicht, ihr Schmerzempfinden war gering.

Die ersten Flüge nach Tunesien landeten ausschließlich in Tunis. Es gab keine Angebote nach Djerba oder in andere touristische Gebiete. Da ich Elias noch stillte, hätte es mich völlig überfordert, mit dem Baby die 600 Kilometer vom Norden in den Süden zu reisen. Die ständige Anspannung war kaum mehr zu ertragen. Ich war froh um Mohameds Begleitung.

Mit uns im Flugzeug reiste eine Reihe bärtiger Männer, die ihre Familien seit etlichen Jahren nicht gesehen hatten, weil Ben Ali religiöse Fundamentalisten rigoros auswies. Damit hatte er den Westen gnädig zu stimmen gehofft – mit Erfolg, denn der Westen drückte nicht nur ein, sondern beide Augen und dazu auch noch Ohren zu, um von den Machenschaften des Diktators nichts zu sehen und zu hören. Auf unserem Flug wurden einige der bärtigen Männer von mitreisenden Journalisten interviewt. *Woher stammen Sie? Wie lange waren Sie nicht mehr in Ihrer Heimat? Warum wurden Sie vertrieben? Was empfinden Sie nun?*

Mir waren die Bärtigen unheimlich. Doch die Freude auf dem Flughafen berührte mich tief, und es gab nichts, was ich mir mehr wünschte, als ebenfalls zu den Glücklichen zählen zu dürfen, die ihre Familie wiedervereint wussten.

Der Flughafen in Tunis war übervölkert mit Menschenmassen, eine einzige große Party unter dem Motto Familienzusammenführung. Diese herzergreifenden Begrüßungsszenen wurden von Fernsehteams aus aller Welt gefilmt.

»Mabruk«, beglückwünschte ich unseren Taxifahrer auf dem Weg in das Hotel, in dem ich mit Emira im Sommer übernachtet hatte. Ich wollte ihn wissen lassen, dass ich die Tunesier bewunderte für ihre Kraft im Widerstand. Ein Schwall von Wörtern ergoss sich über mich. Das war zu schnell für mich, denn Mohamed sprach zu Hause langsamer mit mir. Wir erfuhren, was sich in den vergangenen Wochen hier ereignet hatte. Zwar wussten wir das schon, da wir gründlich recherchiert hatten, doch im Land selbst hörte sich das ganz anders an als aus dem Internet.

Am liebsten wären wir unmittelbar nach der Landung sofort zu Emira in den Süden aufgebrochen, doch durch die Ausgangssperre mussten wir den nächsten Morgen abwarten. Der Bus nach Gabes war wie alle anderen Verkehrsmittel proppenvoll. Immer wieder mussten Umwege gefahren werden, da zahlreiche Versammlungen und politische Kundgebungen auf Straßen und Plätzen abgehalten wurden.

Mohamed war überglücklich, endlich wieder zu Hause zu sein. Und ich irgendwie auch, denn das war das Tunesien, das ich mir immer gewünscht hatte: ein freies Land. Die Angst und die Beklemmung, unter der wir so lange gelitten hatten, waren wie weggeblasen. Jetzt gab es nur noch ein Hindernis. Es hieß Farid.

Nach acht Stunden Busfahrt gelangten wir in Gabes an, fuhren mit einer Loage nach Toujane und wurden dort abgeholt von einem Freund von Mohameds Familie, der uns zu Emira brachte. Zwei Monate hatten wir uns nicht gesehen.

Emira wollte nicht mehr bei Nawres bleiben. Wie so oft in diesem Alter hatten die Mädchen viel gestritten, sich wieder vertragen, gestritten, sich vertragen. Emira zog meistens den Kürzeren, da Nawres ein Jahr älter ist, ein beträchtlicher Vorsprung, wenn man so jung ist. Aber am scheußlichsten fand Emira den langen Schulweg, bergauf und bergab über Stock und Stein. Als sie mir das alles eng an mich gekuschelt erzählte, wuchs mein

Wunsch, sie endlich nach Deutschland zu bringen, ins Unermessliche. So viele Jahre schon musste ich mir dieses geliebte Kind immer wieder wegreißen lassen. So viele Jahre musste ich meine Gefühle unterdrücken, um nicht verrückt zu werden an meiner Sehnsucht und Verzweiflung. Was war denn so verboten daran, dass Mutter und Kind zusammenleben wollten? Noch dazu, wenn der Vater sich kaum um seine Tochter kümmerte! Ich sehnte mich mit jeder Faser meines Seins danach, endlich Alltag mit ihr erleben zu dürfen, sie immer bei mir zu wissen und ihr nie mehr unter den Gewitterwolken einer bevorstehenden Trennung gute Laune vorzuspielen. Und ich spürte, dass all die Unruhe ihres jungen Lebens Emira über Gebühr belastet hatte. Auch wenn sie als Kind in der Lage war abzuschalten, hatten die Trennungen ihre Spuren hinterlassen. Es tat weh, darüber nachzudenken, welche Kindheit ich mir für sie gewünscht hatte … und wie die Realität aussah.

Nach drei Tagen bei Mohameds Familie wurden wir alle krank. Das kannte ich schon. Der Wind in den Bergen blies kalt, und wir waren es nicht gewohnt, auf dem Boden zu sitzen. Nicht einmal Mohamed: Ihn erwischte es am schlimmsten. Sein Fieber stieg über 40 Grad, und deshalb beschlossen wir, in die Wohnung im Dorf zu ziehen: Dort hatten wir wenigstens fließend Wasser und ein Badezimmer. Als wir alle mehr oder weniger wiederhergestellt waren – die anderen mehr, ich weniger –, holte uns ein Freund von Mohamed mit dem Auto ab und brachte uns nach Tunis zur deutschen Botschaft. Innerhalb einer Stunde hatten wir Emiras neuen deutschen Pass in den Händen. Wir konnten es nicht fassen. So groß war unsere Angst vor dem Scheitern auf der Botschaft gewesen – und jetzt das! Sollte der Beamte in Deutschland wirklich recht behalten und wir bis in das Flugzeug begleitet werden? Womöglich in einer Sänfte?

Nein, so einfach war es nicht. »Das können wir nicht leisten, Frau Rothkamm«, erklärte ein Botschaftsmitarbeiter. »Ich würde Ihnen aber gern einen Anwalt empfehlen, der sich in diesen Angelegenheiten sehr gut auskennt. Wir arbeiten häufig mit ihm zusammen. Ihr Schicksal ist ja kein Einzelfall, es gibt viele Frauen in Ihrer Situation.«

Am selben Tag noch suchten wir den Anwalt auf. Er war über unsere Geschichte bereits informiert und teilte mir mit, dass mein Sorgerecht von Beginn an zu meinen Gunsten formuliert gewesen sei. Ich hätte ohne die Erlaubnis meines Exmannes jederzeit ausreisen können, wenn ich Emiras deutschen Pass und meine Sorgerechtsbescheinigung vorgezeigt hätte. Zu keinem Zeitpunkt hätte ich eine Erlaubnis von Farid benötigt, da mein alleiniges Sorgerecht das Ortsbestimmungsrecht für das Kind mit einschloss. So etwas hatte ich kürzlich schon einmal gehört bei einem Telefonat in Deutschland mit einer Anwältin, die Mohamed ausfindig gemacht hatte. Ich musste endlich einsehen, dass ich das Problem nie von Tunesien aus würde lösen können. Ich hatte keine Möglichkeit gesehen, wie mir Deutschland hätte helfen sollen. Schließlich war Tunesien aus Sicht der Behörden ein anerkannter Rechtsstat, wie mir immer wieder gesagt worden war. Diese Möglichkeit erkannte erst Mohamed, der begeistert von Deutschland und den hiesigen Möglichkeiten war. Mohamed, so kommt es mir manchmal vor, liebt die Bürokratie geradezu. Ich hingegen hatte sie besonders während meiner Zeit in Tunesien mehr und mehr als Schikane empfunden, bei der kein Mensch jemals gewann, sondern klein gehalten wurde und unterging. Anliegen wurden nie gelöst, sondern endeten ordentlich zwischen Akten wie Sargdeckeln.

Tonnenweise fielen uns nun die Steine vom Herzen. Doch noch immer konnte ich all dem nicht trauen. Stimmte das denn auch, was wir da hörten? Ich war doch eine blockierte Person.

»Jedes Mal, wenn mein Pass in Tunesien eingelesen wird, leuchtet die rote Lampe auf«, unterrichtete ich den Anwalt.

»Hm«, machte er und sah plötzlich nicht mehr ganz so zuversichtlich aus. Er dachte nach, blätterte in einem Gesetzestext, schüttelte den Kopf, dann nickte er bedächtig und schlug vor, als erste Maßnahme eine Ferienerlaubnis für Emira in Deutschland zu erwirken.

»Das haben wir schon zweimal versucht.«

»Aller guten Dinge sind drei«, sagte Mohamed und zeigte sich damit bereits in deutschen Sprichwörtern sattelfest.

Wir formulierten einen nachvollziehbaren Grund, setzten dann alle Hebel in Bewegung und ließen uns von dem Altenheim, in dem meine zweite Oma, die Mutter meines Vaters, lebte, eine Bestätigung faxen, dass sie schon sehr alt und krank und es ihr ein Herzensanliegen sei, ihre Urenkelin noch einmal sehen zu können. Deshalb bitte sie inständig, dass Emira sie besuchen dürfe.

Und dann warteten wir. Eine Woche, zwei Wochen. Die Zeit wurde knapp; wir hatten die Tickets für den Rückflug bereits gekauft, die wir mit dem Antrag auf Emiras Deutschlandferien vor Gericht zeigen mussten, um zu beweisen, dass wir auch wirklich ausreisen würden beziehungsweise über das nötige Geld verfügten, den Hin- und Rückflug für Emira zu bezahlen.

Nach zwei Wochen saßen wir noch immer fest. Und dann erreichte uns die Hiobsbotschaft, dass die Unruhen sich ausgebreitet hätten und nun auch in Libyen Tausende von Menschen auf die Straße gingen und für ihre Rechte kämpften.

Libyen war für uns noch immer eine Option, sollten sich alle anderen Wege als Sackgassen erweisen. Ein hoher Regierungsbeamter, dem unser Schicksal sehr naheging, hatte einen Plan geschmiedet, wie er uns eventuell mit einem Notarztwagen außer Landes bringen könnte. Er sicherte uns zu, alles in seiner Macht Stehende zu tun, da ein Blinder sehen könne, wie sehr Emira an mir hänge. Grausam sei es, die Tochter von der Mutter zu trennen. Vorsorglich beschlossen wir, uns ein Visum zu besorgen. Leider hörten wir auf der libyschen Botschaft, dass ein Visum derzeit drei Monate Bearbeitungszeit beanspruche. Das wunderte mich, denn als ich das letzte Mal Erkundigungen eingeholt hatte, wäre es wesentlich schneller gegangen.

»Gibt es denn wirklich Unruhen?«, fragten wir. »Wir haben im Fernsehen Bilder von Demonstrationen gesehen.«

»O nein, das sind lediglich Feste zu Ehren Gaddafis.«

Mohamed und ich wechselten einen Blick. Diese Art der Verschleierung war uns bekannt. Wir ahnten, dass Libyen nicht mehr sicher für uns war.

Wir setzten all unsere Hoffnung darauf, dass Emira der Ferienaufenthalt bewilligt wurde. Einen Tag vor dem geplanten Abflug machten wir uns auf den Weg zum Flughafen. Da erhielten wir per Handy den Bescheid des Gerichts: Keine Ausreise für Emira!

Ich erlitt einen Nervenzusammenbruch. Erst erzählten sie uns auf der Botschaft, dass alles kein Problem sei, und dann klappte es doch nicht. Nichts klappte, gar nichts. Ich konnte meine Tränen nicht zurückhalten.

»Lass es uns trotzdem probieren«, sagte Mohamed.

»Wie – trotzdem probieren?« Ich starrte ihn an.

»Wir sind eine nette kleine Familie, die vom Urlaub in Tunesien zurück nach Deutschland fliegen wird.«

»Okay«, sagte ich gedehnt. In diesem Moment abgrundtiefer Verzweiflung hätte ich alles versucht, um Emira zu retten. Auch wenn ich selbst schon mehrfach an diesem Spiel der netten kleinen Familie gescheitert war, irgendwann musste es gelingen, und wenn, dann jetzt. Tunesien war frei, und das sollte mein Kind auch sein.

Wir übernachteten in einem Hotel in Tunis und fuhren am nächsten Morgen zum Flughafen. Wie ein Mantra wiederholten wir unsere Strategie: Wir sind eine glückliche Familie. Wir haben Urlaub gemacht und wollen nun nach Deutschland. Alles ist gut.

Alles war gut! Unsere Koffer wurden ohne Probleme eingecheckt. Ich stand kurz vor einem Kollaps und lächelte und scherzte mit meinem Mann und meinen Kindern. Der Urlaub ist vorüber, wir sind so normal, dass wir gar nicht auffallen, eigentlich sind wir unsichtbar, so normal sind wir. Wie besprochen übernahm Mohamed die Kommunikation. Wir passierten alle Kontrollen und standen vor der letzten Schranke in die Freiheit. Mohamed reichte unsere Pässe einer Frau. Meinen überprüfte sie zum Schluss. Das rote Licht leuchtete auf. Ich tat so, als wäre ich mit Elias beschäftigt. Diskret winkte die Frau Mohamed näher und fragte ihn leise, ob er eine Blockade für meinen Pass veranlasst habe. Mohamed, dieser aufrichtige, schüchterne Mann, war mit der Situation völlig überfordert. Jetzt wäre das Schauspieltalent von Emira gefragt gewesen, der ich es zugetraut hätte, glaubwürdig die Vaterschaft ihrer selbst zu bezeugen. Doch zuerst einmal schlug sich auch Mohamed tapfer.

»Ja«, sagte er geistesgegenwärtig, zögerte. »Aber es liegt wohl schon einige Jahre zurück, das habe ich ganz vergessen.«

Die Frau lächelte mir freundlich zu, während sie Mohamed wissen ließ, dass das Problem so diskret geregelt werden könnte, dass seine Frau, also ich, nicht merkte, dass er vor einigen Jahren eine Blockade veranlasst habe.

»Das wäre mir sehr recht«, zeigte Mohamed sich weiterhin souverän.

Die Frau nahm sich den Pass erneut vor. Nun fiel ihr auf, dass Emiras Nachname nicht mit dem von Mohamed übereinstimmte.

»Ist das denn Ihr Kind?«, fragte sie.

»Nein«, erwiderte Mohamed. Und dann ging alles

schief, denn in dem Bemühen, der Frau zu erklären, dass der Vater in Deutschland lebte, verhedderte er sich in Widersprüche, und als er, nach der Nationalität des Vaters gefragt, Türke sagte, hatten wir verloren, da Emiras Nachname nicht türkisch klingt.

Mir war heiß und kalt und übel.

Die Frau am Schalter wurde nervös und rief ihren Chef zu Hilfe, der Fragen stellte und schließlich seinen Vorgesetzten hinzuzog. Wir wurden in ein Büro gebeten. Eine große Uhr an der Wand zeigte mir deutlich, wie wenig Zeit uns blieb, um unseren Flug zu erreichen. Unsere Pässe wurden uns weggenommen, dann wiedergegeben, es wurde telefoniert und beratschlagt. Alle Papiere, die ich vorlegte, waren korrekt. Ich hatte das Sorgerecht einschließlich Ortsbestimmungsrecht für Emira. Aber ich hatte auch die Blockade, die die Behörden warnte, dass ich eine Frau war, die das Kind eines tunesischen Mannes verbotenerweise aus dem Land entführen wollte – obwohl das doch gar nicht verboten war, da das Recht auf meiner Seite stand mit dem deutschen Pass und dem Sorgerecht inklusive Ortsbestimmungsrecht für Emira. Und genau das ist es, wofür ich das Land Tunesien bis heute anklage: dass es mir Emiras deutschen Pass stahl und Farid erlaubte, mich zu blockieren, obwohl ich keine kriminelle Handlung begangen hatte. Doch das war offensichtlich egal. Jeder Mann konnte in Tunesien seine Frau denunzieren, sie sei kriminell, und ihren Pass blockieren und somit verhindern, dass die Frau mit dem Kind das Land verließ.

»Tut uns leid«, sagte der dritte, noch höhere Chef

schließlich, als unser Flugzeug wahrscheinlich schon zum Einstieg bereit war. »Sie drei«, er deutete auf Mohamed, Elias und mich, »können fliegen. Emira muss hierbleiben.«

Ich schluckte und versuchte, nicht in Verzweiflung zu stürzen. Ich würde nicht aufgeben. Diesmal nicht. Ich war bereit zum Angriff. Ich zwinkerte Emira verstohlen zu und nickte einmal kurz. Sie verstand mich sofort.

»Wissen Sie was!«, begann ich mit lauter Stimme. »Ich darf fliegen, also fliege ich auch. Ich lasse Ihnen meine Tochter hier. Hier am Flughafen. Und dann möchte ich mal sehen, was Sie machen. Haram Alik!«

Der Beamte schnappte nach Luft. »Das können Sie nicht tun!«

»Doch, das kann ich tun«, sagte ich, während ich an Emiras Körperhaltung überprüfte, ob sie dieses Spiel wirklich durchschaute. Ja, meine kluge Tochter wusste genau, worum es jetzt ging.

»Sie können das Kind nicht hier im Flughafen lassen! Sie können es meinetwegen nach draußen bringen und auf die Straße stellen. Aber nicht innerhalb des Flughafens.«

»Komm«, sagte ich zu Mohamed, der Elias trug.

Der Mann hielt mich am Ärmel fest. »Das dürfen Sie nicht tun!«

»Erzählen Sie mir nicht, was ich tun darf!«

Offenbar war ich auch eine ziemlich gute Schauspielerin. Auf einmal wurde der Mann freundlich. »Wissen Sie, so eine Blockade, die kann man auch wieder löschen.«

»Ach?«

»Ja. Im Grunde ist das kein Problem.«

Es war aber ein Problem, wie sich herausstellte, als ich am nächsten Tag beim Anwalt saß – allein mit Emira, denn Mohamed und Elias waren zurück nach Deutschland geflogen. Der Anwalt machte sich schlau und verwies mich an einen Kollegen auf Djerba, der mir mit der Blockade weiterhelfen würde. Dort war sie beantragt worden, also musste sie dort auch gelöscht werden.

»Ja«, sagte ich. »Dann wende ich mich an Ihren Kollegen.«

»Tun Sie das.«

Ich nickte. Ich würde das nicht tun. Es reichte mir. Ich wollte nicht wieder einen Weg versuchen, der nach vielen Hoffnungen im Nichts enden würde. Denn auf Djerba hatten wir keine Chance, dort war Farid ein angesehener und einflussreicher Mann.

Mit Emira kehrte ich zurück nach Toujane in unsere Wohnung, um dort – so erzählte ich es überall herum in der Hoffnung, es würde auch die richtigen Ohren erreichen – auf die Nachricht meines Anwalts zu warten.

Emira und ich nahmen unser altes Leben wieder auf. Sie ging brav zur Schule, und ihre Mutter zeigte sich mit Kopftuch auf der Straße und verfolgte in der Wohnung der Nachbarin vor dem Fernseher die politische Entwicklung in Libyen. Oder sie war im Internet unterwegs und erkundete die aktuelle Lage. Wenn dort die Revolution ausbrach, würde sich voraussichtlich niemand darum kümmern, wer illegal in das Land einreiste, aus dem alle nur eines wollten: ausreisen. Ich könnte von Libyen aus mit Emira und meinem Pass ohne Blockade mit dem Schiff nach Genua oder mit dem Flugzeug von Tripolis nach Europa reisen. Die libyschen Lesegeräte würden keine Blockade melden. Tag für Tag besprach ich mich mit Mohamed.

Doch die politischen Ereignisse in Libyen überschlugen sich, und unser Mut sank, bis wir uns gezwungen sahen, den Plan ad acta zu legen. Es war inzwischen viel zu gefährlich.

Schon bei meinem ersten Aufenthalt in der Wohnung hatte ich Freundschaft mit meiner Nachbarin geschlossen, die im Gegensatz zu uns einen Fernsehapparat besaß. Die Schwester von Mohameds bestem Freund, Aischa, war in meinem Alter und hatte drei Töchter. Eines Abends, die Kinder schliefen, fragte sie mich leise: »Warum fährst du nicht mit dem Schiff?«

»Libyen ist keine Alternative mehr für mich.«

»Ich meine nicht Libyen. Ich meine von hier aus. Meine Mutter hat mir den Tipp gegeben. Sie hat die Idee von einer Freundin. Es fahren jetzt doch ständig Schiffe. In zwei Tagen soll wieder ein Boot nach Italien gehen. Wäre das nichts für euch?«

Entgeistert starrte ich sie an. Ich hatte die Bilder von den überfüllten Booten gesehen. Ich hatte gehört, wie oft sie kenterten und wie viele Menschen auf diesen von Schlepperbanden organisierten Überfahrten ertranken. Nein, danke.

»Ich kenne eine Menge Leute, die auf diesem Weg in Europa gelandet sind«, sagte sie.

Aischa würde mir kaum etwas raten, was sie nicht selbst befürwortete. Sie war meine Freundin. Meine Gedanken überschlugen sich. Wie gefährlich war es wirklich? Weit war es nicht von Zarzis nach Lampedusa, nicht mal die Hälfte der Strecke nach Tunis.

»Hm«, machte ich, schon nicht mehr so skeptisch. Aber ich hatte immer nur von jungen Männern gehört, die eine solche Überfahrt wagten. Ich war kein junger Mann, und ich trug die Verantwortung für meine Tochter. Lebensmüde war ich bestimmt nicht. Ich wollte eine sichere Alternative, kein Risiko. Hatte es nicht auch Flüchtlingsboote gegeben, die vom Militär zum Kentern gebracht worden waren? Emira und ich konnten zwar gut schwimmen. Aber das würde uns auf dem offenen Meer, womöglich bei hohem Seegang, Sturm, Regen und Kälte, nicht das Geringste nutzen.

»Soll ich mich mal für dich erkundigen?«, fragte Aischa.

»Lass mich eine Nacht darüber schlafen«, bat ich sie.

In dieser Nacht tat ich kein Auge zu. Das war kein Leben mehr, immer voller Angst, Farid könnte etwas gegen uns unternehmen. Manchmal gelang es mir, alles zu überspielen. Dann aber überfiel mich Panik. Sollte er Emira tatsächlich entführen, würde ich mir das nie verzeihen. Welches Leben drohte ihr da? Ich hätte tatsächlich keine Möglichkeit, sie je wiederzufinden, wenn er es nicht wollte. Verzweiflung packte mich, doch ich zwang mich, das Für und Wider einer Flucht mit dem Boot so rational wie nur möglich abzuwägen. Alle nur erdenklichen Versuche waren gescheitert. Wie oft wollte ich es noch auf legalem Wege probieren – nur um dann wieder am Flughafen oder an der Grenze aufgehalten zu wer-

den? Wie viele solche Wechselbäder ertrug ich noch ...
und wie viele ertrug Emira? Wie oft hatte ich ihr Hoffnung gemacht und sie doch jedes Mal enttäuscht, weil
wir an der Grenze scheiterten?

Die ganze Situation war kaum mehr zu ertragen. Emira
und ich, hier allein im Dorf, wo wir ein Scheinleben
führten. Mohamed und mein kleiner Sohn Elias in
Deutschland ... wie vermisste ich sie. Doch ich erinnerte
mich zu gut daran, wie ich Emira geschworen hatte, immer für sie da zu sein. Das hatte sich in meine Seele gebrannt, und bevor die ihre ernsthaften Schaden nahm,
musste etwas geschehen. Musste endlich Normalität ein-
kehren in unser Leben.

Ich spürte, dass wir nicht mehr lange so weitermachen
konnten. Doch noch immer tat sich keine Lösung auf.
Oder war das die Lösung – eine Flucht in einem Schlepperboot?

Würde Emira etwas auf dieser Fahrt geschehen, ich
könnte es mir nie verzeihen. Würde sie Farid in die Hände
fallen, wäre auch das unverzeihlich.

Mein erster Impuls war es, die Sache mit Mohamed zu
besprechen, doch dann dachte ich, dass mir in dieser Angelegenheit niemand einen Rat geben konnte, denn ich
riskierte mein Leben und das von Emira mit dazu. Würde
etwas schiefgehen, so könnte Mohamed nie mehr froh
werden, falls er mir zu der Überfahrt geraten hätte. Das
musste ich mit mir selbst ausmachen und ihn vor vollendete Tatsachen stellen.

Am nächsten Morgen rief ich ihn an und sagte: »Ich
weiß jetzt, was ich mache.«

»Ja?«

»Wir kommen mit dem Schiff.« Ich erzählte ihm von Aischas Idee.

Mohamed schwieg.

»Es ist mein Leben«, sagte ich. »Ich muss das alleine entscheiden. Und ich entscheide auch für Emira. Ich bin ihre Mutter.«

»Ja«, sagte Mohamed. Und nach einer Pause: »Danke, dass du das mit dir abgemacht hast.«

Erst als wir gesund und glücklich in Deutschland gelandet waren, erfuhr ich, dass Mohamed die Überfahrt nach Lampedusa oft durch den Kopf gegangen war, doch er hatte es nicht gewagt, mir das vorzuschlagen. Denn: »Wenn euch etwas passiert wäre, hätte ich mich dafür verantwortlich gefühlt bis an mein Lebensende.«

Ich bat Aischa, für mich Erkundigungen einzuholen. Sie gab meinen Kontaktwunsch weiter, und so gelangte er über mehrere Stationen zu einem Ansprechpartner, der es organisierte, dass ich abgeholt und zu einem Haus gebracht wurde, wo mir ein anderer Mann die Vorgehensweise erklärte.

»Die nächste Überfahrt findet in zwei Tagen statt, wenn das Wetter so bleibt, wie es im Moment ist. Alles hängt vom Wetter ab. Bereiten Sie sich gut vor. Sie brauchen warme Kleidung.«

»Wie teuer ist das?«

»Zweitausend Dinar pro Person.«

Das entsprach für Emira und mich knapp zweitausend Euro. Selbstverständlich in bar. Keine Schecks, keine Überweisungen. Zweitausend Euro ... Wie konnte man Freiheit mit Geld aufwiegen.

»Das ist möglich«, stimmte ich zu und erkundigte mich: »Wie viele Personen passen in diese Schiffe?«

»Zweihundert.«

»Brauchen wir Proviant?«

»Für Verpflegung ist gesorgt.«

»Wie viel Gepäck können wir mitnehmen?«

»Pro Person eine Tasche.«

»In Ordnung«, sagte ich.

»Sie werden morgen Nachmittag abgeholt. Halten Sie sich bereit.« Er räusperte sich. »Und das ist keine Kreuzfahrt. Es wird sehr eng werden. Enger, als Sie es sich vielleicht vorstellen können. Letztlich wird keine Zigarette zwischen die Passagiere passen.«

»In Ordnung«, nickte ich noch einmal.

Ich erzählte Emira nur das Nötigste, um sie nicht zu beunruhigen. In ihrem Blick las ich, dass sie begriff, worum es nun ging – um alles oder nichts. Auch wenn ihr die Gefahr nicht bewusst war. Am Abend packten wir unsere Sachen in dem Wissen, dass wir alles, was wir hierlassen würden, vielleicht nie wiedersehen würden. Trotz bester Vorsätze gelang es uns nicht, unsere Habseligkeiten in zwei Taschen zu stopfen. Emiras nagelneuer brauner Schulrucksack war doch eigentlich gar keine Tasche. Wir packten ihn auch noch voll. Bald schon sollten wir erkennen, dass wir die Einzigen waren, die mit Gepäck an Bord gingen.

Ich schlief schlecht in dieser Nacht – unserer letzten in Tunesien? –, obwohl ich doch unbedingt Kräfte sammeln wollte für die Strapazen, die nun vor uns lagen. Plötzlich hatte ich Angst vor der eigenen Courage.

Bilder schwirrten durch meinen Kopf von den Flüchtlingsbooten, die von Afrika nach Europa unterwegs waren. All die verlorenen Boote, die auf dem Weg nach den Kanaren gekentert waren. Menschen, in Laderäumen versteckt und dort jämmerlich erstickt. Militärschiffe, die die Boote zurückbefahlen … War ich denn verrückt, das zu wagen? Doch ich sah keine andere Möglichkeit mehr.

Ich zwang meine Angst nieder und dachte an die positiven Meldungen. Das Mittelmeer war nicht der Atlantik, und Aischa hatte recht: Tausende Menschen aus dieser Region Tunesiens hatten den Weg über das Meer nach Lampedusa erfolgreich gemeistert. Meine Tochter und ich würden zu ihnen gehören.

»Mama?«

»Du schläfst ja gar nicht.«

»Du auch nicht.«

»Das stimmt. Aber gleich schlafe ich wieder. Und du auch, Emira. Morgen müssen wir fit sein.«

»Mama, glaubst du wirklich, dass wir bald in Deutschland sind?« Emiras Augen leuchteten in der Dunkelheit. Ihre Sehnsucht nach Deutschland war riesengroß. Lang war sie nicht mehr dort gewesen und erzählte mir oft, was sie alles vermisste: Graupensuppe von der Oma, eine Badewanne, Kirschen, schwarzes Brot mit Körnern drinnen, Würstchen mit Senf.

»Ja«, sagte ich und stellte mit Verwunderung und Freude fest, dass meine Stimme klang, als zweifelte ich kein bisschen.

Der große Tag begann mit Warten, und das Warten schien kein Ende zu nehmen. Erst gegen neunzehn Uhr wurden wir abgeholt und nach Zarzis gebracht. Außer Emira und mir waren noch zwei Männer im Auto sowie der Fahrer. Überrascht erkannte ich ein bekanntes Gesicht auf dem Beifahrersitz. Es gehörte zu Lotfi, der weitläufig mit Mohamed verwandt war.

»Wie kommt es, dass du auch mit dem Schiff fährst?«

»Ich habe drei Kinder, und sie haben Hunger.«

Mitfühlend nickte ich.

»Ich habe alles versucht. Zum Schluss sogar als Fischer gearbeitet, aber ich konnte meine Familie nicht mehr ernähren. Jetzt sehe ich keine andere Möglichkeit, als in Frankreich Geld zu verdienen. Ich habe einen Freund, der hat eine Bäckerei, bei dem kann ich arbeiten. Und du?«

»Ich versuche meine letzte Chance«, sagte ich leise.

Als wir in Zarzis ankamen, klingelte das Handy unseres Fahrers. Offenbar bekam er Anweisungen. Immer wieder hüstelte er nervös. Draußen war es nun dunkel. Wir sollten auf jemanden warten. Ohne Licht saßen wir im Wagen. Die Minuten krochen dahin. Schließlich raste ein Jeep auf uns zu, und ein junger Mann, der Schlepper, wie ich kombinierte, sprang heraus und gab dem Fahrer Befehle. Mit seinen nervösen Gesten benahm er sich, als stünde er unter Drogen. In der einen Hand hielt er eine Zigarette, in der anderen Hand einen Kinderrucksack.

Weiter ging die Fahrt bis zu einer Villa am Strand. Dort wurden wir in eine kleine Wohnung gebracht. Für Emira und mich war ein separater Schlafraum reserviert, ein winziges Badezimmer gab es auch. Im Wohnzimmer saßen junge Männer auf Matratzen und einer Couch. Sie rauchten und sahen fern. Lotfi war einer der ältesten Männer im Raum, vielleicht in meinem Alter. Der Schlepper redete mit Lotfi, und Lotfi redete mit den Männern. Offenbar erkoren sie ihn zu ihrem Sprecher. In Tunesien wird das Alter nicht verachtet, sondern geschätzt.

Plötzlich zogen alle dicke Geldbündel hervor. Es wurde gezählt und geflüstert, dann wechselten sämtliche Geldbündel ihre Besitzer. Die Männer reichten das Geld Lotfi, er gab es weiter an den Schlepper, der es in den Kinderrucksack steckte. Als ich Lotfi unsere Scheine reichte, war der kleine Rucksack so voll, dass er mich an einen prallen Medizinball erinnerte.

Wir erfuhren, dass es bei gutem Wetter am nächsten Tag losgehen sollte, vermutlich um die Mittagszeit. Jedes Mal, wenn ich zur Toilette ging und einen Blick in den Aufenthaltsraum warf, sah ich, dass neue Männer angekommen waren, und kurz vor Mitternacht lagen sie eng aneinander auf dem Boden. Emira und ich schliefen erschöpft und tief in unserem Extrazimmer, bis uns die Männerstimmen von nebenan weckten.

»Mama, wie ist das Wetter?«, lautete Emiras erster Satz an diesem Tag.

»Ich glaube, es sieht gut aus«, sagte ich, obwohl ich keine Ahnung hatte.

Zum Frühstück gab es Brot mit Olivenöl und Milch. Die Palmen vor dem Fenster bewegten sich nur sacht. Es hieß, dass es mittags losgehen würde, um zwölf oder um dreizehn Uhr. Später hieß es mehrfach, es würde in einer Stunde losgehen. Dann hieß es: bald. Schließlich am frühen Abend. Das Warten war zermürbend.

Ich fragte Lotfi, ob er uns ans Meer begleiten würde, ich wollte die Wellen selbst in Augenschein nehmen, denn wie ich den Gesprächen der Männer entnommen hatte, waren sie das Problem und nicht der Wind. Wie hoch schlugen die Wellen? Ich sah Fischerboote auf dem Meer schaukeln und blickte schnell weg. Ich durfte mir nicht vorstellen, was auf uns zukommen würde – sonst wäre ich vielleicht weggelaufen.

Wir gingen am Strand entlang, und mit einem Mal spürte ich, dass ich dieses Land noch immer sehr mochte, von dem ich mich nun bald verabschieden würde, vielleicht für immer. Sobald ich darüber nachdachte, was uns in Kürze bevorstand, fürchtete ich umzukippen. Am besten war es, nicht zu denken. Ich musste im Jetzt bleiben, mehr konnte ich nicht tun. Der Rest lag in Gottes Hand, und dieses Mal würde er uns hoffentlich helfen. Wir waren bis zum Äußersten gegangen. Ich hatte alles in meiner Macht Stehende unternommen, um Emira aus dem Land zu holen; ich hatte versucht, mit ihr im Land zu leben, hatte versucht, Teil der Kultur zu werden, war ein ums andere Mal gescheitert. Deshalb musste es jetzt klappen! Sonst …

»Lotfi, weißt du was?«, fragte ich ihn.

Bedrückt schüttelte er den Kopf.

»Es klappt.«

Wir kauften noch ein wenig Proviant in einem kleinen Lebensmittelladen, *Hanut*, Saft, Brot, Kekse, Schokolade, Obst, ehe wir zum Haus zurückkehrten. Dort hatte sich die Stimmung von gespannter Erwartung hin zu einer bedrohlichen Gereiztheit verändert. Manche Männer stritten lautstark.

»Was ist da los?«, fragte ich Lotfi.

»Am besten, ihr geht mal eine Weile in euer Zimmer.«

Ich folgte seinem Rat. Die lauten Stimmen machten mir Angst. Was bedeutete das? Worauf warteten wir? Das Wetter war doch gut. Warum fuhren wir nicht? Wieso wurden wir ständig vertröstet? Der Lärm wurde immer lauter. Es schienen auch immer mehr Männer anzukommen. Und eine zweite Frau. Sie hatte eine lange Reise hinter sich und war kollabiert. Zwei Männer trugen sie in unser Zimmer und legten sie aufs Bett. Mir wurde alles zu eng.

Lotfi bemerkte meine Bedrängnis: »Lasst uns nach draußen gehen«, schlug er vor.

Vor dem Haus stand das Auto unseres Fahrers. Lotfi, Emira und ich stiegen ein. Der Fahrer saß vorne und las Zeitung. Es war zwar unbequem im Auto, aber wenigstens leise. Hin und wieder nickte ich ein. Emira schlief fest in ihrem lilafarbenen kuscheligen Daunenmantel, den ich ihr neu gekauft hatte. Später erfuhr ich, dass es in der Wohnung zu Streitereien gekommen war, als das Gerücht die Runde machte, es gäbe zu viele Leute für die Boote, nicht alle könnten mitgenommen werden.

Das Handy des Fahrers klingelte. Plötzlich sollte es losgehen. Es war halb fünf Uhr morgens, noch dunkel. Lotfi holte unser Gepäck. Wir fuhren ohne Licht. Hielten irgendwo. Warteten. Ein Anruf kam. Es ging weiter. Wir warteten. Ein Anruf. Wir fuhren fünf Minuten. Warteten. Der nächste Anruf. Wir fuhren weiter. Wir verfuhren uns. Und dann warteten wir wieder.

In Deutschland würde so etwas besser funktionieren, dachte ich. Die kriegen das hier nicht auf die Reihe.

Doch in dem Augenblick, als die Nacht sich im Kampf um den Tag geschlagen gab und aus den grauen Schemen Häuser und Bäume wurden, erhielt unser Fahrer den entscheidenden Anruf mit der richtigen Adresse. Auf einmal waren wir umgeben von Autos, die alle in derselben Straße parkten. »Schnell, schnell!«, hieß es. Wir sollten aussteigen und in ein Haus laufen. Das Vorspiel war gar nicht chaotisch gewesen. Das war Absicht!

Ein Mann mit einem Baseballschläger in der Hand schrie die Ankömmlinge an, wählte aus, befahl: »Du nach dort, du nach dort, du ins Haus!« Emira und ich wurden mit einem Dutzend anderer wie Ziegen durch eine kleine Häusergasse an den Strand getrieben. Noch im Auto hatten wir erfahren, dass wir am Meer unsere Schuhe ausziehen und die Hosenbeine hochkrempeln sollten. Es war kalt an diesem 7. März 2011, und der Sand war feucht.

Der Mann mit dem Baseballschläger deutete auf mein Gepäck: »Was ist denn das?«

Noch ehe ich antworten konnte, nahm ein fremder Mann die Taschen an sich. »Das trage ich!« Ein anderer schnappte sich Emiras Rucksack und brachte ihn zu einem kleinen Boot, das in Strandnähe auf dem Wasser schaukelte. Es wackelte gefährlich, da immer mehr Männer einstiegen. Als wir endlich an Bord waren, klebte meine Hose nass an den Oberschenkeln. Emira war zum Glück trocken geblieben. Nun ging alles rasend schnell – als müssten wir die lange Zeit des Wartens wieder hereinholen. Schon waren wir unterwegs aufs offene Meer. Ich entdeckte drei Schiffe. Ein großes voller Menschen, das bereits Schlagseite zeigte, ein mittelgroßes, auf dem noch Plätze frei waren, und ein kleines.

»Wir nehmen das mittlere«, sagte ich zu dem Mann am Außenbordmotor, denn das machte mir den stabilsten Eindruck.

Er nickte und steuerte das Boot geschickt an die Breitseite unserer Hoffnung. »Yalla, yalla!«

MIT 120 MÄNNERN
IN EINEM BOOT

Wir wurden eher an Bord geworfen denn gehoben, unser Gepäck folgte. Das Boot wackelte schrecklich. In den Augen der Männer um mich herum las ich Panik. Vermutlich sehe ich auch so aus, dachte ich, obwohl ich im Gegensatz zu den meisten Tunesiern schwimmen konnte.

Immer mehr Männer wurden an Bord geschoben und enterten es dann selbst, obwohl das Boot längst voll war. Einer derjenigen, die offenbar etwas zu sagen hatten, winkte mich und Emira zur Kapitänshütte, einem kleinen Häuschen auf dem Boot. Dort befanden sich bereits zwei Frauen und ein Mädchen im Teenageralter. Sie nickten uns zu. Es war so eng, dass man sich kaum bewegen konnte. Eine der beiden Frauen zückte ihr Handy und teilte irgendjemandem in schreiendem Plauderton mit: »Stell dir vor, da ist eine Europäerin an Bord mit ihrer kleinen Tochter. Stell dir vor ...«

»Was soll das!«, fragte ich voller Misstrauen auf Tunesisch. »Ist das jetzt wichtig?«

Sie verdrehte genervt die Augen, beendete das Telefonat dann aber zügig. Alle an Bord waren gereizt. Auch der Kapitän, wie ich seinen rüden Befehlen entnahm, die er herausfluchte. Mit Sorge beobachtete ich, dass immer mehr Männer an Bord kletterten. Das Boot war schon vor fünf Minuten völlig überfüllt gewesen.

Ich wandte mich an den Kapitän. »So geht das nicht weiter! Das sind viel zu viele Leute! Wir riskieren unser Leben.«

Der Kapitän schüttelte nur den Kopf und kurz darauf fuhren wir auch schon los, obwohl noch mehrere kleine Boote voller Passagiere in unsere Richtung unterwegs waren. Verzweifelt versuchten manche Männer, an Bord unseres Schiffes zu gelangen, einige stürzten ins Wasser, andere wurden hochgezogen, fielen zurück. Ihre Gesichter werde ich niemals vergessen. Keiner von ihnen schaffte es.

Der Mann mit dem Baseballschläger, den ich am Strand schon gesehen hatte, näherte sich mit einem Schnellboot und schrie dem Kapitän etwas zu. Dann sprang er behende auf unser Boot und pferchte dort mit dem bedrohlich durch die Luft zischenden Schläger die dicht an dicht sitzenden Männer noch enger zusammen. Ich versuchte alles zu fotografieren, obwohl mir geraten worden war, es besser zu unterlassen. Heimlich fotografierte ich weiter. Das Boot, das längst proppenvoll war, musste zirka dreißig weitere Passagiere aus einem alten Kahn mit knatterndem Außenbootmotor aufnehmen. Es war nicht mehr möglich, sich zu bewegen. Selbst die Stellung eines Fußes zu verändern bedurfte der Mitarbeit der Nachbarn, so eingequetscht saßen und lagen die Männer.

Mittlerweile war die Sonne am tiefblauen Himmel aufgegangen und versprach einen strahlenden Tag. Das Wetter hätte nicht besser sein können. Keine Wolke trübte den Himmel, kein Windhauch regte sich, das Meer lockte glatt wie ein Spiegel. So ein Glück konnte ich zuerst gar nicht fassen und starrte an den Horizont, bis meine Augen tränten. Da musste doch jetzt gleich eine Wolke auftauchen und dann viele und dann das Gewitter, der Sturm. Sie tauchte aber nicht auf. Alles blau. Wasser und Himmel. Wunderbar. Dennoch machte ich mir nichts vor. Ich wusste, dass auf dem Meer das Wetter jederzeit umschlagen konnte. Da konnte innerhalb einer Stunde ein schwerer Sturm aufziehen. Und ich wusste auch, was das für alle in diesem Boot bedeuten würde.

Emira hatte sich von dem großen Schrecken zu Beginn an Bord erholt und entspannte sich – wie alle Passagiere. In den Augen der Männer las ich nun keine Angst mehr, sondern Neugier und vielleicht sogar Zuversicht. Jeder von ihnen hatte seine Geschichte, und keine war glücklich. Das verband uns. Wir wollten doch bloß … arbeiten, die Familie unterstützen, ohne Angst und Gewalt leben. Als Familie endlich zusammensein …

Jeder versuchte, es sich irgendwie gemütlich zu machen. Gemütlich, dachte ich und musste fast lachen. Erträglich war das richtige Wort. Doch wenn es so blieb, sagte ich mir, dann waren all meine Sorgen und Ängste unbegründet, und das war es, was zählte.

Eigentlich war es eine schöne Fahrt, auch wenn die Planken hart waren. Ich war mit Emira mühsam auf das kleine Oberdeck geklettert, und dort ließen wir uns die Seeluft um die Nase wehen. Plötzlich schwappte Geraune über das Boot, als hätte eine Welle uns überspült. Ein tunesisches Militärschiff näherte sich bedrohlich. Die Stimmung kippte. Niemand scherzte mehr. Angespannt harrten wir der Dinge, die da kommen würden. Über Lautsprecher wurde nach dem Namen des Kapitäns unseres Schiffes gefragt. Ich machte mich winzig klein, zog mir die Jacke über den Kopf und bedeutete Emira, das Gleiche zu tun. Mein ganzer Körper krampfte sich zusammen. Zu lange lebte ich jetzt schon mit dieser Angst. Suchten die nach uns? Würden sie das Schiff stoppen? Zum Kentern bringen? Galt meine Blockade auch zu Wasser?

Nein, sie ließen uns passieren, schickten uns jedoch noch ein paar gehässige Bemerkungen mit auf den Weg: »Euer Schiff ist gnadenlos überladen. Ihr werdet untergehen. Ihr werdet nie ankommen. Ihr werdet alle jämmerlich absaufen.«

Es dauerte lang, bis der blaue Himmel und das blaue Meer diesen Fluch vom Boot getrieben hatten und zaghafte Gespräche begannen. Die Männer hielten sich an ihrer Hoffnung fest. Sie träumten von einer Zukunft in Europa und dem Geld, mit dem sie ihre Familien zu Hause ernähren wollten. Manche schwiegen, andere begannen zu erzählen, und so vergingen die Stunden. Ein Mitreisender wollte in Italien bleiben, weil seine Schwester einen Pizzabäcker geheiratet hatte, ein anderer wollte sich am Bau verdingen, um seinen vier Geschwistern ein anständiges Leben zu ermöglichen. Ein weiterer war mit einer syrischen Kinderärztin verheiratet, die in Paris in einer Klinik arbeitete; die Botschaft hatte seinen Pass verloren, es würde zu lange dauern, bis er einen neuen hätte. Es gab Studenten und Handwerker, einer schlief ständig, ein anderer kotzte pausenlos, obwohl das Boot ruhig durch das Wasser glitt. Ich kramte nach meinen Tabletten gegen Übelkeit, leider halfen sie ihm nicht. Dafür halfen meine Kräuterpastillen einem anderen, der sich die halbe Lunge aus dem Leib hustete und ständig ins Wasser spuckte.

So verging der Tag. Als die Sonne ins Meer tauchte, wurde es kühl, und ich packte unsere Winterkleidung aus, die ich so großzügig bemessen hatte, dass ich auch andere Passagiere ausstatten konnte. Viele von ihnen froren erbärmlich in ihren dünnen Jacken mit gelegentlich noch immer nassen Hosen. Der Junge, der Emiras rosa Mützchen trug, hatte die Lacher auf seiner Seite. Wir lachten viel zu laut und zu lang. Doch es tat sehr gut.

Die Verpflegung war erbärmlich. Aus einer Art Riesennapf sollten wir uns bedienen, indem wir Brot in *Harissa*, mit Öl vermischte Paprikapaste, tunkten. Satt wurden wir davon nicht, aber die kluge Mutter hatte vorgesorgt und Verpflegung eingepackt, so viel, dass ich auch den um uns Sitzenden etwas abgeben konnte. Manche wollten nichts essen, nur rauchen, eine nach der anderen steckten sie sich an.

»Mama, ich muss Pipi machen«, meldete Emira sich plötzlich. Damit hatte ich schon gerechnet. Ich wunderte mich, wie lange sie durchgehalten hatte; ich selbst musste seit Stunden, wollte jedoch warten, bis sie auch musste, um das gemeinsam zu erledigen. Wir hatten es nicht so leicht wie die Männer, die in Flaschen oder über die

Reling pinkelten. Mühsam bahnten wir uns einen Weg nach unten. Der Kapitän zeigte uns einen aufgeschnittenen Wassercontainer und hielt zusammen mit einem zweiten Mann eine schäbige Decke als Vorhang um mich herum. Wenn ich nicht so dringend gemusst hätte, wäre ich niemals in der Lage gewesen, meine Hemmungen fallen zu lassen. Leider musste ich in der Nacht noch einmal und dazu die Männer wecken, die auf meinen Beinen und meinem rechten Arm lagen. Es machte mir nichts aus, Wildfremde so eng neben mir liegen zu haben. Wir wärmten uns gegenseitig, und irgendwie tat es auch gut zu spüren, dass wir alle in einem Boot saßen.

Auf einmal wehte das Gerücht über Deck, wir würden uns nun in Italien befinden. Da warf meine Hoffnung Anker. Mein Lebenstraum unserer vereinten Familie könnte tatsächlich Wirklichkeit werden! Schließlich näherte sich ein riesengroßes Schiff, das wie eine Wand vor uns im ersten Morgengrauen auftauchte.

»Is everybody okay?«, schallte es in dem melodisch weichen Englisch, das den Italiener verriet, über einen Lautsprecher.

Jubel brach aus.

»Grazie, grazie, mille grazie!«, rief ich so laut ich konnte und hörte mich nicht, weil die Männerstimmen viel lauter schrien. Sie riefen alles Mögliche: *Danke und langes Leben und Glück und Gesundheit euren Familien, es lebe Italien!*

»Grazie«, sagte Emira und schlief weiter.

Das große Schiff begleitete uns. Ich dachte an Elias Bierdel von Cap Anamur, doch er war es nicht. Es waren vermutlich Marinesoldaten, die uns so fürsorglich empfangen hatten. Menschen. Wie auf unserem Schiff. Das waren wir alle: Menschen. Die einen lebten in dem einen Land, die anderen in einem anderen. Die einen hatten von Geburt an Glück, die anderen Pech. Menschen waren wir alle.

Am Horizont flirrten die Lichter des Küstenstreifens von Lampedusa. Tränen liefen mir übers Gesicht. Ich war überwältigt. Die Plagen der vergangenen zwanzig Stunden waren vergessen. Lampedusa ... Das war kein Traum, keine Fata Morgana. Das war Wirklichkeit. Das Glück war zum Greifen nah. Dieses Mal würde keiner unsere Hoffnung zerstören.

»Emira, ich sehe Italien!«

»Grazie«, sagte sie noch einmal und zog sich den Daunenmantel über den Kopf, obwohl es um uns nun immer lauter wurde. Jeder machte irgendein Witzchen. Der Animateur aus dem Hotel zeigte, dass er sein Fach verstand, und brachte das ganze Boot zum Brüllen. Ich wollte auch einen Beitrag leisten und gab zu, dass ich mich noch nie im Leben so gefreut hatte, Italiener zu sehen.

Kurz vor der Morgendämmerung erreichte unsere Nussschale den Hafen. Langsam wurden wir zu einer Anlegestelle gelotst. Offensichtlich waren die italienischen Behörden sorgsam darauf bedacht, jegliche Panik zu vermeiden. Unser Boot wurde mit großen Lampen abgeleuchtet. Emira und ich waren schnell entdeckt; die Italiener machten sich gegenseitig auf uns aufmerksam. Dann wurde das Boot festgemacht. Eine ruhige Stimme forderte uns auf, langsam umzusteigen in ein anderes Boot, um noch einige Meter weiterzufahren, damit alle Passagiere sicher aussteigen konnten.

Emira stand jetzt aufgeregt neben mir und hatte es plötzlich sehr eilig.

»Meine Tochter muss mal!«, rief ich. Hilfreiche Hände streckten sich mir entgegen. Ich hob Emira zu einem Mann an der Pier, der sie in Empfang nahm – und auf einmal hatte sie italienischen Boden unter den Füßen und ich noch immer die Planken über dem Meer.

Wenn ich in Italien ankomme, küsse ich die Erde. Das war mein Vorsatz gewesen, seit ich beschlossen hatte, mich auf dieses Wagnis einzulassen. Doch ich kam nicht dazu, weil Emira weg war. Ich musste sie zu mir holen, dachte ich nervös, das Spiel kannte ich bereits. Ich hatte es die letzten paar Jahre bis zur Verzweiflung durchlitten.

Doch diesmal hatte ich gewonnen. Endlich hatte ich meine Tochter in Sicherheit gebracht. Niemand würde uns nun mehr trennen können. Später sollte ich erfahren, dass man sie in Decken gehüllt in einen Notarztwagen gesetzt hatte, bis sie schüchtern meldete, dass sie gar nicht krank sei, sondern bloß Pipi machen müsse.

Auf einmal war ich von Journalisten umringt, Kameras klickten.

»Da dove vieni? Where do you come from? Sind Sie Deutsche? Wie kommen Sie in ein solches Boot?«

»Das«, sagte ich, »ist eine lange Geschichte.«